Moskau verdankt seinen einzigartigen Aufstieg einer Katastrophe: dem Untergang des ersten russischen Reiches, dem Großfürstentum Kiew, und der 250jährigen Tatarenherrschaft. Es entwickelte sich nicht offensiv, sondern defensiv zum Zentrum eines neuen von den Tataren unabhängigen, von Polen seit dem ausgehenden 17. Jahrhundert nicht mehr bedrohten, zweiten russischen Reiches – dem Moskauer Staat. Als Peter der Große diesen Staat in ein Imperium westeuropäischer Prägung umzuwandeln begann, eine neue Hauptstadt buchstäblich aus dem Boden stampfen ließ, blieb Moskau das erhaltende, bewahrende »Herz« Rußlands, seine heimliche Hauptstadt. Lenin gab ihr ihren alten Rang zurück. Seine Nachfolger machten aus dem »großen russischen Dorf« Moskau eine Metropole, von der aus die Geschicke eines Sechstels der Erde gelenkt werden. Diesen Werdegang von den Anfängen bis heute mit charakteristischen zeitgenössischen Zeugnissen in Wort und Bild zu zeigen, ist Aufgabe des Buches.

insel taschenbuch 467
Moskau

Hochhaus am Kalininprospekt und alte Kirche

MOSKAU

VON DER SIEDLUNG IM WALD
ZUR KAPITALE EINER WELTMACHT

VON HEDDY PROSS-WEERTH

INSEL VERLAG

Von der zweiten, verbesserten Auflage (1989) an
erscheint das insel taschenbuch 467
mit einem neugestalteten Umschlag.

insel taschenbuch 467
Erste Auflage 1980
Erstausgabe
© Insel Verlag Frankfurt am Main 1980
Text- und Bildnachweise am Schluß des Bandes
Vertrieb durch den Suhrkamp Taschenbuch Verlag
Umschlag nach Entwürfen von Willy Fleckhaus
Satz: Fotosatz Otto Gutfreund, Darmstadt
Druck: Nomos Verlagsgesellschaft, Baden-Baden
Printed in Germany

2 3 4 5 6 7 – 94 93 92 91 90 89

Inhalt

VON DEN ANFÄNGEN
BIS ZUR ERSTEN STAATSKRISE

1147–1613

MOSKAU VOR UND IN DER TATARENZEIT

»Fürst Jurij sandte Boten zu Swjatoslaw und ließ ihm sagen: Ich bin ungeduldig, dich wiederzusehen, Bruder; fremde Fürsten trachten nach russischem Land! Wir müssen wegen der Gefahren beraten, die uns bedrohen. Komm zu mir nach Moskau.

Swjatoslaw reiste mit seinem Sohne Oleg und einem kleinen Gefolge und nahm auch Wladimir Swjatoslawowitsch mit. Als Swjatoslaw ankam, begrüßten sich die Brüder (Vettern) herzlich. Es war an einem Freitag, am Tag der Mutter Gottes; sie waren fröhlich und guter Dinge. Am nächsten Tag ließ Fürst Jurij ein großes Gelage veranstalten, um die Gäste zu ehren. Er überreichte Swjatoslaw viele Geschenke, und er beschenkte auch Oleg und Wladimir und alle Mannen Swjatoslaws und entließ sie in Ehren.«[1]

Diese Zusammenkunft des Fürsten Jurij Dolgorukij von Susdal mit dem Fürsten Swjatoslaw von Tschernigow fand »im Jahre 6655 nach Erschaffung der Welt« (1147 n. Chr.) im Südwesten des Fürstentums Susdal statt, in einer kleinen Ansiedlung am Steilufer des Flusses Moskau. Es ist das erste Mal, daß Moskau in einer russischen Chronik erwähnt wird. Und so gilt das Jahr 1147 als Gründungsdatum der Stadt, deren Anfänge wohl schon ins ausgehende 11. Jahrhundert zurückreichen. Neun Jahre später berichtet ein anderer Chronist:

»Fürst Jurij bestieg den Hügel, sah sich um, schaute nach allen Seiten, hierhin und dorthin, in beiden Richtungen den Moskau-Fluß und die Neglinnaja entlang; und er entzückte sich an ihren Dörfern und befahl, unverzüglich hier eine Stadt aus Holz zu errichten, und ihr Name solle Moskau-Stadt sein.«

Das war 1156 und Fürst Jurij inzwischen zum Großfürsten avanciert. Die kleine Ansiedlung auf dem Borowitzkij-Hügel, 40 Meter oberhalb des Flusses, erhielt in diesem Jahr eine Palisadenumfriedung und wurde so zu einem befestigten Ort. Ausgrabungen im südwestlichen Zipfel des heutigen Kremlgeländes förderten Reste dieser ersten Ansiedlung zutage.

Moskau war nur eine unter den zahllosen neuen Siedlungen des 12. Jahrhunderts, und so nahmen in der Folgezeit die Chronisten kaum Notiz von ihr. Sie hatten über Wichtigeres zu berichten, vornehmlich über die ständigen Fehden der russischen Fürsten untereinander und über die Raubüberfälle der Polowzer, eines Steppennomadenvolkes, in das nach Osten offene Dnjeprbecken. Es war die Zeit, als das im 9. Jahrhundert entstandene, so rasch aufgeblühte erste russische Reich – die Kiewer Rusj – von innen heraus zerfiel.

Der Hauptgrund dieses Zerfalls lag in der Besonderheit des Erbfolgerechts: Das Kiewer Großfürstentum galt praktisch als »Familienunternehmen«, das allen Nachkommen seines Gründers Rjurik gehörte. Jeweils das älteste und damit würdigste Familienmitglied hatte den Großfürstenthron in Kiew inne, die jüngeren herrschten je nach Altersrang in den nachgeordneten Fürstentümern. Starb der Großfürst, folgte ihm nicht sein ältester Sohn, sondern der Nächstälteste der Sippe. Je vielfältiger die Rjurikidensippe sich verzweigte, desto weniger ließ das Seniorats-Erbfolgerecht sich durchsetzen. In unaufhörlichen Bruderkriegen verzettelte sich das kriegerische Potential des Großfürstentums. Die wichtige Handelsstraße von Skandinavien nach Konstantinopel und in den Orient – der sogenannte Griechenweg den Dnjepr entlang – konnte nicht mehr wirksam geschützt werden. Die Bauern, der ständigen Bedrohung durch die Polowzer müde, verließen ihre Wohnsitze, das Dnjeprgebiet verödete. Sie wanderten teils in westlicher Richtung, zum größeren Teil aber viele hundert Kilometer nordostwärts in das klimatisch weit ungünstigere, doch vor räuberischen Reiterhorden sichere Wald- und Sumpfland. Auch das politische

Tatarische
Kriegerrüstung

Fürstlicher Helm (13. Jahrhundert)

Schwergewicht des russischen Reiches verlagerte sich von der Mitte des 12. Jahrhunderts an allmählich in das im Nordosten gelegene Fürstentum Wladimir-Susdal. Die fürstlichen Bruderfehden gingen weiter, doch bald nicht mehr um den Großfürstensitz in Kiew, sondern nur noch um den Großfürstenrang und die damit verbundene Autorität des primus inter pares. In den einzelnen Fürstentümern setzte sich allmählich die primogenitur durch. Die Wotschina – das Vatererbe – ging ungeteilt vom Vater auf den ältesten Sohn über.

Die Streitigkeiten der Fürsten, die gemeinsame Aktionen verhinderten, machten das Land zur leichten Beute der Tataren. In mehreren großen Vorstößen trieben sie seit 1223 ihre Eroberung nach Westen voran, und 1240 war mit der Zerstörung von Kiew ganz Rußland, ausgenommen Nowgorod und Pskow, in tatarischer Gewalt. Ein Jahr später entstand das Tatarenreich der Goldenen Horde mit der Hauptstadt Sarai, etwa 50 km östlich des späteren Stalingrad, heute Wolgograd.

In diesem so unruhigen 13. Jahrhundert hatte die kleine

Siedlung am Moskau-Fluß sich in aller Stille entwickelt. Die Tataren hatten sie zwar 1237 zerstört, doch wurde sie rasch wieder aufgebaut. Die Lage am Fluß und die Kreuzung der Handelswege von Nord nach Süd und von Ost nach West begünstigten Moskaus Entwicklung. Wachs, Honig, Felle, bald auch Getreide konnten nach Nowgorod verkauft werden. Wenig mehr als hundert Jahre nach ihrer ersten Erwähnung in der Ipatjew-Chronik war aus der Siedlung im Walde ein, wenn auch kleines, Fürstentum geworden, das der Großfürst Alexander Newskij im Jahre 1263 seinem jüngsten Sohn Daniil zu erblichem Eigentum übergab. Der Zustrom neuer Siedler hielt an. Denn nicht anders als die polowzischen Steppennomaden scheuten die Tataren die für Reiter schwer zugänglichen Sumpfwaldgebiete. Zwar trieben tatarische Beamte Tribute und Steuern ein, doch von den zahlreichen, unvorhersehbaren und wie ein Wirbelsturm hereinbrechenden Strafexpeditionen, bei denen ganze Landstriche verwüstet, Männer, Frauen und Kinder in die Sklaverei getrieben wurden, blieben die Waldgebiete weitgehend verschont.

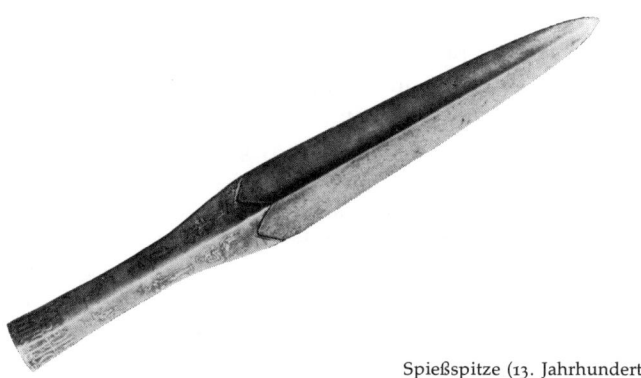

Spießspitze (13. Jahrhundert)

Abendmahlskelch (13. Jahrhundert)

Außer bäuerlichen Siedlern fühlten sich viele Adlige, deren Besitzungen die Tataren zerstört hatten, von Moskau angezogen. Am Fürstenhof bot sich ihnen eine auskömmliche Existenz. Mit großem Geschick und kaufmännischem Sachverstand mehrten Daniil und seine Nachfolger ihren Besitz. Von Daniils zweitem Sohn Iwan meldet die Troitzkij-Chronik:

»Im Jahre 6836 (1328) bestieg der Großfürst Iwan Danilowitsch den Großfürstenstuhl von ganz Rußland. Von da an herrschte 40 Jahre Ruhe und Frieden im Land. Die Heiden hörten auf, das russische Land zu bekriegen und die Christen zu quälen. Und die Christen ruhten sich aus und erholten sich von großer Erschöpfung und vieler tatarischer Last und Bedrückung. Und es war eine große Ruhe im ganzen Land.«[2]

Dieser Iwan mit dem Beinamen Kalita, das heißt Geldsack, hatte es verstanden, sich beim Khan der Goldenen Horde in Sarai so geschickt einzuschmeicheln, daß dieser ihm das Privileg verlieh, die Steuern und Abgaben, bisher von tatarischen Beamten eingetrieben, in eigener Regie für alle russischen Fürstentümer einzuziehen. Dabei blieb natürlich allerlei im eigenen Staatssäckel hängen. Für die Bevölkerung insgesamt bedeutete die neue Regelung eine Beruhigung, die ständige Angst vor tatarischen Überfällen ließ nach.

Als Iwan Kalita der Goldenen Horde auch noch Waffenhilfe gegen das rebellierende Fürstentum Twer leistete, verlieh der Khan ihm den Titel Großfürst von ganz Rußland. Tausende von Russen kaufte Iwan Kalita aus der tatarischen Sklaverei frei und siedelte sie in seinem Gebiet an, das er durch Aufkauf kleinerer angrenzender Fürstentümer erweiterte. Die bisherigen Besitzer erhielten dafür gut dotierte Posten an seinem Hof. Während seiner nur dreizehnjährigen Herrschaft verdreifachte er das Areal seines Fürstentums, das nun bereits 6 Städte und 100 Dörfer umfaßte.

Dieser geschäftstüchtige Kaufmann auf dem Fürstenthron hatte begriffen, daß die einzige Chance, unter der Tatarenherrschaft politisch zu überleben, darin bestand, das in viele Teilfürstentümer zersplitterte Land unter einheitliche Führung zu bringen, »die russische Erde zu sammeln«, wie diese, auch von seinen Nachfolgern betriebene, Politik später genannt wurde. Die ersten Schritte dazu waren die vom Khan verliehene Steuerpacht und die Erhebung Moskaus zum Metropolitensitz.

Im Metropoliten als geistlichem Oberhaupt verkörperte sich in gewisser Weise das Bewußtsein russischer Zusammengehörigkeit. Für die von heidnischer Obrigkeit geknechteten, von Ketzern (Polen) und Ungläubigen (Litauern) im Westen bedrohten Russen bildete ihre Rechtgläubigkeit das einigende Band. Der Fürst, in dessen Stadt der Metropolit residierte und dessen Politik er moralisch unterstützte, besaß den Vorrang vor allen anderen Fürsten, war der »ältere Bruder«, dem die jüngeren gehorsam zu sein hatten. Eingedenk des Unglücks, das Fürstenzwietracht dem Lande gebracht hatte, schlossen die drei Söhne Iwan Kalitas 1341 einen Vertrag, in dem sie sich Einigkeit untereinander und Gehorsam dem regierenden Bruder schwuren:

Vertrag an Vaters Grab

Wir wollen einig sein zeit unseres Lebens; unseren älteren Bruder werden wir an Vaters Statt halten und ehren, er aber soll uns in Brüderlichkeit halten in allem ohne Gefährde; und wer unseres älteren Bruders Feind ist, der wird auch unser Feind sein; und wer unseres älteren Bruders Freund ist, der wird auch unser Freund sein; und du, Herr und Großfürst, sollst ohne uns mit niemandem einen Vertrag abschließen, wie auch wir, deine jüngeren Brüder, mit niemandem einen Vertrag abschließen werden.

Und sollte Gott einen von uns abberufen, so mögen die anderen für seine Fürstin und seine Kinder sorgen, ihnen kein Unrecht tun und ihnen nichts wegnehmen von dem, womit uns der Vater gemäß der Erbbestimmung gesegnet hat.

Und die freien Diener, die unter unserem Vater in Gericht und Verwaltung ihre Nahrung gefunden haben, sollen auch fürderhin frei bleiben.

Und die Bojaren und die freien Diener sollen frei sein (den Herrn zu wechseln): will einer von uns fort und zu dir, dem Großfürsten, hingehen oder von dir zu uns, gegen seinen Willen soll man ihn nicht festhalten.

(Und der neue Großfürst fügte hinzu:)

»Und so oft ich werde aufs Pferd steigen müssen (um in den Krieg zu ziehen), sollt auch ihr mit mir ziehen. Und wenn ich selbst nicht ziehen muß, sondern euch hinsende, sollt ihr eure Pferde besteigen ohne Weigerung.«[3]

Dieser Vertrag »an Vaters Grab« wurde von den Söhnen des Iwan Kalita eingehalten, und so blieb das Moskauer Fürstentum ungeteilt in der Hand der direkten Nachkommen Daniils.

Die Vorrangstellung, die Iwan Kalita für das Großfürstentum Moskau errungen hatte, wurde noch lange Zeit immer

Fürst Iwan Kalita (1328-1341)

wieder von anderen Fürsten heftig angefochten, vor allem vom Fürstentum Twer; doch behielt Moskau letztlich die Oberhand, und die »Sammlung der russischen Erde« war durch Erbverträge, Kauf, gelegentlich auch durch List und Gewalt gegen Ende des 15. Jahrhunderts so gut wie vollendet.

Was Einigkeit unter tatkräftiger Führung vermag, bewies schon im Jahre 1380 der Moskauer Großfürst Dmitrij Donskoj (1363–1389), als er, unterstützt von Truppenkontingenten anderer Fürsten, in offener Feldschlacht auf dem Kulikowo-Felde den ersten großen Sieg über die Tataren errang. Damit war die Tatarenherrschaft zwar noch keineswegs gebrochen, doch es hatte sich gezeigt, daß die Tataren nicht unbesiegbar waren. Ein ungeheures Ereignis, das in Chroniken und Liedern vielfältigen Niederschlag fand. Das künstlerisch bedeutendste schrieb Ende des Jahrhunderts der Mönch Sofonij von Rjasan.

Hier die entscheidenden Passagen:

Großfürst Dmitrij Donskoj

Lobpreisung des Fürsten Dmitrij Iwanowitsch und seines Bruders* Fürst Wladimir Andrejewitsch

...
Denn diese beiden, der Großfürst Dmitrij Iwanowitsch,
und sein Bruder, der Fürst Wladimir Andrejewitsch,
gürteten mit Ungestüm ihren Geist,
schärften mit Mannesmut ihr Herz
und waren erfüllt von der Begierde zu kämpfen.
Und sie sammelten kühne Heerscharen
im russischen Land,
gedachten ihres Ahnherrn, des Fürsten
Wladimir von Kiew.

O Lerche, im Fluge gleitender Vogel, Trost aus schöneren
  Tagen,
steige auf in den blauen Himmel,
blicke nieder auf Moskau, die großmächtige Stadt!
Preise den Großfürsten Dmitrij Iwanowitsch,
auch seinen Bruder, den Fürsten Wladimir Andrejewitsch!

* Eigentlich Vetter, doch wurden Vettern stets Brüder genannt.

Trägt wohl der Sturm schon Falken aus dem Salesje-Land
hinein ins Polowzische Land?
Pferde wiehern in Moskau,
Ruhm durcheilt das ganze russische Land.
Hörner schallen in Kolomna,
in Serpuchow dröhnen die Trommeln.
Fahnen wehn an den Ufern des breiten Don.
Ratsglocken läuten in Nowgorod.
Und die Bürger von Nowgorod drängen sich
in der Kirche der heilgen Sophie:
»Liegt es, Brüder, schon nicht mehr in unserer Macht,
zu helfen dem Großfürsten Dmitrij?«

Und schon ist es, als flögen Adler aus dem Mitternachts-
land.
Doch nicht Adler fliegen,
es eilen die russischen Fürsten
zum Großfürsten Dmitrij Iwanowitsch
und seinem Bruder Wladimir Andrejewitsch und sprechen
also:
»Großfürst, o Herr, die tatarischen Heiden
haben überfallen unser Land,
sie haben sich von unserem Erbe genommen,
ihre Heere versammelt an der Mjetscha
zwischen Don und Dnjepr.
Wir aber, o Herr, wollen übersetzen über den schnellen
Don,
wollen Wunder vollbringen für unser Land
zum Gedächtnis den Alten,
zum Vorbild den Jungen;
erproben wolln wir unsre tapferen Krieger
für das russische Land und den rechten Glauben.«

Und zu ihnen sprach der Großfürst Dmitrij Iwanowitsch:
»Meine Brüder und Fürsten der Russen,

wir alle entstammen dem Nest des Großfürsten Wladimir
   von Kiew.
Nicht zum Freiwild geboren sind wir
den Falken und den Geiern,
nicht den schwarzen Raben, nicht dem heidnischen Mamaj.«
...
Und schon frischten vom Meer her kräftige Winde auf
gegen die Mündung von Dnjepr und Don,
Viele werden fallen auf dem Felde von Kulikowo,
Blut wird verschüttet an der Neprjadwa, dem Fluß.

Schon knarren Nomadenkarren
zwischen Dnjepr und Don,
die Heiden rücken ins russische Land.
Graue Wölfe sind gekommen
von der Mündung des Don her, von der Mündung des
   Dnjepr.
Stehen heulend am Ufer des Flusses Mjetscha,
bereit zu zerfleischen das russische Land.
Doch es waren nicht graue Wölfe,
es waren heidnische Tataren,
wollten alles russische Land mit Krieg überziehn.
Gänsegeschnatter erhob sich am Flusse Mjetscha,
Schwäne schlugen mit den Schwingen.
Doch es war nicht Gänsegeschnatter,
kein Schwan schlug mit den Schwingen:
Der heidnische Mamaj kam über Rußland
und brachte sein Heer mit.
...
Falken flogen zum schnellen Don.
Nein, nicht Falken waren es, die zum schnellen Don flogen –
Großfürst Dmitrij reitet mit seinen Scharen,
zieht über den Don mit der ganzen Streitmacht
und spricht also: »Bruder, Fürst Wladimir,

hier, trink diesen Becher mit Met,
laß uns angreifen, Bruder, die heidnischen Rotten
mit unseren tapferen Scharen!«
Und alsbald rückte der Großfürst ins Feld.
Stählerne Schwerter klirren an östliche Helme.
Heiden versuchen, die Köpfe mit ihren Armen zu schüt-
    zen.
Eilends ziehn sich die Heiden vom Fürsten zurück.
Fahnen knattern, die Heiden laufen davon.
Russensöhne erfüllen die weite Steppe mit Kampfgeschrei
und erhellen sie mit vergoldeten Panzern.
Und der grimmige Ur behauptet sich auf dem Felde.

So trieb der Fürst die Heidenrotten davon,
ohne Gnade und Schonung hieb er auf sie ein
und brachte sie in große Bedrängnis.
Von den Pferden fielen ihre Fürsten.
Besät war das Feld mit tatarischen Leichen.
Und die Flüsse flossen über von ihrem Blut.
In wilder Flucht zerstreuten sich da die Heiden.
Auf unwegsamen Pfaden flohen sie bis an das Meer.
Sie knirschten mit den Zähnen,
zerkratzten ihre Gesichter und klagten:
»Brüder, wir werden nicht auf heimische Erde entkommen,
und nicht wiedersehen werden wir unsere Kinder –
küssen werden wir das grüne Gras.
Nie mehr werden wir gegen Rußland ziehen,
nie mehr Tribut von seinen Fürsten einsammeln.«

Und es stöhnte auf das tatarische Land
mit Drangsal und Kummer bedeckt.
Dem Khan verging aller Übermut
und die Begierde russisches Land zu verheeren.
Alle Fröhlichkeit war dahin.
Denn schon sammelten Russensöhne plündernd Tataren-
    gewebe,

Waffen und Pferde, Ochsen und Kamele,
Wein und Zucker und Kostbarkeiten
und Goldstickereien.
Brachten alles in Fülle den Frauen heim,
und die russischen Frauen ließen Tatarengold klingen.
Auf russischer Erde herrschte Freude und Glück,
und russischer Ruhm
erhob sich über heidnische Schmach.
Fortan war der Großfürst gefürchtet in allen Ländern.
Laß fliegen, o Großfürst, die Pfeile über die Lande,
vernichte, o Großfürst, mit deinem tapfren Gefolge
den unreinen Mamaj um des russischen Landes willen,
zum Ruhme des christlichen Glaubens.
...
Niedergemäht waren vom gottlosen Mamaj
zweihundertdreiundfünfzigtausend Russen.
Und doch war Gott barmherzig mit dem russischen Land,
denn die Zahl der erschlagnen Tataren ist ohne Grenzen.
Nun sprach der Großfürst Dmitrij Iwanowitsch:
»Brüder, Bojaren und Fürsten, Bojarensöhne,
die ihr die Richtstätte fandet zwischen Dnjepr und Don
auf dem Felde von Kulikowo am Flusse Neprjadwa!
Ihr gabt eure Leben hin für die Heilige Kirche,
für das russische Land
und für den Glauben der Christen.
Verzeiht mir Brüder, versagt mir nicht euren Segen
in diesem Leben und im zukünftigen!
Laß uns nun gehn, mein Bruder Fürst Wladimir Andreje-
    witsch,
heim in unser Land jenseits des Waldes,
heim in die ruhmreiche Stadt Moskau,
und laß uns sitzen, Bruder, auf unserem Fürstenthron,
denn Ehre, Bruder, haben wir gewonnen
    und einen berühmten Namen!«
Gelobt sei unser Gott![4]

Zwei Jahre nach dem spektakulären Sieg auf dem Kulikowo-Felde folgte die tatarische Vergeltung. Timur Lenks General Tochtamysch belagerte Moskau. Als er sah, daß er die Stadt nicht mit Gewalt einnehmen konnte, griff er zur List. Er lockte mit einem Friedensangebot den Stadtkommandanten Ostej zu einem Besuch ins tatarische Feldlager, ließ dann ihn und sein Gefolge erschlagen, plünderte und verwüstete die Stadt.

Der Chronist klagt: »Vorher war Moskau eine große und wunderbare Stadt, und riesig viel Volk wohnte darin, und es brauste das Leben in Reichtum und Ruhm.« Nachher »waren nur Rauch und Asche, blutgetränkte Erde und verbrannte Kirchen übrig.«

24 000 Tote soll es gegeben haben.

Dieser furchtbare Schlag vermochte dennoch nicht, das durch den Sieg auf dem Kulikowo-Felde gewonnene Selbst-

Evangeliumseinband

Andrej Rubljow: Geburt Christi (Ausschnitt: Dienerinnen und Christuskind)

vertrauen von Fürst und Volk zu beeinträchtigen. Mit dem
bedingungslosen Gehorsam gegenüber der Goldenen Horde
war es vorbei. Schon Dmitrijs Nachfolger Wassilij I.
(1389–1425) hielt es nicht mehr für nötig, bei seiner Thronbesteigung sich in Sarai den Jarlyk – die Bestätigung seiner
Großfürstenwürde durch den Khan – zu holen. Auch mit den
Tributzahlungen war er säumig, und als Tochtamysch gegen
den Großkhan rebellierte, gewährte Wassilij den Abtrünnigen sogar Asyl in seinem Lande. Da war natürlich eine neue
Strafexpedition fällig. Doch – und auch dies ist ein Novum in
den Beziehungen zwischen der Horde und Moskau –, ehe
der tatarische Feldherr Edigej im Jahre 1407 zum Angriff
überging, sandte er einen Brief an den Großfürsten Wassilij:

Edigejs Gruß an Wassilij, nach dem Ratschluß
der Prinzen und Fürsten

Der Groß-Khan hat mich mit einem Heere gegen dich geschickt, weil er erfahren hat, daß Tochtamyschs Kinder eine
Zuflucht in deinem Lande gefunden haben. Auch ist uns
bekannt, was im Gebiete des Moskauer Fürstentums geschieht: Ihr beschimpft nicht nur unsere Kaufleute und bedrückt sie auf allerlei Weise, sondern verhöhnt auch selbst
die Gesandten des Khans. War das auch früher so? Frage die
Ältesten! Das russische Reich war unsere treue Provinz; es
kannte Furcht und Gehorsam; es zahlte Tribut und ehrte die
Gesandten und Kaufleute der Horde. Du aber willst davon
nichts wissen. Und was tust du? Timur hat den Thron be-
stiegen, und du hast sein Antlitz nicht gesehen, hast auch
weder einen Fürsten noch einen Bojaren zu ihm gesandt.
Dann ging Timurs Regierung zu Ende, Schadibek herrschte
acht Jahre lang, du aber warst nicht bei ihm! Jetzt regiert Bulat schon im dritten Jahr, und du, der vornehmste Fürst in
Rußland, begibst dich nicht in die Horde! Alle deine Handlungen sind unrecht. Ihr hattet gute Sitten und Werke, als
noch der Bojar Fjodor Koschka lebte und dich an die Wohl-
taten des Khans erinnerte. Jetzt ist sein unwürdiger Sohn
Iwan dein Schatzmeister und Freund. Was er sagt, das
glaubst du, und auf die Meinungen der Ältesten im Lande
hörst du nicht. Und was ist daraus entstanden? Die Zerstörung deines Landes. Willst du hinfort in Frieden herrschen,
so berufe in den Rat die ältesten Bojaren: den Ilja Iwanowitsch, den Pjotr Konstantinowitsch, den Iwan Nikititsch
und andere, die mit ihnen in guter Meinung einig sind.
Schicke einen von ihnen zu uns mit den alten Steuern, wie
ihr sie Dschanibek zahltet, damit dein Reich nicht gänzlich
untergehe. Alles, was du den Khanen über die Armut des
russischen Volkes geschrieben hast, ist Lüge. Wir haben
jetzt selbst dein Land gesehen und erfahren, daß du in dem-

selben von zwei Pflugscharen einen Rubel einziehst. Wo bleibt denn das Silber? Das christliche Land wäre ganz unversehrt geblieben, wenn du den Khanischen Tribut richtig bezahlt hättest.

... Bedenke das und werde klug!...[5]

Wieder wurde Moskau verbrannt und geplündert. Und wieder erholte sich die Stadt schnell.

MOSKAU – ZENTRUM DES REICHES

Um 1450 ist Moskau nicht mehr nur der Sitz des Großfürsten, des »älteren Bruders« der übrigen russischen Fürsten. Der Moskauer Großfürst ist Herrscher über das ganze Land. Iwan III. (1462–1505) sprach es aus: »Ganz Rußland ist mein Vatererbe, ich kann es geben, wem ich will.« D. h. nur er allein verfügte über die Thronfolge und anerkannte keine Erbrechte nachgeborener Söhne. In Moskau standen ihm zweihundert Bojarenfamilien zur Verfügung, genug Personal für die Verwaltungsaufgaben eines mehr und mehr zentralistisch regierten Staatswesens.

Wie weit die Moskauer Stadtbevölkerung vom politischen Aufstieg des Großfürstentums profitierte, davon findet sich in den zeitgenössischen russischen Quellen kaum etwas. Doch der venezianische Kaufmann Josaphat Barbaro, der zwischen 1436 und 1452 häufig in der an der Don-Mündung gelegenen venezianischen Kolonie Tana weilte und von dort aus Rußland bereist hat, erzählt in seinem Bericht:

Reise nach Tana

... An dem schönen Moskau-Fluß ist die Stadt Moskau gelegen, in der der Großfürst wohnt. Der Fluß fließt mitten durch die Stadt und hat mehrere Brücken. Das Schloß steht auf einem Hügel und ist zusammen mit der Stadt rings von Wald umgeben.

An Brot und Fleisch ist solcher Überfluß, daß Rindfleisch nicht nach Gewicht, sondern nach Augenmaß verkauft wird. Für ein Marcheto kann man vier Pfund Fleisch bekommen; 70 Hühner kosten einen Dukaten, eine Gans nicht mehr als drei Marcheto. Die Kälte ist hier so groß, daß sogar die größten Flüsse zufrieren. Im Winter bringt man riesige

Mengen von Schweinen, Ochsen und anderem Vieh, schon ausgenommen und in gefrorenem Zustand, nach Moskau. Wenn man will, kann man gleich 200 Stück auf einmal kaufen. Vor der Zubereitung muß man das Fleisch aber am Ofen auftauen, sonst kann man es nicht zerteilen und schneiden, denn es ist hart wie Marmor. Früchte dagegen gibt es überhaupt keine, abgesehen von einer geringen Menge Äpfel, Haselnüsse und Bucheckern.

Die Bewohner wählen, besonders für längere Reisen, die Winterzeit, wenn die Wege durch Frost und Schnee eben sind und außer der großen Kälte keine weiteren Unannehmlichkeiten bieten. Lasten befördert man sehr bequem auf Schlitten, die sie anstelle von Wagen benutzen. Im Sommer jedoch unternimmt niemand gern eine längere Reise wegen des großen Schmutzes und der zahllosen Mücken, welche in den umliegenden fast unbewohnten Wäldern ausgebrütet werden.

Wein kennen die Moskauer nicht, sie stellen jedoch eine besondere Art von Getränk her, das sie aus Honig oder Weizen, dem Hopfen zugesetzt wird, bereiten. Der Hopfen bringt das Getränk zur Gärung und macht es so kräftig, daß es gleich wie Wein einen Rausch hervorbringen kann. Doch muß man hier eine fürsorgliche Maßnahme des Großfürsten erwähnen: da er sah, daß die Leute in der Trunkenheit ihre Arbeit vernachlässigen und auch sonst vieles nicht tun, was ihm nützlich ist, erließ er ein Verbot, dieses Getränk zu bereiten...[6]

Die durch die Tatarenherrschaft fast vollständig abgerissenen Kontakte zwischen Rußland und dem übrigen Europa wurden im 15. Jahrhundert vorsichtig und zögernd wieder angeknüpft. Als angesichts der Bedrohung Konstantinopels durch die Türken auf dem zunächst in Ferrara, dann in Florenz tagenden Konzil (1438/39) die Union der griechischen mit der römischen Kirche beraten wurde und schließlich zu-

Russische Schlitten und Skier (16. Jahrhundert)

stande kam, nahm auch Isidor, der Metropolit von Kiew, daran teil. Für die Russen erwies sich die Union jedoch als unannehmbar. Wenige Tage, nachdem Isidor in der Mariä-Himmelfahrtskathedrale zu Moskau das Unionsdekret verlesen und den Gottesdienst nach uniiertem Ritus zelebriert hatte, ließ Großfürst Wassilij II. (1425–1462) den Metropoliten verhaften und ins Tschudow-Kloster sperren. Not und Entbehrung konnten die Russen erdulden, aber den Verrat am wahren Glauben ertrugen sie nicht.

Die wechselseitige Annäherung von Ost und West machte dennoch Fortschritte. Wassilijs Sohn und Nachfolger Iwan III. heiratete in zweiter Ehe (1472) Sophia Palaeolog, die Nichte des letzten Kaisers von Konstantinopel und gelangte so in die »Familie« der europäischen Potentaten. Diese Ehe wird hinsichtlich der Moskauer Staatstheorie, die erst im 16. Jahrhundert entstand, überbewertet. Sie zeitigte dage-

Großfürst Iwan III.

gen unmittelbare Wirkungen, die der Stadt Moskau baulich zugute kamen.

Der in Italien aufgewachsenen Kaisernichte folgten italienische Baumeister, Künstler, Techniker, westliche Diplomaten, griechische Gelehrte und Angehörige des byzantinischen Kaiserhauses nach Moskau. Auf dem Kremlgelände begann eine rege Bautätigkeit. Die alten Gebäude entsprachen nicht mehr den Repräsentationsbedürfnissen Iwans III.

... über dem Kreml ist nur noch Gott

Auf dem 28 Hektar umfassenden Plateau des Kreml-Hügels befanden sich die Holzpaläste (Choromy) des Großfürsten und des Metropoliten, einige Bojarenpalais, vier steinerne Kirchen, die zwischen 1326 und 1333 erbaut, dringend erneuerungsbedürftig waren, und die Verkündigungskathedrale aus dem Jahre 1405. Sie war nach dem Vorbild der gleichnamigen, im 12. Jahrhundert erbauten Kathedrale in Wladimir errichtet worden und mit Ikonen des berühmten griechischen Ikonenmalers Theophanes und des wohl größten russischen Ikonenmalers Andrej Rubljow (um 1370–1430) ausgeschmückt.

Als erste wurde die Mariä-Himmelfahrtskathedrale, die, 1326 erbaut, den Kathedralenplatz beherrschte, erneuert.

Der Chronist der Sophienchronik berichtet:

»Im Jahre 6983 nach Erschaffung der Welt (1475) sandte der Großfürst den Semjon Tolbuzin nach Venedig zu dem dortigen Fürsten mit der Botschaft, er habe dessen Gesandten Trevisan in Gnaden und mit vielen Geschenken im Werte von 700 Silberrubeln entlassen.

Den Semjon Tolbuzin hatte der Großfürst beauftragt, einen Kirchenbaumeister zu finden. Er wurde in Venedig mit großen Ehren empfangen und mietete den Meister Aristoteles. Bei den Venezianern gab es viele kundige Meister, aber keiner wollte nach Rußland reisen. Nur dieser Aristoteles war bereit und bedingte sich einen Lohn von zehn Rubeln im Monat aus. Er ging also nach Moskau, nahm auch seinen Sohn Andreas und einen Diener mit und machte sich mit dem Gesandten Tolbuzin auf den Weg...

Er rühmte die glatten Wände der Himmelfahrtskathedrale, befand aber den Kalk nicht genügend fest und den Stein nicht hart genug. Darum machte er auch alle Bögen aus Ziegelgestein, denn der Ziegel halte besser als Kalkstein. Die Nordwand und die Chöre wollte er nicht erst umbauen, sondern alles von Grund auf ganz und gar neu machen.

Die alte Kirche trug er auf folgende Weise ab: Er stellte drei hohe Balken auf, vereinigte ihre oberen Enden und hängte zwischen ihnen einen Eichenbalken an einem Seil auf. Das Ende dieses Balkens war mit einem eisernen Reifen beschlagen; indem er nun diesen Balken in Bewegung setzte, zerschlug er die Wände. Die übrigen Mauern ließ er ab-

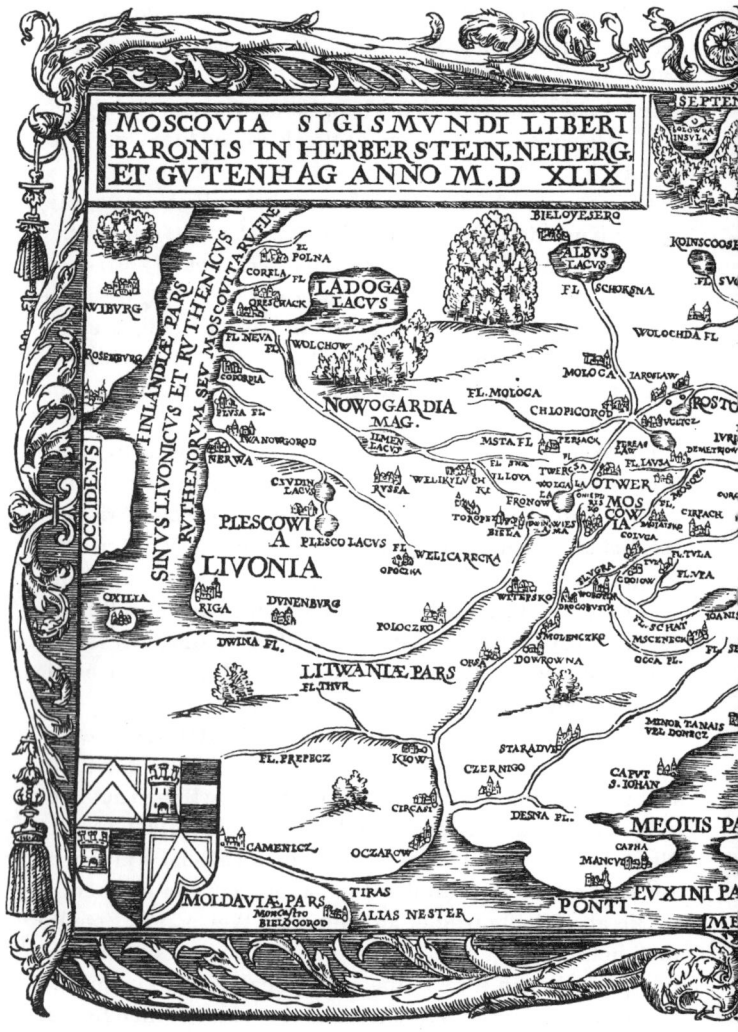

Karte von Rußland, 16. Jahrhundert

MARE
GLACIALE

FL. MESEN PECZORA FL.
YSSA
PINEGA
KYLXYO CIRGO FL. CTING
MESEN
COLMOGOR

MONTES DICTI

AVREA ANVS

SLATA BABA

CINGVLVS TERRAE

IVHRA
INDI VNGARORV
ORIGO

OBLACAS

WINA PROVINCIA

VSTIVG

ARTA WISCHA FL. SOSSA

FL. SIBVT

FL. PINEGA
PECZORA FL.

TROIC
TVMEN

CVMBA
LACK
REGIA
IN KY
TAY

RITH
AY
LACVS

ASTROMA

PERMIA PROVINCIA

FL. WISCHORDA

FE. IVG

PERMIA

KASTROMA

WOLCA

ODIMERIA

CZEREMISSA POPVLI

KLINOW FL.WIATCHA
ORLOW
CHOTELNICZ
SLOWODA
FL. RECZICZA

ZAN
PRINCIPATVS

OCCA
DASIMOW NOWOGARDIA
GOROD INFERIOR

BASILOWGOROD

CASAN

MVRON

N RVTHENICE TANAIS
TANAIN FONTES

MORDVA
POPVLI

FL. SVRA FL.WIAGLA KAMA
FL.WIECZNA

RHA GRECAE
FL. WOLGA RVTHENICE
EDEL TARTARICE

9 18 27 36 45 54 63 72 81 90
DISTANTIA PER MILIARIA

ORIENS

CHO KRA

WELIKIPREWOS SEV
TRAIECTVS MAGNVS

IAICK FL.

SIBIER PROVIN
CIA

NAGAYSKI TARTARE

TARTARIA

CIRCASI PETIGORSKI

CIRCASI POPVLI

ASTRACHAN

SORAICZIK

SCHAMACH

DIES

MARE CASPIVM

tragen, indem er Holzscheite an ihnen aufstapelte, das Holz in Brand setzte, worauf die Mauern zusammenfielen...

Er fuhr nach Wladimir, besichtigte die dortige Himmelfahrts-Kathedrale, lobte die Arbeit und sagte: ›Diese Arbeit stammt von einem unserer Meister.‹

Er ließ hinter dem Andronikow-Kloster einen Ofen errichten, um Ziegel zu brennen. Diese Ziegel machte er schmaler, länger und härter als unsere russischen Ziegel. Will man so einen Ziegel zerbrechen, muß man ihn erst in Wasser aufweichen. Den Kalk ließ er gut mit Werg vermengen; am nächsten Tag war er trocken und so fest, daß man ihn nicht mit dem Messer abkratzen konnte. Der Kirche gab er eine längliche Gestalt, ähnlich einem Saal. –

Schon im ersten Jahr hatte Aristoteles die Fundamente bis über die Erdhöhe hinaus aufgeführt. Der Kalk wurde wie ein zäher Teig mit eisernen Spaten aufgetragen. Im Innern ließ er glatte Steine legen und nur vier runde Säulen errichten, sie würden fest genug stehen, sagte er. Im Altarraum baute er zwei Säulen aus Ziegeln, und zwar viereckige.

Im Jahre 6984 vollendete Aristoteles den Bau bis zur Wölbung. Die Wände ließ er durch eiserne Klammern verstärken, und zwischen den Säulen, wo in unseren Kirchen sonst Eichenbalken verwendet werden, brachte er eiserne Streben an.

Im Jahre 6986 (1478) war die steinerne Himmelfahrts-Kathedrale fertig gebaut. Vier Kuppeln errichtete Aristoteles dann noch über der Kirche und in der Mitte eine große Kuppel auf einer Trommel; die Chöre hatte er neben dem Altar angelegt; eine Treppe führt in den oberen Teil der Kathedrale. Er ließ auch Dachtraufen aus Ziegeln anbringen, aus denen das Wasser, wenn es regnet, abfließen kann.«

Und der Chronist schließt:
»Diese Kathedrale ist wundervoll durch ihre Majestät, durch die Höhe und Helligkeit und durch den Klang und

den Raum. Früher gab es in Rußland solchen Kirchenbau nicht.«[7]

Die Mariä-Himmelfahrtskathedrale wurde zur Krönungskirche der Großfürsten und damit zum Haupheiligtum des Landes. Und sie blieb auch Krönungskirche der Zaren, als Peter der Große die Hauptstadt nach Petersburg verlegte. Noch der letzte Zar, Nikolaj II., wurde in der Himmelfahrtskathedrale zu Moskau gekrönt.

Dem Neubau der Himmelfahrtskathedrale folgte 1485–1489 der Umbau und die Restaurierung der Verkündigungs-Kathedrale, deren Ikonostas mit Bildern von Theophanes und Rubljow wenigstens teilweise erhalten blieb. In den Jahren 1505–1508 baute der Italiener Aleviso die Erzengel-Michael-Kathedrale. Dieser Bau wurde Begräbniskirche der Großfürsten und später der Zaren. Alle drei Kirchen verbinden russische Sakralbautraditionen mit Elementen der italienischen Renaissance. Ihre Baumeister hatten zuerst gründlich die alten, in Nowgorod und Wladimir erhalten gebliebenen Kirchen studieren müssen, ehe sie mit dem Bau der Moskauer Kreml-Kirchen beginnen durften.

Grundsteinlegung der Mariä-Himmelfahrts-Kathedrale. Randfeld aus der Ikone »Metropolit Pjotr« von Dionissij, Ende des 15. Jahrhunderts.

37

Noch während die Kirchen im Bau waren, nahm man auch die Erneuerung der Profanbauten in Angriff. Der alte hölzerne Großfürstenpalast wurde abgerissen, an seine Stelle trat ein auf hohen Unterbauten ruhender Komplex von Steingebäuden (1492–1508). Das interessanteste Bauwerk dieser Jahre ist der von Pietro Solario errichtete sogenannte Facettenpalast mit Front zum Kathedralenplatz. In seinem hellen, nur auf einem Pfeiler ruhenden Prunksaal fanden seitdem und finden noch heute wichtige Staatsakte statt.

Ein ganz besonderes Bauwerk gab schließlich dem Kathedralenplatz seine Vollendung: der Glockenturm, im Volksmund bald ›Iwan der Große‹ genannt, wurde er doch unter dem Großfürsten Iwan III. erbaut, den die Geschichtsschreiber wegen seiner Verdienste um die Vollendung des russischen Einheitsstaates mit dem Beiwort ›der Große‹ ehrten. Dieser Glockenturm, nachdem er 1660 noch ein letztes, krönendes Stockwerk erhalten hatte, war mit 80 Metern der höchste Turm im ganzen Reich. Seine Glocken verkündeten der Stadt alle großen Ereignisse: Geburt und Tod im Herrscherhaus, Kriegsgefahr und Feuersnot. Er läutete die Festtage ein, und erst wenn Iwans des Großen Glocken dröhnten, konnte das höchste, das Osterfest beginnen.

Mit diesen Bauten hatte der Kern des Kreml seine im wesentlichen bis heute erhaltene Gestalt bekommen. Mit seinen Kirchen und Palästen wurde der Kreml zum nationalen Symbol, und er blieb es über die Jahrhunderte hinweg auch während der Epoche, die Moskau zur zweiten Stadt des Reiches degradierte.

Im Volksmund hieß es: »Über Moskau geht nur der Kreml, und über dem Kreml ist nur noch Gott.«

Bei der Neugestaltung der Kremlanlage hatte Iwan III. nicht nur an Schönheit und Prachtentfaltung gedacht, sondern ebenso an die Sicherung des Staatszentrums vor feindlichen Überfällen. Zwischen 1485 und 1510 entstand in mehreren Bauabschnitten die noch heute bestehende, zum Teil

Kreml: Mariä-Himmelfahrts-Kathedrale

Der Glockenturm »Iwan der Große«

18 Meter hohe Festungsmauer in einer Gesamtlänge von 2,25 Kilometer mit 19 Türmen. Zahlreiche hohe Bögen im Innern der Mauern bildeten die Verteidigungsstellen.

In den folgenden Jahrhunderten haben Herrscher und Kirchenfürsten, den sich wandelnden Bedürfnissen entsprechend, Neues gebaut und Altes umgebaut. Die Kremltürme erhielten im 17. Jahrhundert schlanke, in Rängen aufsteigende Spitzen, die die Turmhöhen fast verdoppelten. Auf Unterbauten des 16. Jahrhunderts entstand 1635/36 der Terem-Palast, dessen Stufenaufbau und offene Promenadenbalkons mit den in Rängen aufstrebenden Spitzen der Kremltürme harmonieren. Der Palast des Patriarchen und seine Hauskirche, die Zwölf-Apostelkirche, wurden ebenso wie das Zarenschloß in der Mitte des 17. Jahrhunderts erheblich umgebaut. 1702 begann Peter der Große mit dem Bau des weitläufigen Arsenals, dem letzten Gebäude, das der Kreml als Zarensitz erhielt. Peters Nachfolger kümmerten sich weder sonderlich um Moskau noch um den Kreml. Erst Katharina die Große ließ ein neues Bauwerk errichten, den Senatspalast. Ihr Enkel, Nikolaj I., verfügte den Bau eines neuen Zarenschlosses, das Reste des alten in sich aufnahm, und ließ an der Südwestecke des Kremlhügels die neue »Rüstkammer« errichten, die Waffen- und Rüstungssammlungen enthielt und zu einem Museum für angewandte Kunst wurde.

Als Lenin 1918 Moskau wieder zur Hauptstadt erhob und die sowjetische Regierung in den Kreml einzog, veranlaßte er, daß alle Baudenkmäler sorgfältig gepflegt und restauriert wurden. Nur zwei Klöster, das Tschudow- und das Wosnessenskij-Kloster, mußten der neuen Zeit weichen, an ihrer Stelle entstand 1932 bis 1934 das Regierungsgebäude. Der bisher jüngste Bau ist der Kongreßpalast (1961). So hat seit der Gründung Moskaus jede Epoche zur baulichen Gestaltung des Kreml-Hügels beigetragen. Als Lenin die Kommandozentrale der Revolution in den Kreml verlegte, entzog er ihn allerdings den Moskauer Spaziergängern, die ihn gern an Sonn- und Feiertagen aufgesucht hatten. Erst 1955 machte Chruschtschow die Parkanlagen der Öffentlichkeit wieder zugänglich und gab die Kathedralen und die Rüstkammer zur Besichtigung frei.

Doch nun zurück ins 16. Jahrhundert.

Eines der ersten steinernen Bauwerke außerhalb des Kreml ließ Iwan IV. auf dem Roten Platz errichten. Es war die zum Gedenken an die Eroberung von Kasan (1552) errichtete Basilius-Kathedrale. Von den russischen Baumeistern Barma und Postnik erbaut und 1561 vollendet, ist sie das bedeutendste Ergebnis architektonischer und dekorativer russischer Kunst jener Epoche. Die Kathedrale besteht aus zehn selbständigen Kapellen, deren mittlere – die höchste und in ihrem Schmuck originellste – das verbindende Element der Kapellengruppe bildet. Die Anordnung vermittelt den Eindruck einer Stadtsilhouette mit Kirchen und Türmen. Ausländische Besucher priesen denn auch die Basilius-Kathedrale als »himmlisches Zion«.

Am Fuße der Kremlmauern zog sich in drei hintereinander liegenden Halbkreisen die »gewöhnliche« Stadt entlang. Den ersten Halbring im Anschluß an die Festungsmauern bildete Kitaigorod, die Kaufmannsstadt. ›Kitai‹ hat mit kitajskij = chinesisch nichts zu tun. Das Wort geht wahrscheinlich auf ›Kita‹ – mit Flechtwerk befestigter Erdwall – zurück oder auf das tatarische ›Kite‹ – Handel. Zwischen 1534 und 1538 wurde Kitaigorod ebenfalls mit einer Ziegelsteinmauer gesichert, sie war nicht so hoch wie die des Kreml, aber, der neuen Fortifikationstechnik entsprechend, dicker. Der Kaufmannsstadt vorgelagert war die ›Zarenstadt‹, später ›Weiße Stadt‹ genannt, nachdem sie Ende des 16. Jahrhunderts eine Mauer aus Kalkstein, dem Weißen Stein, erhalten hatte. Den dritten Ring bildete Skorodom. Dieser Stadtteil wurde im 17. Jahrhundert mit einem Erdwall geschützt und seitdem Erdstadt genannt.

Einen weiteren Schutz Moskaus bildeten die seit dem 14.

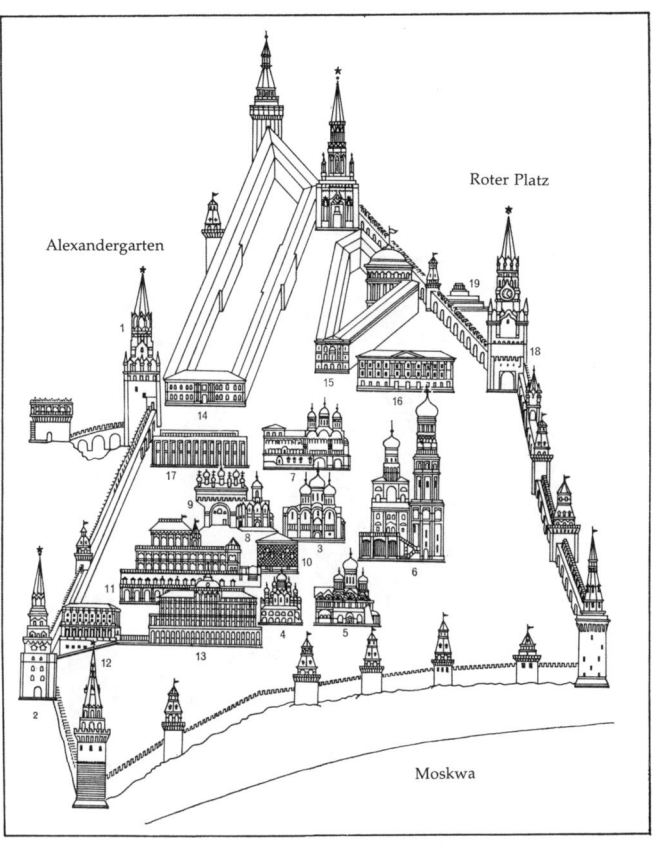

Schematischer Übersichtsplan der Kremlanlagen: 1 Dreieinigkeits-Torturm,
2 Borowizki-Torturm, 3 Mariä-Himmelfahrts-Kathedrale, 4 Mariä-Verkün-
digungs-Kathedrale, 5 Erzengel-Kathedrale, 6 Glockenturm Iwan Weliki,
7 Zwölf-Apostel-Kirche und Patriarchen-Palast, 8 Kirche der Niederlegung
des Gewandes Mariä, 9 Terem-Kirchen, 10 Facettenpalast, 11 Terempalast,
12 Rüstkammer, 13 Großes Kremlschloß, 14 Arsenal, 15 Gebäude des Mini-
sterrats der UdSSR, 16 Kremltheater, 17 Kongreßpalast, 18 Spasski-Turm,
19 Lenin-Mausoleum

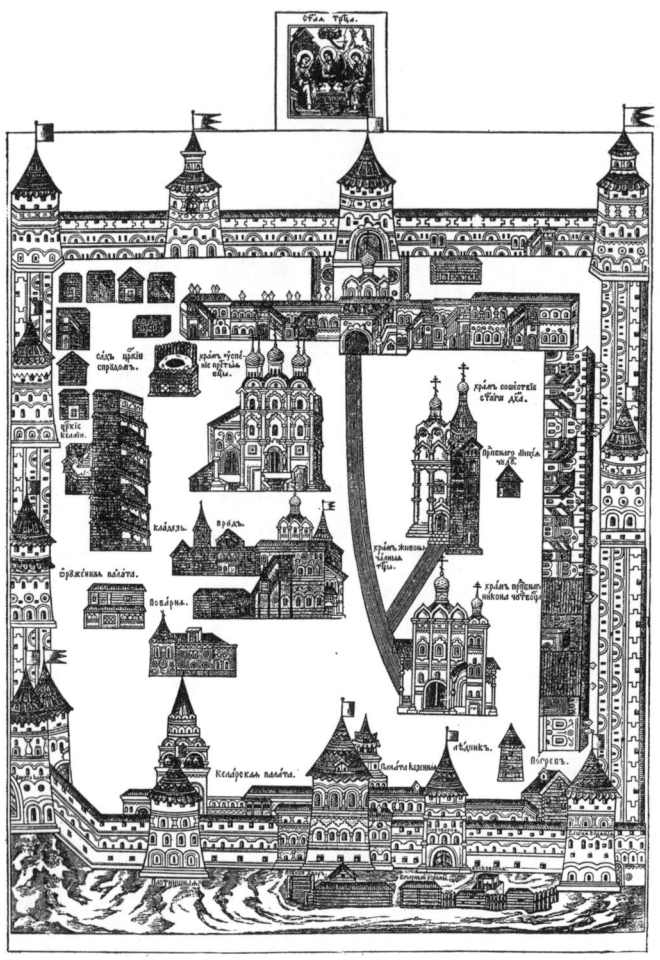

Dreifaltigkeits-Sergiuskloster

Jahrhundert entstandenen Wehrklöster, deren Möche im Kriegshandwerk erfahren waren. Sieben regelrechte Klosterfestungen umrahmten die Stadt in einem Halbkreis von Nordosten nach Südwesten. Das größte und wichtigste dieser Wehrklöster war das nicht in unmittelbarer Stadtnähe, sondern 68 Kilometer nordöstlich an der Straße nach Jaroslawl gelegene Dreifaltigkeits-Sergius-Kloster. Sein Gründer, der 1422 heiliggesprochene Sergij, war nicht nur ein außerordentlich frommer, sondern auch ein politisch und militärisch hochbegabter Mann gewesen. Auf seinen Rat hin wurden südlich von Moskau Verteidigungsanlagen zum Schutz vor Tatarenüberfällen gebaut, und seine Idee war es gewesen, die Klosterfestungen zu errichten. Der heilige Sergij wurde zu einer Art Schutzpatron der Großfürsten. In der über dem Grabmal des Heiligen errichteten Dreifaltigkeitskirche wurden die Moskauer Thronfolger getauft, am Grabe des Heiligen wurden Friedensverträge geschlossen und durch das Küssen des Kreuzes beeidet. In das Dreifaltigkeits-Sergius-Kloster kamen die Großfürsten und später die Zaren, um sich Rat zu holen, hierher flohen sie, wenn sie von Aufständen bedroht wurden.

Heute ist das Kloster Sitz des russischen Patriarchen.

Bis auf die westrussischen Gebiete, die Polen-Litauen sich einverleibt hatte, war um 1500 das Territorium des alten Großfürstentums Kiew, der Kiewer Rusj, im Moskauer Staat vereint. Selbst das stolze, freie Nowgorod hatte sich nach hartnäckigem Widerstand Moskau unterwerfen müssen. Die Goldene Horde in Sarai war mittlerweile in drei sich befehdende Khanate (Kasan, Astrachan, Krim) zerfallen und konnte ihren Herrschaftsanspruch über Moskau nicht mehr wirksam durchsetzen. Iwan III. hatte 1480 aufgehört, Tributzahlungen zu leisten. Zwar kam es noch oft zu tatarischen Überfällen, 1521 und 1571 auch zur Einäscherung der Stadt (erst Ende des 17. Jahrhunderts hörten die Überfälle ganz

fol

MOSCVA
Des grossen Zaars, Residentz Stadt in Rußlandt

A Das Schlos **Kremelena**
a Offentliche Audientz Saal
b Thurm Iwanwolike
Die grosse klocke
c St. Michael. Kirche
d Die grosse Cancelei
h Schöne Hoffe Wasserkunste
i der eine Zaars pferdestal
Patriarchen Hoff
k Korischofen l Zeughaus

B. **Kitaygorod**
m Kirche Ierusalem
Theatrum proclamationum
o Der Marckt p Gotter Marckt
q Krambuhen r Druckerei
s Gesanten hoff t Muntz Hoff
u Gefengnus
w Semisch hoff

C. **Zargorod** sul Bielgorod
x Das gisthaus
y pferde marckt
z Der Za- 3 pferdestol
& Apotecker Garten

œ Wagen 2nd Schlitt Marckt
γ Mehl 2nd Maltz biden
ς Fischmarckt
τ Engelisch. Compag. hoff

D. **Skorodum** sol im Umkreis
+ 5 Meil begriffen haben. ist
durch die farben meist ver-
bese marckt tt Heusemarckt
Swietska Slomoda
1 Soldaten staat
Der Zaars Grosser baumgart
2 der ort da der Patriarche
am heyl 3 konig tag
das Wasser heiliget
Die Namen der pforten
Twerskskie
3 Jebetskie
4 Nikitckie
5 Troeskie
6 Dmitroffskie
6 Petrogikie
7 Ontidorskie
8 Frolofskie
9 Barofskie
10 Iauskie
11 Crpowskie
12 grosser pforte zum Wasser thor
13 Der Deutschen kirch
14 Der dentschen Begerbnus

auf), doch es gab für die Moskauer Schlimmeres als das Niederbrennen ihrer Häuser. Sie waren genügsam und gewohnt, mit Wenigem auszukommen. Holz gab es genug, und handwerklich überaus geschickt, machte es den Moskauern keine Schwierigkeiten, nach bewährtem Muster neue Häuser zu bauen. In der Regierungszeit Wassilijs III. (1505–1533) zählte Moskau bereits 45000 Höfe, d. h. Wohnhäuser mit dazugehörigen Wirtschaftsgebäuden.

Mit dem Machtverfall der Goldenen Horde wuchs das Interesse Westeuropas an Rußland, in erster Linie das Handelsinteresse. Der Wunsch, neue Märkte zu erschließen, veranlaßte Engländer, Holländer, Deutsche und Franzosen, Rußland zu bereisen. Als Gesandter König Ferdinands von Österreich weilte der Freiherr Sigismund zu Herberstein 1518 und 1526 längere Zeit in Rußland und verfaßte einen umfangreichen Bericht über seine Eindrücke und Erfahrungen. Da es aus dieser Zeit kaum russische Beschreibungen der Stadt und der Lebensweise seiner Bewohner gibt, lassen wir den österreichischen Diplomaten zu Wort kommen:

Von der Stadt Moskau

...

Die Stadt Moskau liegt von allen Städten des Nordens besonders weit östlich. Sie liegt zwar nicht in Asien, aber doch an der äußersten Grenze von Europa. Moskau ist in seinem Kern ganz aus Holz gebaut. Es ist sehr groß und sieht von ferne noch umfangreicher aus. Die Häuser besitzen nämlich auch noch weite Gärten und Höfe, und dies verleiht der Stadt einen Anschein von Größe.

Am äußersten Stadtrand haben die Schmiede und alle Handwerker, die mit Feuer zu tun haben, ihre Häuser. Diese wieder stehen, jeweils von Äckern und Wiesen getrennt, in einer langen Zeile. Auch das vermehrt das Stadtgebiet. Unweit der Stadt liegen weitere Häuser, und selbst südlich des

Flusses sieht man noch Gebäude. Hier ließ der Großfürst vor Jahren für seine Trabanten eine neue Siedlung errichten. Sie heißt »Nalí«, das bedeutet so viel wie »schenk ein!«. Den einfachen Russen ist nämlich der Genuß von Met und Bier verboten; nur an einigen hohen Festen des Jahres dürfen sie alkoholische Getränke zu sich nehmen. Seinen Söldnern aber hat der Fürst das Trinken jederzeit erlaubt. Damit sie aber die übrige Bevölkerung durch das enge Zusammenleben in ihren guten und strengen Sitten nicht verdürben, hat er sie abgesondert angesiedelt.

Außerhalb von Moskau liegen verschiedene Klöster; jedes von ihnen gleicht von ferne selbst wieder einer Stadt. Die große Ausdehnung des Stadtgebiets ist auch schuld daran, daß die Hauptstadt des Reiches nicht mit Mauern, Gräben und anderem Bollwerk umgeben ist.* Die Gassen werden an verschiedenen Stellen durch Schlagbäume gesperrt. Hier ziehen bei Einbruch der Dunkelheit starke Wachen auf, und niemand kann nach einer bestimmten Stunde und bei Nacht hier passieren. Wer von den Wachen ergriffen wird, riskiert Schläge; manchmal wird er auch zuerst beraubt und dann in den Turm geworfen – vor allem, wenn es sich nicht um bekannte und wohl beleumundete Menschen handelt. Diese werden von den Wachen nach Hause geleitet. Man läßt vor allem jene Stellen an den Schlagbäumen bewachen, wo man leicht in die Stadt eindringen kann. Von einer Seite schützt sie ja die Moskwa und die Jausa, die hier in die Moskwa mündet. Weil an dieser Stelle fast immer Hochwasser herrscht, kann niemand diese Flüsse durchwaten; aber die Jausa treibt zum Nutzen der Moskauer Bürger viele Mühlen.

Bis auf einige steinerne Gebäude, vor allem Kirchen und Klöster, bestehen alle Häuser der Stadt aus Holz. Einem Ge-

* Die Stadtmauern um Kitaigorod und um die Weiße Stadt wurden erst nach 1526 gebaut.

rücht nach muß Moskau sehr viele Häuser haben. Der Fürst soll etwa sechs Jahre vor meiner Ankunft eine Zählung durchgeführt haben, und dabei soll man mehr als 41 500 Gebäude gefunden haben.

So weitläufig und großräumig Moskau auf der einen Seite erscheint, so schmutzig ist es auf der andern. Aus diesem Grunde wurden verschiedene Plätze, Gassen und wichtige Stellen durch Knüppeldämme gesichert. In der Stadtmitte liegt das große, aus guten Backsteinen errichtete Schloß. Auf der einen Seite schützt es die Moskwa (im Süden), auf der anderen die Neglinnja (im Westen). Dieser Fluß entspringt aus einem Sumpf und wird vor der Stadt aufgestaut. Mittels eines kleinen Abflusses füllt er den Schloßgraben. Auch an diesem liegen einige Mühlen. Das Areal des Schlosses ist so groß, daß neben den zahlreichen kostbaren steinernen Häusern des Fürsten auch noch für den Metropoliten, für die Brüder des Herrschers und andere vornehme Männer weitläufige Holzhäuser Platz fanden. Dazu kommen noch mehrere Kirchen. Das Ganze gleicht einer eigenen Stadt. Das Schloß war zuerst mit Palisaden umgeben. Erst Iwan III. ließ Mauern aufführen. Die Wehrtürme errichteten welsche Baumeister, die der Fürst für hohen Lohn berufen hatte, aus festen Backsteinen in wahrlich königlicher Pracht. Von den vielen Kirchen innerhalb des Schloß-Areals sind nur zwei aus festen Ziegeln; die eine ist Unserer Lieben Frau, die andere dem Heiligen Michael geweiht; alle anderen Gotteshäuser dagegen bestehen aus Holz. In der Marienkirche liegen jene beiden Heiligen begraben, auf deren Rat der Großfürst seine Residenz hier aufschlug; sie wurden dafür heilig gesprochen. In der Michaelskirche werden die verstorbenen Herrscher beigesetzt. Während unseres Aufenthalts waren noch mehrere Kirchen in Bau, die nun ebenfalls aus Steinen errichtet werden.

Anschaulich erzählt Herberstein auch von der Lebensweise der Moskauer:

Wie man das Haus eines anderen besucht

In jedem russischen Haus stehen an bevorzugter Stelle gemalte oder gegossene Heiligenbilder. Besucht nun ein Russe einen Nachbarn, zieht er, sobald er das Haus betreten hat, seine Kopfbedeckung und blickt sich nach diesen Bildern um. Dann verneigt er sich dreimal vor ihnen mit den Worten: »Herr erbarme dich unser«. Erst dann entbietet er dem Hauswirt selbst den Gruß: »Gott schenke dir Gesundheit«. Darauf reichen sich Gast und Hausherr die Hände, küssen einander und neigen ihre Häupter. Ein jeder achtet aber dabei streng darauf, daß der andere sich tiefer neige als er selbst. Dies alles geschieht zweimal, dreimal, manchmal auch viermal, ein jeder sucht den andern an Ehrerbietung zu übertreffen. Nachher nehmen sie Platz und erledigen ihre Geschäfte. Nach dem Abschluß der Verhandlung steht der Gast auf, tritt entblößten Hauptes in die Stubenmitte, verneigt sich dreimal vor den Heiligenbildern, bezeichnet sich mit dem Kreuzzeichen und spricht die gleichen Worte wie bei seiner Ankunft. Nach dem Abschied, bei dem auch die üblichen Worte gewechselt werden, entfernt sich der Gast; einen angesehenen Besucher geleitet der Hausherr bis an die Stiege, einen besonders vornehmen Herrn auch noch weiter. Ein jeder beachtet den Stand und die Würde des andern sehr genau.

Untereinander halten sie sich streng an ihre oft wunderlichen Bräuche. So darf zum Beispiel kein einfacher Mann in das Haus eines großen Herrn reiten. Einfache Leute haben überhaupt nicht das Recht, vor Adelige zu treten, nicht einmal vor die Angehörigen des niederen Adels. Diese wiederum hüten sich ängstlich, sich unter das Volk zu mischen, damit ihr Ansehen und ihre Achtung nicht leide. Kein Edelmann, und sei er nur um ein Geringes reicher als die Bürger, geht mehr als drei oder vier Häuser weit zu Fuß; er läßt sich dann zumindest ein Pferd nachführen. Das ist vor

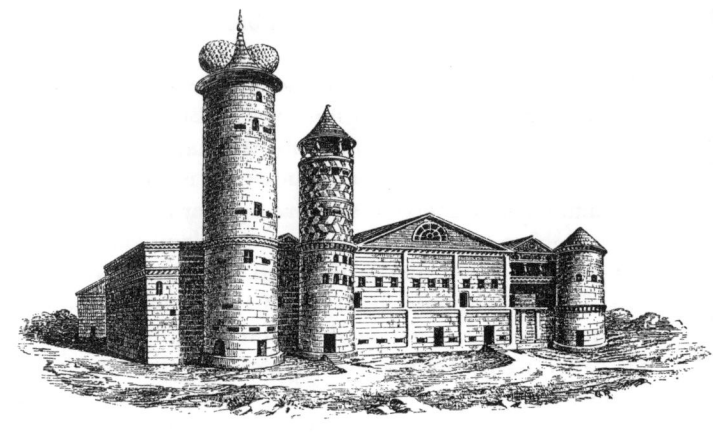

Der hölzerne Palast der Familie Stroganow

allem im Winter der Fall, denn ihre Rösser haben keine eisernen Hufeisen, und dies macht das Reiten gefährlich. Nur wenn sie sich an den Fürstenhof oder in die heilige Kirche begeben, lassen sie die Pferde daheim. Die Herren sitzen zu Hause immer in ihren Gemächern. Wir haben es niemals erlebt, daß einer von ihnen während einer Verhandlung oder während irgend einer anderen Tätigkeit im Zimmer auf- und abging. Die Russen aber wunderten sich sehr, als sie sahen, daß wir in unseren Räumen auf und nieder schritten und dabei unsere Geschäfte erledigten.

Von der Ehe

Es gilt als Schande, wenn ein junger Mann um ein Mädchen anhalten muß; vielmehr soll ihn der Vater ansprechen und fragen, ob er seine Tochter heiraten wolle. Dabei sagen sie meist: »Ich habe eine Tochter und möchte gern, daß du mein Schwiegersohn wirst.« Der junge Mann antwortet dann in der Regel: »Wollt ihr mich wirklich zum Schwiegersohn haben, dann will ich, wenn es euch recht ist, meine Eltern fragen.« Wenn die Eltern und die Verwandtschaft damit einverstanden sind, setzt man sich zusammen und handelt die Mitgift der Braut aus; erst wenn auch hier Übereinstimmung herrscht, wird der Hochzeitstag festgesetzt. In der Zwischenzeit darf der junge Mann seine Braut nicht besuchen, und man weist ihn schnell aus dem Haus, wenn er es doch wagen sollte. Begehrt er, sie einmal zu sehen, verweist ihn der Vater: »Frage andere, die sie kennen, dann sagen die dir genau, wie sie aussieht.« Bevor das Eheversprechen nicht so bindend ist, daß der Bräutigam nicht mehr zurücktreten kann, läßt man ihn auf keinen Fall zu ihr.

Die Aussteuer besteht meist aus Pferden, Kleidern, Waffen, Vieh, Knechten und dergleichen. Die Hochzeitsgäste geben selten Bargeld, aber sie bringen andere Geschenke. Der Bräutigam läßt diese Gaben zunächst sorgfältig aufschreiben und dann weglegen. Nach der Hochzeitsfeier holt

Heimholung der Braut. Dem Bräutigam folgen zu Pferde die andern Gäste

er sie hervor und prüft sie genau. Was ihm gefällt oder nützlich zu sein scheint, schickt er auf den Markt und läßt hier den Wert abschätzen. Was er nicht schätzen läßt und also auch nicht brauchen kann, erhält der Spender mit Dank wieder zurück. Alles, was der Bräutigam behält, muß er innerhalb eines Jahres bezahlen, und zwar genau nach dem Schätzwert. Er gibt entweder Geld oder Naturalien. Es kann aber auch vorkommen, daß ein Spender seine Gabe für wertvoller erachtet. Dann bringt sie der Bräutigam wieder zu dem Schatzmeister zurück und sieht zu, daß dieser den ersten Wert bestätigt. Versäumt der junge Mann innerhalb der festgesetzten Frist von einem Jahr zu bezahlen, muß er dessen Wert in doppelter Höhe erstatten. Unterläßt er es, einen Gegenstand dem beeideten Schätzmeister vorzulegen, muß er zahlen, was der Spender verlangt. Diese selben Bräuche herrschen nicht nur zu Hochzeitsgeschenken und Mitgift, sondern auch bei allen anderen Arten von Schenkungen.

Ehen zwischen Verwandten sind bis zum vierten Grad verboten; auch daß zwei Brüder zwei Schwestern heiraten, gilt als Ketzerei; niemand darf seines Schwagers Schwester freien. Man achtet streng darauf, daß keine Ehen zwischen geistlichen Verwandten (gemeint sind Personen, die durch gemeinsame Patenschaft verbunden sind) geschlossen werden. Eine zweite Ehe wird wohl geduldet, gilt aber nicht mehr als rechte Ehe, eine dritte ist, wenn kein wichtiger Grund vorliegt, verboten, und eine vierte Ehe gilt als unchristlich und unter keinen Umständen für erlaubt. Dagegen wird die Scheidung gestattet und durch den Scheidebrief vollzogen. Aber hier soll alles möglichst unauffällig und geheim vor sich gehen, denn das alles gilt doch als Verstoß gegen Religion und Gesetz.

Ehebruch liegt ihrer Meinung nach nur dann vor, wenn ein Mann mit eines anderen Eheweib Umgang gepflogen hat. Die Eheleute sind einander nur selten in Liebe zugetan,

Belustigungen auf dem russischen Rad und auf der Wippe

vor allem nicht bei den Adligen und Fürsten. Die Männer heiraten ja Mädchen, die sie nie zuvor gesehen; überdies nimmt sie der Dienst beim Großfürsten so sehr in Anpruch, daß sie ihre Frauen oft lange Zeit alleinlassen müssen. Kein Wunder, daß sie in der Fremde oft schändliche Dinge treiben!

Das Los der russischen Frau ist denkbar schlecht. Eine jede, die nicht daheim eingeschlossen und so streng verwahrt wird, daß sie regelrecht von der Welt abgeschlossen ist, gilt als nicht ehrbar. Einer Frau, die sich gar vor Fremden und Ausländern sehen läßt, haftet schnell der Ruf der Schamlosigkeit und Lasterhaftigkeit an. Deshalb sitzen die Frauen meist zu Hause und vertreiben sich die Zeit mit Spinnen und Nähen. Mit der Hausarbeit haben sie nichts zu schaffen; dafür sind die Dienstboten da. Tiere, Geflügel und ähnliches, die von Frauen getötet werden, gelten als unrein und dürfen nicht gegessen werden. Bei den Armen versehen aber die Frauen die Hausarbeit. Wenn nun so eine Hausfrau ein Huhn schlachten will, nimmt sie das Tier und ein Messer und wartet so lange vor dem Haus, bis ein vorübergehender Mann ihre Bitte erfüllt und das Tier schlachtet.

Die Frauen dürfen nur selten in die Kirche gehen, noch seltener zu Freunden. Nur alte Weiber, bei denen kein Argwohn mehr aufkommen kann, haben etwas mehr Freiheit. An bestimmten Festtagen dürfen Frauen und Mädchen auf der Wiese zusammenkommen und sich vergnügen. Meist bringen sie dazu ein Rad mit; es gleicht dem Rade der Fortuna. Nun setzen sie sich darauf und vergnügen sich damit, daß immer eine die andere von unten nach oben treibt. Manchmal hängen sie ein Seil an einem starken Ast auf und schaukeln. Hin und wieder singen sie auch Lieder, werfen die Arme in die Höhe und amüsieren sich so. Tanz kennen sie keinen.[8]

Die Herrscher hatten es im Gegensatz zu ihren männlichen Untertanen recht bequem, sich eine Frau nach eigenem Gefallen auszusuchen. Sie ließen sich einfach sämtliche heiratsfähigen Fürsten- und Bojarentöchter vorführen. So schickte Iwan IV. im Jahre 1546 ein Aufgebot zur Brautschau an alle Fürsten und Bojaren seines Landes:

»Wenn diese Urkunde zu euch gelangt, so sollen diejenigen, die jungfräuliche Töchter haben, mit diesen Mädchen zur Musterung sofort in die Stadt zu unseren Statthaltern fahren. Und unter keinen Umständen dürfen solche jungfräuliche Töchter verheimlicht werden. Wer von euch aber ein Mädchen versteckt und nicht zu unsern Statthaltern bringt, hat von mir große Ungnade und schwere Strafe zu erwarten. Diese Urkunde sollt ihr einer dem andern zusenden, ohne sie auch nur eine Stunde lang aufzuhalten.«[9]

Tausend Jungfrauen, so meldet die Chronik, wurden dem jungen Zaren vorgeführt.

Die Macht des Großfürsten, der sich nun schon Zar nannte, über seine Untertanen – gleichgültig welchen Standes – ist im 16. Jahrhundert bereits unbeschränkt. Jeder, ob hoch oder niedrig geboren, ist dienstpflichtig; und der Herrscher verfügt ohne Rücksicht auf Wünsche und Bedürfnisse seiner Untertanen nach eigenem Gutdünken über sie.

Auch Herberstein bezeugt dies in seiner Niederschrift, die die Regierungszeit Wassilijs III. (1505–1533) betrifft:

Über die Macht des moskowitischen Zaren

... Nicht die Menschen, nur Gott schränkt seine Macht ein. Er hat seine zarische Macht von Gott empfangen und muß sie nach Gottes Gebot zum Besten seiner Untertanen ausüben. Wenn er ihre Bedürfnisse nicht berücksichtigt, ist er nicht ihnen, sondern nur Gott gegenüber Rechenschaft schuldig...

Bezüglich der Macht, welche er über seine Untertanen ausübt, übertrifft er bei weitem alle Herrscher der Welt. Er hat vollendet, was schon sein Vater begonnen, indem er nämlich allen Fürsten und sonstigen Herren alle ihre Städte und Befestigungen wegnahm. Festungen vertraut er nicht einmal seinen leiblichen Brüdern an. Alle bedrückt er gleichermaßen mit grausamer Knechtschaft. Befiehlt er jemandem, an seinem Hofe zu leben, in den Krieg zu ziehen oder eine Gesandtschaft zu übernehmen, so muß derjenige all dies aus eigenen Kosten bestreiten. Eine Ausnahme wird nur den Bojarenkindern gewährt, das heißt adeligen Personen mit nur geringen Einkünften. Da sie von ihrer Armut bedrückt werden, pflegt er sie alljährlich eine Zeitlang zu sich an den Hof zu rufen, nimmt sie in seinen Dienst und sorgt für ihren Unterhalt durch Aussetzung eines Lohnes, dessen Höhe jedoch verschieden ist. Die Vornehmsten, welche mit Gesandtschaften und anderen wichtigen Aufgaben betraut werden, erhalten je nach ihrer Würde und nach ihren Leistungen Statthalterschaften oder Dörfer oder Gutsherrschaften. Doch für jede dieser Verleihungen zahlen sie dem Zaren eine bestimmte Steuer...

Die Macht des Zaren erstreckt sich gleichermaßen auf geistliche und weltliche Personen, über deren Leben und Vermögen er schrankenlos nach Gutdünken verfügt. Von den Ratgebern, die er hat, besitzt keiner eine so bedeutende Stellung, daß er sich getrauen könnte, eine von der Meinung des Zaren abweichende Ansicht zu vertreten oder ihm gar in irgendeiner Angelegenheit entschieden zu widersprechen. Offen sprechen sie es aus, daß der Wille des Zaren Gottes Wille sei und daß der Zar, in allem, was er tue, nach Gottes Willen handle. Deshalb nennen sie ihn auch den Hausverwalter und Kämmerer Gottes. Schließlich glauben sie, daß er der Vollstrecker des göttlichen Willens sei. Deshalb pflegt auch der Zar selbst, wenn man ihm ein wichtiges Gesuch – etwa die Bitte um Befreiung eines Gefangenen – unterbreitet, zu antworten: »Wenn Gott es befiehlt, dann werden wir ihn befreien.« Und ebenso wenn jemand sich in einer unsicheren und zweifelhaften Sache erkundigt, so pflegt man ihm im allgemeinen zu antworten: ›Das weiß nur Gott und der großmächtige Zar.‹

... Jeder Russe hält sich für einen Cholopen (Sklaven) oder Knecht des Zaren.

Vornehme Leute haben Knechte, die sie gekauft oder gefangen haben. Aber selbst wenn sie freie Menschen in ihren Dienst genommen haben, dürfen diese sie nicht verlassen. Verzieht ein solcher Mann gegen den Willen seines Herrn an einen anderen Ort, dann nimmt ihn dort niemand auf. Der Herr wieder hat die Pflicht, seine guten und getreuen Diener wohl zu halten, wenn er nicht in einen schlechten Ruf kommen oder als ehrlos angesehen werden will. Ein solcher Herr bekäme keine Diener mehr. Jeder Vater hat das Recht, seinen Sohn zu verkaufen. Wird der Junge nun durch Tüchtig-keit oder auch, weil er Glück hat, wieder frei, dann kann ihn der Vater wieder weiterverkaufen. Erst nach dem vierten derartigen Handel verliert der Vater das Recht über ihn.

Das Recht, seine Knechte und seine Untertanen zum Tode zu verurteilen und hinrichten zu lassen, hat aber nur der Großfürst.[10]

Das Idealbild eines gottwohlgefälligen häuslichen Lebens entwarf ein Moskauer Geistlicher um 1550. Möglicherweise war es Sylvester, einflußreicher Berater des jungen Zaren Iwan IV., der aber 1564 beim Herrscher in Ungnade fiel. Sein Sittenbuch umfaßt 63 Kapitel und den Brief eines Vaters an seinen Sohn. Der volle Titel lautet: »Dieses Buch, das Domo-stroj (Hausordnung) genannt wird, enthält sehr nützliche Dinge und ist für jeden Christenmenschen – Mann, Frau, Kinder, Knechte und Mägde – eine Belehrung und Anlei-tung.« Unter anderem erfahren wir:

Wie man Kinder unterweisen und durch Furcht vor dem Bösen bewahren soll

Züchtige deinen Sohn von Jugend an, dann wird er dir im Alter Ruhe gewähren und deiner Seele Zierde sein. Werde nicht müde, den Knaben zu schlagen. Er wird nicht sterben, wenn du ihn schlägst, sondern gesunden. Denn indem du seinen Körper züchtigst, errettest du seine Seele vor dem Tode. Wenn du eine Tochter hast, erziehe sie mit Strenge. Bewahre sie vor fleischlichen Begierden, damit du dich nicht mit Schimpf bedeckst und sie gehorsam bleibt; damit sie nicht tut, was ihr beliebt, und in ihrem Unverstand ihre Jungfräulichkeit preisgibt, dich dem Gespött deiner Nach-barn ausliefert und vor allen Leuten in Schande bringt. Wenn du deine Tochter aber ohne Makel in die Ehe gibst, hast du ein großes Werk vollbracht; man wird dich öffent-

Iwan IV.

lich loben, und du wirst eines Tages nicht über sie klagen
müssen.

Erziehe dein Kind mit Strenge, dann wirst du Frieden und
Segen in ihm finden. Lache nicht mit ihm beim Spiel, denn
bist du im Kleinen nachgiebig, wirst du im Großen Leid und
Kummer haben. Erlaube deinem Kind in der Jugend keine
Eigenmächtigkeiten, sondern brich ihm den Eigensinn, solange es noch nicht erwachsen ist. Denn ist es erst einmal
verstockt, wird es dir nicht mehr gehorchen und deiner
Seele Ärger und Kummer bereiten. Dein Haus wird leer,
dein Hab und Gut wird dahin sein. Deine Nachbarn werden
dich tadeln, deine Feinde dich verhöhnen, die Behörde wird
dir den Zahlungsbefehl schicken, und du wirst großen Ärger haben.

Ein vernünftiger Mann, dem eine Tochter geboren wird,
legt von jedem Vermögenszuwachs für sie beiseite. Vom
Leinen und von allem andern soll man ihr jeden Tag in eine
besondere Truhe legen, und man vermehrt es um ein weni-

ges nach und nach, nicht auf einmal. Die Töchter wachsen auf, lernen die Gottesfurcht und allerlei Fertigkeiten, und wie sie wachsen, wächst auch ihre Mitgift, und wenn man für sie eine Ehe vereinbart, ist auch alles bereit.

Vom guten Betragen der Männer, Frauen, Kinder und des Gesindes

... Die Männer müssen die Frauen durch Liebe und vernünftige Anweisung belehren. Befolgt die Frau die Lehre des Mannes nicht, so soll er ihr unter vier Augen einen Verweis erteilen, aber nachher soll er ihr in Gnaden zureden; sie sollen aufeinander nicht böse sein. Dienern und Kindern soll man ebenfalls, je nach ihrer Schuld, einen Verweis erteilen und ihnen Wunden auflegen, aber nachher soll man mit ihnen gnädig sein. Aber die Hausfrau soll für die Diener mitleidig bitten, damit die Diener eine Hoffnung haben. Wenn aber bei der Frau, beim Sohn oder bei der Tochter, Wort und Verweis nichts vermögen, so soll man sie mit der Pletka (kleine ledergeflochtene Peitsche) züchtigen, aber nicht vor Menschen, sondern in einem hinteren Raum. Und aufs Ohr, ins Gesicht soll man nicht schlagen, auch mit der Faust nicht in die Herzgegend, und mit dem Fuß soll man nicht treten, auch mit dem Stock nicht prügeln, überhaupt nicht mit eisernen oder hölzernen Gegenständen. Und wenn die Schuld groß ist, so soll man der schuldigen Person das Hemd ausziehen, sie an den Händen halten und mit der Pletka höflich züchtigen.

Mann und Frau sollen ihre Leute gnädig behandeln, ihnen Speise, Trank und Kleidung geben, sie in warmen Räumen wohnen lassen und für ihre Wohlfahrt besorgt sein. Wenn sie aber mehr Diener halten, als ihrem Einkommen entspricht, wenn sie sie an Speise, Trank und Kleidung Mangel leiden lassen, wenn sie ungelernte Diener halten, die kein Gewerb verstehen, dann bleibt den Dienern, ob sie wollen oder nicht, nichts anderes übrig, als Tränen zu vergießen, zu lügen, zu stehlen und Unzucht zu treiben, Gaunereien und Räubereien zu begehen und in der Schenke zu saufen. Solche unvernünftigen Hausherren versündigen sich vor Gott und machen sich vor den Menschen lächerlich und leben in schlechten Beziehungen zu den Nachbarn.

Deinen Dienern sollst du befehlen: Es darf nicht geklatscht werden. Wer bei fremden Leuten etwas Schlechtes sieht, soll es zu Hause nicht erzählen; und was im eigenen Hause vorgeht, soll man vor Fremden nicht ausplaudern. Wird ein Diener in ein fremdes Haus geschickt, so soll er seines Auftrages genau eingedenk sein, und fragt man ihn nach etwas anderem aus, so soll er nicht antworten, sondern sich rasch aufmachen und heimgehen. Ehe ein Diener einen Vorraum oder ein Haus betritt, soll er den Schmutz von den Füßen wischen, die Nase schneuzen, sich aushusten, auch artig ein Gebet verrichten, wenn die Leute im Hause das »Amen« nicht zurückgeben, so soll er ein zweites, ein drittes Mal beten, und länger als das erste Mal; wenn auch dann nicht geantwortet wird, so soll er sich durch leises Klopfen bemerkbar machen. Wird er hereingelassen, so soll er sich vor den heiligen Ikonen verneigen und dann die Bitte oder den Auftrag seines Herrn ausrichten; er soll dabei nicht mit dem Finger in der Nase bohren, sich nicht schneuzen, nicht geräuschvoll den Schleim hochziehen und nicht ausspukken. Ist es nötig, auf die Antwort zu warten, so soll er zur Seite treten, sich einen geziemenden Platz wählen, stehen und nicht umherschauen, ausrichten, was ihm befohlen worden ist, über nichts anderes sprechen und sich ungesäumt entfernen. Wo es auch sei, in Gegenwart des Herrn oder ohne ihn, soll er keine Sachen betrachten noch berühren, noch ihren Ort verändern, auch Speise und Trank nicht versuchen.

Der Hausherr soll sein Weib, seine Kinder und sein Ge-

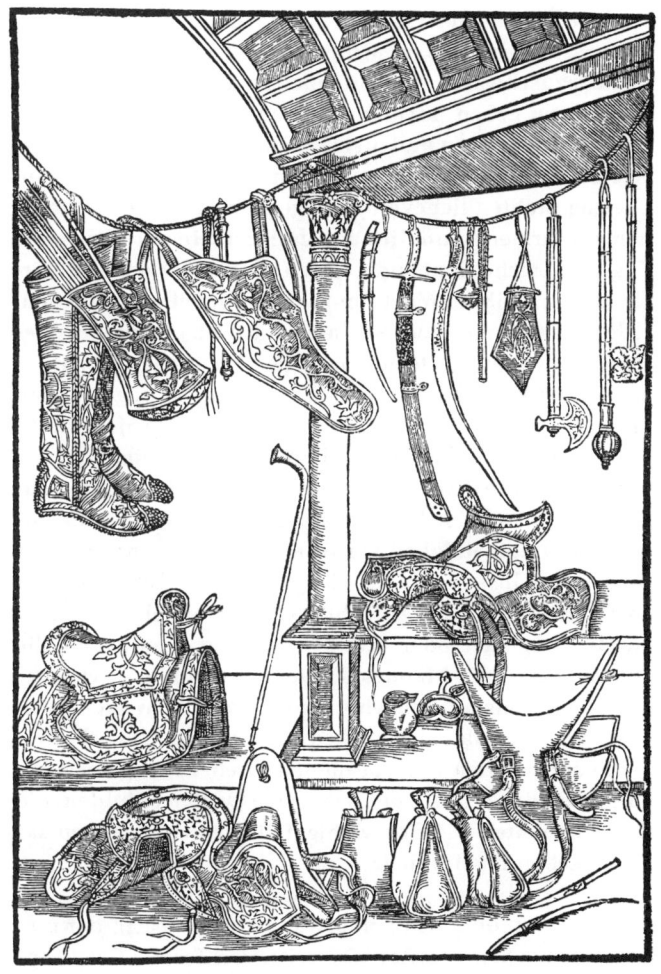

Rüstkammer. Holzschnitt aus dem 16. Jahrhundert

sinde lehren, nicht zu stehlen und zu klatschen, nicht zu lügen und zu verleumden, nicht zu neiden und zu beleidigen,
nicht anzuschwärzen und Fremden zu drohen, kein falsches
Zeugnis zu geben, nicht zu prassen und zu spotten, nicht
Böses nachzutragen und niemandem zu zürnen, den Vorge-
setzten gegenüber gehorsam und untertänig zu sein,
Gleichgestellten liebevoll zu begegnen und zu Untergebenen und Armen freundlich und gütig zu sein und allen ohne
Zögern Gerechtigkeit widerfahren zu lassen. Vor allem dürfen die Tagelöhner nicht um ihren Lohn betrogen werden.
Jede Beleidigung, jeder Schimpf und Tadel ist um unseres
Herrgotts willen in Demut zu tragen. Wenn man jemanden
zu Recht schilt und ihm Vorwürfe macht, so trage er es in
Liebe, lasse von seiner Torheit ab und räche sich nicht dafür;
so du unschuldig bist, wirst du deinen Lohn von Gott bekommen. Lehre dein Gesinde Gottesfurcht und jegliche Tu-
gend und handle selbst ebenso. Dann werdet ihr alle zusammen Barmherzigkeit vor Gott erlangen. Wenn aber der
Hausherr selbst durch Unachtsamkeit und Fahrlässigkeit
oder sein Weib, weil es nicht vom Manne belehrt wurde,
Sünden begehen oder etwas Böses tun oder wenn die
Dienstboten – die Männer, Frauen und Kinder –, weil sie
nicht vom Hausherrn belehrt wurden, sündigen oder etwas
Böses tun, wenn sie sich zanken, stehlen oder Unzucht treiben, dann werden alle zusammen ihren Taten gemäß be-
lohnt. Die Böses taten, müssen ewige Qualen erdulden, die
aber Gutes taten und Gott wohlgefällig lebten, erlangen das
ewige Leben im Himmelreich.[11]

Wassilij III. und sein Sohn Iwan IV. (1533–1584), der nun
auch offiziell den Titel Zar (abgeleitet von Zesar = Cäsar) annahm und dem die Geschichte den Beinamen »der Schreckliche« gab, waren sich bewußt, wie notwendig das Land ausländische Techniker und Spezialisten zur Erschließung der
reichen Bodenschätze und zur Entwicklung eines stärker

differenzierten Handwerkerstandes als Voraussetzung zu wirtschaftlichem Aufschwung brauchte. Vor allem galt es, Gold- und Silberschmiede, Kupfer- und Eisengießer, Büchsenmacher, Uhrmacher, Artilleristen und Mechaniker auszubilden. Seit dem ausgehenden 15. Jahrhundert wurden immer wieder, anfänglich in Bologna, Mailand, Venedig, Rom und Neapel, später auch in Deutschland, Frankreich und Österreich Fachleute angeworben. Der Zustrom blieb allerdings ziemlich mager. Deshalb verfügte Iwan IV. 1558 während des russisch-livländischen Krieges ein Verbot, deutsche Kriegsgefangene ins Ausland zu verkaufen, und befahl den Verwaltungsbeamten von Groß-Nowgorod:

»In Nowgorod, in seinen Beistädten und Landschaften, auf den Marktplätzen und vor den Verkaufsbuden sollt ihr des öftern ausrufen lassen, daß Bojaren und andere Leute deutsche Kriegsgefangene nicht nach Deutschland und nicht nach Litauen, sondern an Bewohner moskowitischer Städte verkaufen sollen. Und wenn vornehme Leute jemanden anzeigen, der deutsche Kriegsgefangene an Deutsche verkauft hat, so werde ich diesen Vornehmen Gnade erweisen. Und wenn ein gemeiner Mann die Anzeige erstattet, so soll er auf Kosten dessen, den er angezeigt hat, 50 Rubel bekommen. Und diejenigen, die (deutsche Kriegsgefangene an Deutsche) verkauft haben, soll man ins Gefängnis bringen und zu unserer Verfügung halten. Sollte ein Bojar oder sonst jemand einen kriegsgefangenen Deutschen besitzen, der Silbererz, Silber, Gold, Kupfer, Zinn und anderes zu verarbeiten weiß, so sollt ihr solche Kriegsgefangene zu uns nach Moskau schicken, und den Bojaren werden wir dafür große Gnade erweisen.«[12]

So bitter nötig die ausländischen Fachleute gebraucht wurden, so ängstlich bewahrte man die Moskauer Bevölkerung davor, mit ihnen in nähere Berührung zu kommen. Die Fremden waren ja Häretiker und lebten in Sünde. Vor ihrer Denk- und Lebensweise mußten die Moskauer geschützt werden. Man siedelte sie daher außerhalb der Stadt an, in einer Nemezkaja Sloboda. Als Nemezkije, Stumme, bezeichnete man ursprünglich alle Ausländer, deren Sprache man nicht verstand. Später verengte sich der Begriff und meinte nur noch die Deutschen.

Es erging ein Verbot an die Russen, fremde Sprachen zu lernen, damit sie nicht versehentlich häretische Bücher läsen und – Gott behüte – auf staatsschädigende Gedanken kommen könnten. Auch die Kirche tat das Ihre, die Menschen an die Tradition zu binden und ihnen Abscheu vor allem Westlichen einzuflößen. Nicht zuletzt trugen die Ausländer selbst durch ihr überhebliches Benehmen viel dazu bei, das Mißtrauen der Bevölkerung ihnen gegenüber zu verstärken und zu vertiefen. Jahrhundertelang hatten die Russen von Fremden – Ungläubigen wie Häretikern – Schlimmes erduldet. Noch nie hatten sie von Glaubensfremden irgend etwas Gutes erfahren. Daß sie aller Unbill der tatarischen Fremdherrschaft hatten standhalten können, verdankten sie ihrem rechten Glauben, der ihnen die richtige Lebensart vermittelt hatte. Jede andere Lebensform konnte nur vom Teufel erdacht sein. Davor hatte man sich zu hüten. So empfand es das Volk. Die Oberschicht allerdings war keineswegs unempfänglich gegenüber den westlichen Einflüssen.

Der Pole Samuel Maskiewicz, der zu Anfang des 17. Jahrhunderts in Moskau weilte, berichtete:

»Mit Wissenschaft gibt man sich in Moskau nicht ab, das ist sogar verboten. Der Bojar Golowin erzählte mir, daß während der Regierung eines gewissen Tyrannen (Iwan IV.) einer unserer Kaufleute, der das Recht hatte, nach Moskau Waren einzuführen, eine Anzahl von Kalendern mitbrachte. Als der Zar davon erfuhr, befahl er, ihm einen Teil dieser Bücher zu bringen. Den Russen kamen die Kalender sehr interessant vor; der Zar selber verstand darin kein Wort; da er fürchtete, sein Volk könne sich solche Weisheit aneignen, gab er Befehl, alle Kalender in sein Schloß zu bringen, dem

Russische Krieger
des 16. Jahrhunderts

Kaufmann zu bezahlen, was er fordere, die Bücher aber zu verbrennen.

Derselbe Bojar Golowin erzählte mir, er habe einen Bruder, welcher sich für ausländische Sprachen sehr interessiere, sie aber nicht offen studieren dürfe. Er hielt sich deshalb heimlich einen jener Deutschen, die in Moskau wohnten; er fand auch einen Polen, der des Lateinischen mächtig war; diese beiden besuchten ihn heimlich in russischen Kleidern, schlossen sich mit ihm in seinem Zimmer ein und lasen zusammen lateinische und deutsche Bücher. Ich selber habe seine eigenhändigen Übersetzungen aus der lateinischen in die polnische Sprache gesehen und überdies eine Menge lateinischer und deutscher Bücher, die Golowin nach dem Tode seines Bruders geerbt hatte. Wie wäre es erst, wenn mit solcher Intelligenz auch Bildung verbunden werden könnte?«[13]

Das Dilemma, den Staat außenpolitisch zum gleichrangigen Partner Westeuropas zu entwickeln, innenpolitisch aber keine Lösung vom russisch-mittelalterlichen Weltbild zuzulassen, vielmehr den Weg zu moderneren, aus dem Humanismus entwickelten Denk- und Lebensformen zu versper-

Russische Gesandtschaft an Kaiser Karl V.

ren, verhinderte noch lange die geistige Integration in die westliche Welt. Selbst Peter dem Großen gelang es nicht, diese Barriere zu überwinden.

Der erste Zar, der erkannt hatte, daß außer technischen Fertigkeiten die geistige Mobilität seiner Landsleute zu fördern sei, war Boris Godunow (1598–1605). Er schickte 18 Moskauer Edelknaben zum Studium in westeuropäische Länder – allerdings kehrte nur ein einziger in die Heimat zurück – und bemühte sich, außer den Technikern auch Wissenschaftler, beispielsweise Mathematiker, Ärzte, Astronomen und Alchimisten, ins Land zu ziehen.

Der aus Lüneburg stammende Conrad Bussow, der von 1601 bis 1613 in der Deutschen Vorstadt von Moskau wohnte, berichtet etwas mißgünstig von den großzügigen Lebensumständen, die Zar Boris Godunow den ausländischen Ärzten gewährte:

»Diese alle hielte der Kaiser dazu, daß sie mußten auf seinen Leib warten, durften keinen andern, auch keinen großen Herrn curiren, wo nicht derselbige Seine Majestät zuvor darum hatte begrüßen und bitten lassen.

Der Herren Doctores jährlicher Unterhalt:

Ein jeglicher hatte an Jahrgeldern 200 Rubel. Alle Monate sein Korn, das ist Ausspeisung auf seine Person und alle seine Leute. Sechzig Fuder Holz. Vier Tonnen Meth. Vier Tonnen Bier. Täglich ohngefähr anderthalb Quart Aqua Vitae, und auch täglich soviel Essig. Alle Tage eine Seite Speck. Alle Mahlzeiten von Seiner Kayserlichen Tafel Bodatschen (Podatscha = Gnadengabe), drei oder vier Schüsseln, da ein starker Kerl an einer Schüssel genug zu tragen hatte. Alle Monate zwölf Rubel, das sind 33 Reichsthaler zwölf Groschen an Gelde, auch bisweilen 14 Rubel, das sind 36 Reichsthaler 33 Groschen, davon frische Speise einzukaufen. Der Kayser verehrte einem jeden fünf gute Pferde von seinem Stall, auf dieselbigen ihm monatlich wohl soviel Heu und Stroh gegeben wurde, daß er damit gar gerne sieben Pferde hätte aushalten können. Dazu noch ein gut Roß, darauf Sommerszeit alle Morgen zu Schloß und auf die Apotheken zu reiten. Auch noch ein sonderliches Roß, den Winter über vor den Schlitten zu gebrauchen. Item auch zwei Kutschpferde für seine Hausfrau, damit nach der christlichen Versammlung zu fahren. Item ein Hauspferd, Wasser damit zu schleppen. Überdies gab der Kayser einem jeden ein stattliches Landgut von 30 oder 40 Bauern. Und sooft sie dem Kayser eine Medicin gegeben, die wohl operiret, bekam jeder ein gut Stück Damast oder Sammet zum Cafftan und schöne Zobeln. Inzwischen, wenn sie auf kayserlichen Befehl einen großen Herrn Kneesen (Knjas = Fürst) oder Boyaren curiret, ließ es ohne große Geschenke auch nicht ab. So wurden auch die Herren Doctores vom Kayser in Ästimation gehalten als wie die größten Kneesen oder Boyaren. Er hat vielmals mit ihnen von herrlichen Händeln verständlich conferiret, insonderheit in Religionssachen, da er denn schlißlich gebeten, sie wollten für ihn auch bitten, daß er möchte seelig werden. Summa: Es war bei denen Herren Doctores an keinen Dingen einiger Mangel bey dieses Kaysers Zeit.«[14]

DIE ZEIT DER WIRREN

Iwan IV. hatte trotz seiner sieben Ehen nur zwei Söhne hinterlassen: den zweijährigen Dmitrij und den 27jährigen schwachsinnigen Fjodor, der zwar die Nachfolge antrat, für den aber sein Schwager, Boris Godunow, die Regentschaft führte. Dmitrij wurde 1591 ermordet, aller Wahrscheinlichkeit nach im Auftrage Boris Godunows. Fjodor starb 1598 eines natürlichen Todes. Damit war die Dynastie Rjuriks erloschen und die Untertanen sahen sich einem Problem gegenüber, dem sie nicht gewachsen waren: sie mußten selber einen Zaren wählen. Das hatte es in der Geschichte des Moskauer Reiches noch nie gegeben. Zwar hatten die alten Städte des Kiewer Reiches eine Volksversammlung der Vollbürger, das Wjetsche, gehabt. Ein Parlament, das nicht nur einen vom Großfürsten zur Herrschaft in einer Stadt entsandten Fürsten ablehnen, sondern auch einen Fürsten, dessen Regierungsweise ihm nicht paßte, wegschicken konnte. Dieses demokratische Element der politischen Mitverantwortung war bei den neueren Stadtgründungen, zu denen Moskau ja gehörte, wohlweislich nicht eingeführt worden, statt dessen hatte sich im Zusammenwirken von weltlicher und geistlicher Macht eine Auffassung entwickelt, die sich mit den Worten des Mönchs Jossif von Wolokolamsk am deutlichsten wiedergeben läßt:

»Hört ihr Zaren und Fürsten, und versteht, daß euch das Reich von Gott gegeben ist, damit ihr Diener Gottes seid, damit ihr seine Herde vor den Wölfen schützt. Wenn du aber, Christenmensch, einem Zaren oder Fürsten untertan bist, so sollst du ihm dienen, weil Gehorsam gegenüber der zarischen Macht Gott wohlgefällig ist. Der Zar aber ist Gottes Diener, den Menschen eine Gnade und eine Zucht.

Der Zar ist seiner Natur nach ein Mensch, an Macht und Amt aber dem höchsten Gotte gleich.«

Der Metropolit Makarij schrieb 1552: »**Das Herz des Zaren ruht in Gottes Hand, so müssen sich dem Willen Gottes und dem Befehl des Zaren fügen und sich mit Furcht und Zittern unterordnen.**«

Und im Volksmund hieß es schlicht: »**Was der Zar befiehlt, das hat Gott zu wollen geruht.**«

Zusätzliches Gewicht erhielt diese Auffassung von der zarischen gottgegebenen Macht durch die Kontinuitätskonstruktion des christlichen Endreiches, das nach frühchristlicher Eschatologie das letzte irdische Reich vor dem jüngsten Gericht sein werde. Als unwiderruflich letztes irdisches Reich galt Rom. Als aber Rom in Häresie verfiel, übernahm nach russischer Auffassung Byzanz – das oströmische Reich – dessen Aufgabe, in dieser Welt den rechten Glauben zu hüten und zu schützen. Und als Byzanz von den Ungläubigen erobert worden war, blieb allein Moskau als Hüterin des wahren Glaubens:

»**Er (der Zar) ist auf der ganzen Erde der einzige Zar über die Christen, der Lenker der heiligen, göttlichen Throne, der heiligen, ökumenischen, apostolischen Kirche, die statt in Rom und Konstantinopel in der gesegneten Stadt Moskau ist. Sie allein leuchtet auf der ganzen Welt heller als die Sonne. Denn wisse, du Christus Liebender und Gott Liebender: Alle christlichen Reiche sind vergangen und sind zusammen eingegangen in das Eine Reich unseres Herrschers, gemäß den prophetischen Büchern. Das ist das Russische Reich. Denn zwei Rome sind gefallen, aber das dritte steht, und ein viertes wird es nicht geben.**«[15]

So formulierte der Mönch Filofej von Pskow die Theorie von Moskau als dem Dritten Rom, die im Bewußtsein der Bevölkerung dem Lande eine zusätzliche Weihe verlieh.

Nun aber hatte es Gott gefallen, seinem Dritten Rom den Herrscher zu nehmen – zur Strafe für die Sünden des Volkes. Die Menschen mußten sich selber einen Zaren suchen, woher sollten sie wissen, ob es der von Gott Gewollte war?

Boris Godunow hatte während seiner vierzehnjährigen Regentschaft (1584–1598) seine Macht so gefestigt, daß er die Nachfolge auf dem erledigten Thron ungehindert hätte antreten können, dennoch lag ihm an einer Legitimation durch die Bevölkerung, denn er war mit dem Zarenhaus nicht blutsverwandt, und es gab genügend Bojaren von weit vornehmerer Abkunft, die selber gerne die Herrschaft angetreten hätten. So bestand er auf der Farce einer Wahl.

Die Unsicherheit und heimliche Furcht, Boris Godunow sei nicht der von Gott gewollte, rechtmäßige Zar, schwelte heimlich fort und steigerte sich, als 1601 eine verheerende Hungersnot ausbrach. Die Zeitgenossen sprechen von 50000 Toten in Moskau innerhalb der ersten sieben Monate des Jahres 1602. Insgesamt sollen 120000 Menschen verhungert sein, ehe es 1603 allmählich gelang, die Not einzudämmen und schließlich zu beheben.

Wenig später kam, aus Polen lanciert, das Gerücht auf, der

Boris Godunow

Zarensohn Dmitrij sei am Leben, ein anderes Kind sei 1591 an seiner Statt ermordet worden, ihn aber habe man nach Polen in Sicherheit gebracht. Nun werde er kommen und sein Vatererbe antreten. Wer dieser Dmitrij war, darüber streitet sich die Forschung noch heute. Fest steht lediglich, daß Polen diesen Mann als Werkzeug benutzte, um sich in russische Belange einzumischen. Den ersten Gerüchten folgten bald praktische Taten. Der falsche Dmitrij erließ einen Aufruf, der sich in Windeseile verbreitete:

Aufruf des falschen Dmitrij zum Krieg gegen Boris Godunow

Dmitrij Iwanowitsch, Zarewitsch und Großfürst von ganz Rußland, an die Wojewoden, Schreiber und alle im Staatsdienst stehenden Leute, an die Großkaufleute und Krämer und an das gemeine Volk.

Dank Gottes Ratschluß und seinem allmächtigen Schutz ist der verbrecherische Vorsatz unseres Verräters Boris Godunow, der uns einem schlimmen Tode überantworten wollte, nicht in Erfüllung gegangen. Gott hat mich, euren angeborenen Herrscher, mit unsichtbarer Hand geschirmt und in seiner Obhut gehabt. Nun aber bin ich, Dmitrij Iwanowitsch, Zarewitsch und Großfürst, volljährig geworden und mit Gottes Hilfe ziehe ich, um den Throm meiner Väter zu besteigen, gegen das Moskauer Reich, gegen das ganze russische Zarenreich. Und ihr, unsere angeborenen Untertanen, sollt eingedenk sein des Eides, den ihr durch Küssen des Kreuzes geschworen habt unserem Vater und uns, seinem Erben, daß ihr in allem guten Willens sein werdet. Und deshalb sollt ihr euch jetzt von eurem Verräter, Boris Godunow, lossagen und zu uns übertreten. Und in Zukunft sollt ihr uns, eurem angeborenen Herrscher, in aufrichtiger Gesinnung dienen und guten Willens sein, wie unserem Vater Iwan Wassiljewitsch seligen Angedenkens, dem Zaren und

Großfürsten von ganz Rußland. Und ich werde euch Gnaden erweisen nach barmherzigem Zarenbrauch und werde euch überaus hoch in Ehren halten. Und ich werde dafür sorgen, die ganze rechtgläubige Christenheit zu lehren, wie sie in Ruhe und Wohlfahrt leben kann.[16]

Brief des falschen Dmitrij an Boris Godunow

Leid tut es uns, daß du deine nach Gottes Ebenbild geschaffene Seele so sehr geschändet hast und in deiner Verstocktheit ihr den Untergang bereitet hast. Weißt du denn nicht, daß du ein sterblicher Mensch bist? Du hättest dich, Boris, mit jener Stellung begnügen sollen, die Gott dir gewährt hat; aber gegen den Willen Gottes hast du, unser Untertan, mit des Teufels Hilfe unser Reich gestohlen. Deine Schwester, die Gemahlin unseres Bruders, hat dir die Regierungsgewalt über den ganzen Staat verschafft, und du nutztest den Umstand aus, daß unser Bruder sich meistens dem Gottesdienste widmete, um unter den verschiedenen Vorwänden einige seiner angesehensten Fürsten ums Leben zu bringen, wie zum Beispiel die Fürsten Iwan und Andrej Schujskij, sodann die besten Leute unserer Hauptstadt und Anhänger der Familie Schujskij... Auch die Geistlichkeit hast du in ein Kloster verbannt; den Metropoliten Dionisij hast du in ein Kloster verbannt, unserem Bruder Fjodor jedoch gesagt, daß er plötzlich gestorben sei; wir aber wissen, daß er noch heute am Leben ist und daß du sein Los nach dem Tode unseres Bruders gemildert hast. Auch andere hast du ins Verderben gestürzt, an deren Namen wir uns nicht erinnern können, da wir damals ja noch im kindlichen Alter standen. Obwohl wir aber ein Kind waren, wirst du noch wissen, wie oft wir dich ermahnten, unsere Untertanen nicht umzubringen... Besinne dich nun und reiße uns nicht durch deine Bosheit zu großem Zorne hin. Gib uns, was unser ist, zurück. Und wir werden dir aus Liebe zu Gott, alle

Pánie wyrwałeś mię od zwod ludzkich/ y poſtáwiłeś mię głowa narodom : á lud ktorym mię niegnał/ ſłużył mi.
Bogá ieſt który ſię mnie mści/ bárou/ á narody bije mu w poſłuſzeńſtwo.

Psalm 18.

Z przeſzłośći lubo ſie dowiadł miedzy národy y Páni/ á bozą śpiewał imieniowi twemu:
Bożéś wzniſł znácznie wybáwienie Królowi ſwemu/ y prawiſł miłoſierny/ y pomazáńcowi twemu/
y potomſtwu iego aż náwieki.

W tym Pſalmie.

Za powodem z wielkich Końcyc/ Jerzego Mniſzká/ Woiewody Sędomiſkiego/Mężni y śmiali Polacy/miawſzy ſię zá krzywdę Páná y dzie-dzicá Moſkiewſkiego/ Dimitrá Iwá-nowicá/ potężnie gromili Moſkwę/ áchoc POlacy ſwoią krwią pieczęto-wáli ściány Moſkiewſkie/ iednák orudzy chociaż że w malem poczcie do bizę ſobie tuſząc y Cárowi obiecuiąc/ choc w niedoſtátku/nieodſtępowáć po-ki duchá w ciele. Woiewodá záś ná ten czás náyczlufſzy przyiaciel Cárſki vrrapienia iego żáluiąc/ ludu mu Pol-ſkiego dodawał/ cieſząc go teſz/iż wy-chle ná Páńſtwo obiecuie go w ſiądź/ wyiawſſy Páná Bogá ná pomoc:Co ſię nie długo ſpełniło/ bo Moſkiewſki

lud trwożył widząc Polſki lud trwoły ná głod y ná wſzelaką nedzę/ choc ich nie wiele było/tym mężniey bili y gro-mili Moſkwę: á Boris zdrayca iż mu niedzie po iego woley/zewſiad zle ho-winy/ lud mu wſ ſcy poráząno/ ſam ſie otrul y zdechł żoná y z ſynem iego. Tákże Moſkwá obaczywſſy/ſtwozy-wſſy ſoba/ Dimitrá Iwánowicá/zá Páná przyználi/ y przywitáli. Koro-nowány Roku Páńſtiego/ 1605. lat máiąc 24. á poſláwy tákiey iáko wyżſey widziſſ.

Stánisłef Smiadecki Malars.
Brát: do Druku podał.

Der falsche Dmitrij

deine Schuld vergeben und dir einen ruhigen Ort anweisen. Es ist besser für dich, auf dieser Welt ein wenig zu leiden, als ewig in der Hölle zu brennen, um der zahlreichen Seelen willen, die du umgebracht hast.[17]

Im August 1604 brach der falsche Dmitrij mit einer Armee von 4000 Mann aus Polen auf. Kaum hatte er die russische Grenze überschritten, erhielt er von der bäuerlichen Bevölkerung, vor allem von den Kosaken rasch Zulauf. Die ihm entgegengesandten Moskauer Truppen kämpften nur halbherzig. Manche Heerführer gingen mit ihren Kontingenten zu Dmitrij über, teils weil sie glaubten, er sei der echte Zarensohn, teils weil sie Boris Godunow stürzen wollten, um selber an die Macht zu kommen. Noch ehe Dmitrij Moskau erreichte, starb im April 1605 Boris Godunow. Sechs Wochen später wurde Dmitrij in Moskau gekrönt.

Die Freude über den gottgewollten, rechtmäßigen Zaren währte nur kurz und machte bald bitterer Enttäuschung Platz. Dmitrij verkörperte in keiner Weise die Tradition russischen Herrschertums; er setzte sich völlig unbekümmert über geheiligte Sitten und Bräuche hinweg, kleidete sich nach polnischer Art. Nie ging er in die Kirche, sprach auch kein Tischgebet, nahm keine Dampfbäder. Unter seinen Beratern gab es sogar Lutheraner und Katholiken. Er mißachtete die Hofetikette, streifte ohne Gefolge durch die Stadt, probierte eigenhändig neue Geschütze aus und nahm wie ein gewöhnlicher Soldat an Manövern teil. Daß so ein Mensch nicht der gottgesandte Zar war, unterlag in der Bevölkerung bald keinem Zweifel mehr. Die Stimmung gegen Dmitrij nutzte die Bojarenclique um Wassilij Schujskij zu einer Verschwörung aus. Es kam zu schweren Straßenkämpfen, bei denen 2000–3000 Menschen umgekommen sein sollen. Die Verschwörer gewannen die Oberhand und Wassilij Schujskij wurde zum Zaren eingesetzt. Die Leiche des ermordeten Dmitrij wurde öffentlich ausgestellt. Dann verbrannte man sie, stopfte die Asche in eine Kanone und schoß damit nach Westen, in die verfluchte Himmelsrichtung, aus der der Usurpator gekommen war.

Der französische Capitain Jacques Margeret schildert den falschen Dmitrij:

Der verstorbene Kaiser war etwa 25 Jahre alt, ohne Bart und von mittlerer Gestalt. Er hatte starke, nervige Gliedmaßen, war von bräunlicher Farbe und hatte eine Warze dicht bei der Nase unter dem rechten Auge. Er war sehr behende, besaß großen Verstand, war zur Güte geneigt, schnell gekränkt, aber auch schnell wieder versöhnt und freigebig. Kurz, ein Prinz, welcher die Ehre liebte und bei anderen schätzte. Er war besonnen und ruhmbegierig und wünschte, sich der Nachwelt bekanntzumachen.[18]

Die Wirren um die Thronfolge, der wirtschaftlich desolate Zustand des Reiches, den zu sanieren Boris Godunow nicht gelungen war, hatte das Land an den Rand des Bürgerkriegs gebracht. Ein zugkräftiges Programm und lautstarke Wortführer ließen ihn nach Dmitrijs Tod ausbrechen. Vereinfachend kann man von drei Interessengruppen sprechen: 1. die von Kosaken angeführten südrussischen Bauern. Ihnen ging es um die Abschaffung aller Untertanenverhältnisse. Das bedeutete: kein Frondienst mehr, keine Abgaben und Steuern mehr und das uneingeschränkte Recht der Freizügigkeit. 2. die Gruppe des mittleren Dienstadels und der wohlhabenden Kaufmannschaft, sie wollte die Vorrangstellung der Hocharistokratie, der alten Bojarengeschlechter, beseitigen. 3. Die Bojarenfamilien, die ihre unter Iwan IV. und Boris Godunow stark reduzierte politische Rolle und ihren Einfluß zurückgewinnen wollten. Zu ihrer Anhängerschaft gehörten hauptsächlich die nordrussischen Gebiete.

Jede dieser Interessengruppen behauptete, für den rechtmäßigen Zaren zu kämpfen. In den folgenden Jahren traten eine Reihe von Thronprätendenten auf, und alle fanden Zulauf: der Zarewitsch Pjotr, der zweite falsche Dmitrij, der dritte falsche Dmitrij usw. Bei den südrussischen Kosaken gab es gleichzeitig mehr als ein Dutzend Thronanwärter. Der Wirrwarr war so vollständig, daß Schweden und Polen sich einmischten, in der Hoffnung auf territoriale Erwerbungen. Als 1610 Zar Wassilij Schujskij zum Rücktritt gezwungen worden war und das Land dem absoluten Chaos zutrieb, bot die Gruppe des mittleren Dienstadels und der Kaufmannschaft dem Sohn des polnischen Königs Sigismund, dem noch unmündigen Wladislaw, die Krone an. Diese Gruppe hoffte, mit einem ausländischen Staatsoberhaupt erstens die politische Konkurrenz der Bojaren auszuschalten und zweitens mit polnischer Waffenhilfe den Bürgerkrieg beendigen zu können. König Sigismund sah seine große Chance, stimmte zu und ließ sofort unter Zolkiewski eine polnische »Garnison« in Moskau stationieren. Weniger euphemistisch ausgedrückt: Moskau wurde von polnischen Truppen besetzt. Die Angst, ein Ketzer könne den geheiligten Zarenthron besteigen, beflügelte die Widerstandskräfte des Volkes. Sendschreiben des Patriarchen Hermogen an alle russischen Städte hatte ein Volksaufgebot zur Befreiung von Moskau zur Folge. Zwei Jahre lang mußten Russen ihre eigene Hauptstadt belagern, erst im Oktober 1612 konnten die Truppen des Volksaufgebots unter dem Kommando des Fürsten Posharskij Kitaigorod im Sturm nehmen. Wenig später übergaben, vom Hunger gezwungen, die Polen auch den Kreml.

Von den Leiden der Moskauer während der zweijährigen Besetzung durch die Polen berichtet Conrad Bussow in seiner Niederschrift »Verwirrter Zustand des Russischen Reiches 1584–1613«. Obwohl seine Sympathie den Polen gilt, versucht er in seiner Schilderung gerecht zu bleiben.

Die Polen hatten sich im Kreml und in Kitaigorod verschanzt, die Weiße Stadt und die Erdstadt aber preisgegeben, da sie sie nicht wirksam verteidigen konnten. Kurz nachdem die Vorhut der Volksarmee Moskau erreicht hatte, war ein Konflikt zwischen den Einheimischen und den polnischen Soldaten ausgebrochen, das hatten die Polen zum Anlaß genommen, die Weiße Stadt und die Vorstädte niederzubrennen:

Vom Kriegselend in Moskau

... Also lag die große Metropolis Russiae (die mehr denn vier teutsche Meilen in circuitu umfangen) innerhalb zweyen Tagen in Kot und Aschen, blieb auch davon nicht mehr stehen, denn das Kayserliche Schloß und Vorschloß, so des Königs Leute inne hatten, samt etlichen steinernen Kirchen; sonsten sind ihre Kirchen wie alle anderen Häuser im ganzen Land wie Blockhäuser aus eitel Holz aufgebauet innerhalb und außerhalb der Weißen Mauer. Was von Holz gebaut war, wie auch die alleräußerste und vierte Ringmauer so runds um die ganze Stadt Moskau herging, mit allen Häusern und Höfen, so darinnen gestanden, ingleichen der Kneesen und Boyaren und reichen Kaufleute herrliche Höfe innerhalb der Weißen Mauer, mußte alles zu Asche werden. 700 000 Moskowiter wurden von 6 000 Polen und 800 Teutschen, die Säbel, Röhre, Pfeil und Bogen gebrauchen konnten, überwunden, samt Weib und Kindern von Haus und Hof und allem Ihrigen verjaget, und mußten ihre Herrlichkeit und ganze Stadt in vollem Feuer brennen sehen, sich mit ihrem eigenen Fette betriefen, ihr Pulver und Bley in ihre eigenen Leiber schießen und ihren reichen Schatz (davon nicht genugsam zum Schreiben, auch bey vielen unglaublich) denen Fremdlingen zum Raube überlassen, davon ist alles königliche (polnische) Kriegsvolk bis auf das Jahr 1612 bezahlet worden...

Den Patriarchen setzten die Polen nach dem Tumult ab und ließen ihn in dem Kirylo-Monasterio bis zur Ankunft des Herrn Wladislaw mit 30 Schützen bewachen, seines Lohnes zu erwarten, so er mit Anstiftung solcher Meuterey und Aufruhr, durch welche so viel Menschen jämmerlich ermordet, die ganze Stadt Moskau zunichte gemacht und mit Feuer und Raub großer unüberwindlicher Schade geschehen, verdienet hat...

Es seynd in diesem siebenjährigen (1605–1612) Kriege mehr denn sechs mal Hunderttausend Moskowiter erschlagen, die sie zu der Zeit, als ich noch allda war, auf dem Register hatten, ohne die so hin und wieder heimlich ermordet und unter das Eis gestecket oder ins Wasser geworfen seyn; und wie viele werden ihrer noch ins Gras beißen müssen, ehe und bevor sie zu einem beständigen Frieden wiederum geraten werden.

Da nun bey 14 Tagen kein Wiederkehren der Moskowiter (der Belagerer) vermerkt wurde, thaten die polnischen Kriegsleute nichts anderes, denn Beute suchen. Gewand, Leinwand, Zinn, Messing, Kupfer, Gezeug, so aus den Kellern und Gruben aufgegraben und dafür viel Goldes hätte können erlanget werden, ließen sie liegen und nahmen nur Sammet, Seiden, goldene Gestück, Gold, Silber, Edelgesteine und Perlen. Denen Heiligen in den Kirchen zogen sie ab die silberne, vergüldete Röcke, Halsbänder und Krausen, die mit Edelgesteinen und Perlen herrlich geschmücket waren, und bekam jeder Soldat und Pole zu 10, 15, 25 Pfund Silber, so sie den Götzen abgerissen hatten und die in blutigen beschmutzten Kleidern waren ausgegangen, kamen mit kostbaren Kleidern angetan wieder zu Schlosse. Bier und Meth wurde auf diesmal nicht angesehen, der Wein mußte vorgehen, dessen man auch in den Moskowiter Kellern an Franken, Rheinischen und Ungarischen Weinen und Malvasier unsäglich viel vorhanden hatte. Wer holen wollte, der holete. Darüber erhub sich eine solche unmenschliche Schlemmerey, Hurerey und gottloses Leben, daß es kein Galgen verbieten konnte, sondern Lippenow (Ljapunow)*

---

* Prokop Ljapunow war einer der drei Befehlshaber über die Moskau belagernden russischen Streitkräfte.

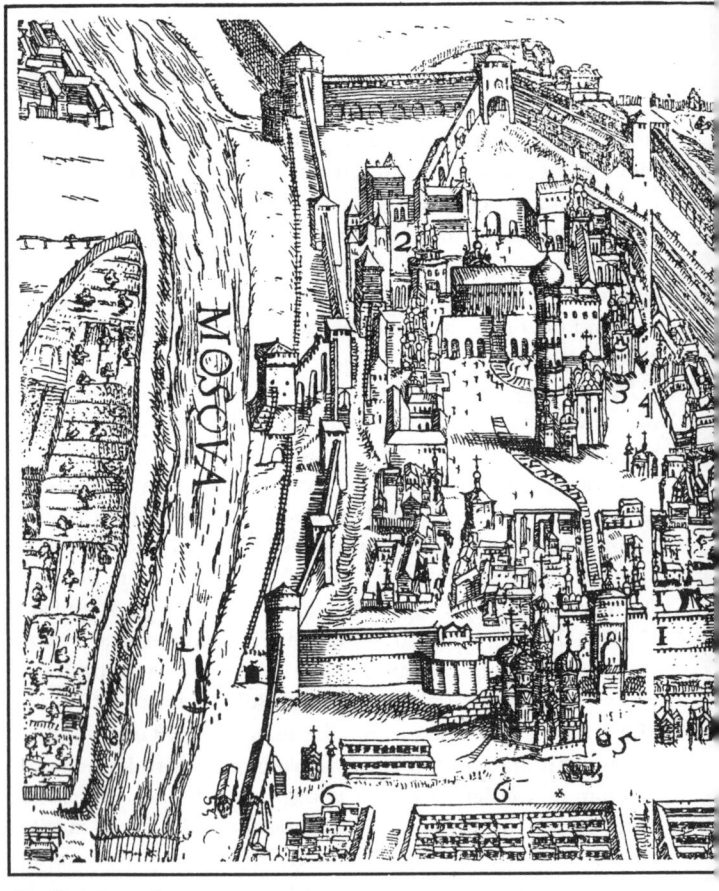

Der Kreml um 1610

mit seinen Cosacken mußte es hernach abschaffen, so gar
schändlich wurde diese große Victoria von dem polnischen
Kriegsvolk gemißbraucht und Gott dem Herrn dafür nicht
gedanket. Die Soldaten schossen aus Übermuth eine große
Zahl Perlen, wie Erbsen und Bohnen groß, aus ihren Mous-

queten unter die Reußen, verspielten mit Karten vornehmer
Boyaren und reicher Kaufleute Kinder, die endlich mit Gewalt wieder von ihnen genommen und ihren Eltern und
Freunden zurückgeschicket wurden. Da gedachte niemand
oder ihrer ganz wenige an das herrliche Proviant, an Speck,

Butter, Käse, allerley Fischwerk, Rogen, Malz, Hopfen, Honig etc., dessen überflüssig gefunden und von den Polen muthwilliger weise verbrannt und zunichte gemacht worden, womit alles Kriegsvolk zu etlichen Jahren sich überreichlich zu behelfen gehabt, aber es meinten die Polen und Soldaten, wenn sie nur seidene Kleider trügen, Gold, Edelgestein und Perlen prächtig an sich führten, so würde sie kein Hunger treffen. Ob nun wohl Gold und Edelgesteine herrliche Virtuten haben, so wollen sie gleichwohl keinen hungrigen Magen sättigen. Es war innerhalb 2 oder 3 Monate Zeit weder Brod noch Bier für Geld mehr zu bekommen. Ein Maaß Bier galt einen halben polnischen Gulden, eine geringe Kuh 50 Gulden, da man sonst 2 Rubel dafür geben durfte, und das Brod war sehr klein. Zu den verbrandten Kellern und Höfen, da Proviant genug gewesen und auch noch vergraben war, konnten sie nicht mehr kommen. Denn Lippenow hatte die verlaufene Moskowiter wieder zurückgewandt und in der dritten Woche nach dem Tumult die Weiße Mauer wieder eingenommen. Dadurch bekamen also die Moskowiter und Cosacken aus den verbrannten Höfen und Kellern alles übrige Proviant, und die Unsrigen mußten nachsehen; wollten sie auch etwas haben, mußten sie solches mit großer Leibesgefahr holen, konntens auch nicht mehr finden. Es heißt: »Post haec occasio calva«. Man soll keine gute Gelegenheit versäumen, »cudendum igni tum ferrum«; man soll schmieden, als lange das Eisen noch heiß ist. Seynd also des Königs Kriegsleute in Moscovia am Sonntage Misericordias Domini dieses 1611. Jahres von den Moskowitern wiederum belagert worden, da täglich so große Scharmützel gehalten, daß Seelsorger und Barbierer genugsam zu thun gehabt, und von dem gantzen Regiment teutscher und anderer Nationen Kriegsleute nur 60 Soldaten übrig geblieben. Es wäre auch die Festung selbst längst aus Hungersnoth übergeben worden, wenn nicht der Herr Johann Peter Paulidos Sapieha zum Jacobi des selben Jahres sie entsetzt, da er mit Behendigkeit zur Weißen Mauer, welche die Moscoviter inne hatten, hineinkommen und nebst allerley Proviant auch bey 2000 Stück grob Brodt mit hineingeschaffet...

Nachdem aber der polnische Feldherr Cotkewitz (Chotkiewicz) darum, daß sich die Reußen je länger je mehr stärkten, die Moskau ernsthaftiger belagerten, sie wieder an sich zu bringen, mit allem, was dazu gehörete, kein Fleiß, Mühe, Arbeit und Blut versparenten, keinen Proviant mehr in die Festung hineinschaffen konnte, wiederum auch die Moskowiter nicht abschlagen oder zurücktreiben und die Polen in der Festung entsetzen konnte, dazu auch das polnische Kriegsvolk täglich verringert und ausgemattet wurd, also haben die Moskowiter mit vielfältigen unablässigen greulichen Stürmen endlich das Schloß Moskau, den kayserlichen Sitz, mit Gewalt wiederum erobert und eingenommen, alles aufs greulichste erwürget und todgeschlagen, ohne allein etliche fürnehme Polen, die sie für die Ihrigen, so in Polen gefangen, folgends dargegen zu geben, bey Leben gelassen. Nach Wiedererlangung des Kayserlichen Sitzes und Schlosses Moscau haben sie aus ihren eigenen Nationen einen fürnehmen Herrn Michael Pfedrowitz (Michail Fjodorowitsch) des Geschlechts Nikitowits (Nikititsch = Nikita Romanow), zu ihrem Kayser wieder erwählet und gecrönet, dessen Vater heißt Knees Pfedor Nikitowits (Fjodor Nikititsch), der von Demetrio II. zum Patriarchen gemacht und hernacher nebst dem Suhski (Schujskij) und dessen Brüdern gefänglich in Polen geführet worden. Wird nun dieser Kayser seine Hoheit erhalten, so hat er groß Glück...[19]

Nach der Befreiung Moskaus ergingen an fünfzig Städte des russischen Reiches Sendschreiben mit der Aufforderung, je zehn Abgeordnete nach Moskau zu schicken, um einen Semskij Sobor, eine Art Reichstag, zu konstituieren. 700 Delegierte versammelten sich, und am 21. Februar 1613 wurde der 16jährige Michail Fjodorowitsch Romanow zum Zaren gewählt. Sein Großvater, Nikita Romanow, war der Bruder der Zarin Anastasija gewesen, der ersten Frau Iwans IV. Man konnte also mit einigem guten Willen von Verwandtschaft mit der erloschenen Dynastie sprechen.

Die Berufung der neuen Dynastie war an und für sich noch keine Garantie für die Wiederherstellung geordneter Verhältnisse. Doch das ausgepowerte, erschöpfte Volk sehnte sich nach Ruhe und Frieden. Der von den Kosaken geschürte rebellische Geist war zwar nicht erloschen, aber doch erlahmt. Der Schaden, den die Volkswirtschaft in der Zeit der Wirren erlitten hatte, war noch bis weit ins 18. Jahrhundert nicht behoben.

Fürst Iwan Michajlowitsch Katyrjow-Rostowskij, der während der Wirren zum falschen Dimitrij gehalten hatte, vom Zaren Wladimir Schujskij deshalb nach Tobolsk verbannt worden war und unter Michail Fjodorowitsch hohe Staatsämter bekleidete, verfaßte eine historische Darstellung der Wirren. Damit solche Dinge niemals vergessen würden, habe er sie erforscht und in einer ausführlichen Geschichte aufgeschrieben. Den Schluß seiner Geschichte bildet eine »Kurze Beschreibung von den Moskauer Zaren, von deren Erscheinung, auch Wuchs und Gemütsart«:

Zar Iwan (Iwan IV.) war der Gestalt nach kein schöner Mann, seine Augen waren grau, die Nase langgezogen und hakig. Er war groß von Wuchs, es waren sein Körper dürr, die Schultern stramm, der Brustkorb breit, die Muskeln dick. Ein Mann von wunderbarer Scharfsinnigkeit, war er vollkommen in der Wissenschaft der Bücherlehre und sehr beredt, in kriegerischen Unternehmungen dreist und seinem Vatererbe gegenüber standhaft schirmend. Zu seinen Knechten, den ihm von Gott gegebenen, verhielt er sich grausam, und im Blutvergießen und Töten war er schlimm und unerbittlich. Eine Menge Volkes, jung und alt, brachte er in seiner Herrscherzeit um, und viele eigene Städte zer-

störte er, und viele der Kirchenmänner sperrte er ein und brachte sie unbarmherzig zu Tode. Und noch vieles tat er seinen Knechten an, schändete Frauen und Jungfrauen durch Hurerei. Aber derselbe Zar Iwan hat auch viel Gutes getan, die Leute vom Kriegerstand liebte er sehr, und wes sie bedurften, des gab er ihnen unerschöpflich aus seinen Schätzen her. Solcher Art war Zar Iwan.

Zar Fjodor aber, Iwans Sohn, war von kleinem Wuchs, hatte das Aussehen eines Fastenbruders. Er trug, mit Demut bekleidet, Sorge um die Sache der Seele, befand sich ständig im Gebet. Den Bettlern gab er, wes sie bedurften. Um nichts Weltliches bekümmerte er sich, sondern nur um die Erlösung der Seele. Von Kindesbeinen an bis zum Ende seines Lebens verblieb er so. Für dieses, sein heilbringendes Tun, hat Gott die Zeit seiner Herrschaft mit Frieden umhegt, ihm seine Feinde zu Füßen gezwungen. Und ihm eine Zeit des Gedeihens gewährt. Solcher Art war Zar Fjodor Iwanowitsch.

Zar Boris Godunow blühte in Wohlansehnlichkeit und übertraf mit seiner Erscheinung viele Leute. Dabei war er von mittlerem Wuchs. Er war ein ganz wunderbarer Mann, in der Einsichtigkeit des Verstandes vollkommen und gar lieblich in der Rede, frommgläubig, armenfreundlich und sehr baulustig. Er sorgte recht für sein Reich und schuf um sich viel Bewundernswertes. Einzig darin hat er sich nicht bewährt, und darum hat Gott Sein Antlitz von ihm abgekehrt: An Medizinhexern hing sein Herz gar zu sehr, unersättlich war er in seinem Machtbegehr. Die vor ihm als Zaren regierten, zu töten, fiel ihm nicht schwer. Vergeltung für all dies empfing er daher.

Der Zarenprinz Fjodor, welcher einige Wochen im Jahre 1605 regierte, Sohn des Zaren Boris, war ein sehr bewundernswerter Jüngling. Er blühte in Wohlansehnlichkeit wie eine wunderbare ländliche Blume. Von Gott geschmückt, stand er in Blust gleich der Lilie auf dem Felde. Seine Augen waren groß und dunkel, sein Gesicht aber hell, es schimmerte wie die Weiße der Milch. Er war von mittlerem Wuchs und fülligem Körper. Und sein Vater hatte ihn gelehrt, das Bücherlesen zu schätzen. Zu bewundern war er in seinen Antworten und seiner lieblichen Rede. Nie ging ein nichtswürdiges und fauliges Wort aus seinem Munde. Und er war besorgt um den Glauben und die Bücherlehre.

Der entlaufene Mönch, der falsche Dmitrij, der ein Jahr regierte, war klein von Wuchs. Er hatte einen breiten Brustkorb und dicke Muskeln. Ein Gesicht von Zarenwürde besaß er nicht, sondern die allergewöhnlichste Physiognomie und sein ganzer Körper hatte trübe Haut. Doch scharfsinnig war er und in der Buchgelehrsamkeit vollkommen, dazu dreist und sehr beredt. Er liebte Pferderennen. Vor seinen Feinden hielt er sich tapfer, besaß Kühnheit und Kraft. Und besonders liebte er den Kriegerstand.

Zar Wassilij Schujskij war klein von Wuchs, nicht von schöner Erscheinung. Seine Augen waren trübe. In der Büchergelehrsamkeit war er vollkommen und in der Einsichtigkeit des Sinnes sehr verständig. Er war sehr geizig und starrköpfig. Lediglich zu solchen fühlte er sich hingezogen, die ihm Lügnerisches über die Menschen in die Ohren flüsterten; sie empfing er mit fröhlichem Gesicht, war sich an ihnen satt zu hören erpicht, auch auf Zauberei legte er großes Gewicht, um den Kriegerstand aber kümmerte er sich nicht.«[20]

ZWISCHEN MITTELALTER
UND NEUZEIT

1613–1812

Zar Michail Fjodorowitsch (1613-1645)

RESTAURATION UND WESTLICHE IMPULSE

Der Bürger- und Bauernkrieg, der das Moskauer Reich in seinen Grundfesten erschüttert hatte, war zu Ende. Äußerlich kehrte mit dem vom Semskij Sobor gewählten Zaren Fjodor Michajlowitsch Ruhe ins Land, die Ursachen des langen Krieges waren jedoch nicht beseitigt. Gewiß, er war »für den rechtmäßigen Zaren« geführt worden, doch jede der kriegführenden Parteien hatte mit dieser Parole andere Vorstellungen verbunden. Kosaken und Bauern verlangten einen Zaren, der sie von den drückenden Frondiensten und Steuerlasten befreite. Da dies nicht geschehen war und auch fürderhin nicht geschah, kam es in den folgenden Jahrzehnten immer wieder zu Bauernrevolten und Aufständen, von denen der des Stepan Rasin (1667–71) das Land am stärksten erregte.

Kaufmannschaft und Dienstadel wollten die Privilegien der Bojarenkaste abgeschafft wissen. Diese wiederum strebte danach, ihren unter Iwan IV. und Boris Godunow eingeschränkten politischen Einfluß wiederzugewinnen. Die Bojaren waren die einzigen, die von der Inthronisierung der neuen Dynastie profitierten. Der Zar, ein unbedarfter 16jähriger Knabe, für das Herrscheramt nicht erzogen, war auf die Bojaren angewiesen. Erst als sein Vater, der Patriarch Filaret, 1618 aus polnischer Gefangenschaft heimkehrte, nahm dieser strenge und tatkräftige Mann als Mitregent die Zügel in die Hand und blieb bis zu seinem Tode (1633) der eigentliche Herrscher des Landes.

Die Staatsfinanzen waren zerrüttet, und zu den ersten Ukasen des jungen Zaren gehört ein Schreiben vom 24. Mai 1613 an die reiche Kaufmannsfamilie Stroganow, von der er Anleihen fordert:

Es schlagen vor uns in Moskau die Stirn Dworjane und Bojarenkinder*, Kosaken, Strelitzen und andere Militärpersonen jeder Art, daß sie als Teilnehmer der Belagerung Moskaus viele Entbehrungen und Leiden durchgemacht und ihr Blut vergossen haben; ihre Dienst- und Erbgüter sind infolge des langen Krieges verödet, so daß sie nichts mehr besitzen, woraus sie die Unkosten des Dienstes bestreiten könnten. Die Strelitzen und Kosaken haben ihre Ausrüstung aufgegessen (verkauft), und wegen großer Armut können sie den Dienst nicht mehr versehen. In unserer Staatskasse ist kein Geld, in den Speichern kein Getreidevorrat, und wir sind außerstande, den Dienstleuten ihren Lohn zu bezahlen. Überläufer und Gefangene sagen im Verhör vor unseren Bojaren aus, daß die Litauer wieder gegen Moskau ziehen wollen, und in unserer Kasse ist kein Geld und in den Speichern kein Getreide vorhanden. Wieviel ihr von euren Erbgütern an barem Gelde in unsere Kasse entrichtet, wissen wir nicht genau. Nun ist auf unseren Befehl, Andrej Ignatjewitsch Weljaminow an euch gesandt worden. Es ist ihm befohlen, von euren Erbgütern für die vergangenen Jahre und auch für das laufende Jahr, gemäß den Büchern und Verzeichnissen, unsere Steuern vollständig einzuziehen und zu uns zu bringen. Und zugleich haben wir befohlen, bei euch, um der Ruhe und Ordnung in der Christenheit willen, Anleihen aufzunehmen: Geld, Fische, Salz, Stoffe und Waren jeglicher Art, die man den Militärpersonen geben könnte; und was ihr uns leihweise geben werdet an Geld, Brot oder Ware, haben wir befohlen, in Bücher einzutragen, und die Archimandriten, Äbte und Einzieher sollen euch darüber Auszüge geben, damit ihr demgemäß die Anleihe aus unserer Kasse wieder zurückfordern könnt. Gebt, so viel ihr nur könnt für die Löhne unserer Dienstleute, auch wenn ihr deshalb eure gewerbliche Pro-

* Dworjane = Dienstadel.
Bojarenkinder = Geburtsadelige geringeren Ranges als die Bojaren

duktion jetzt einschränken müßt. Und wenn in unsere Kasse die Steuern einlaufen, werden wir euch sofort die Schuld zurückzahlen lassen. Unbedingt sollt ihr Geld für die Löhne der Dienstleute geben, ohne Besorgnis. Den Heerespersonen zu helfen, ist besser als Almosen geben, denn durch diese Hilfe werdet ihr Gottes Kirche und die Unversehrtheit des heiligen Glaubens erhalten und rechtgläubige Christen vor dem Überfall der Ketzer bewahren. Was ihr auch geben werdet, unbedingt werden wir es zurückzahlen lassen, und die eifrigen Dienste, die ihr uns und dem ganzen moskowitischen Reiche erweisen werdet, werden wir für ewige Zeiten denkwürdig erklären. Wenn ihr uns aber weder Geld noch Getreide, noch Waren leiht, dann wird das Kriegsvolk in Moskau der Not und des Hungers wegen auseinanderlaufen, und Gott wird es euch nicht verzeihen, wenn dann die rechtgläubige christliche Religion zugrunde geht.[1]

In der Innenpolitik änderte sich nichts. Das aus furchtbarer Drangsal gerettete Rußland wurde nach den Maximen des 16. Jahrhunderts restauriert, die den ökonomischen Erfordernissen des 17. Jahrhunderts nicht mehr entsprachen und das Gros der Bevölkerung zugunsten des zarischen Fiskus und der immer reicher werdenden Bojaren in Armut hielt. Nach wie vor hatten die Bauern den Großteil des Steueraufkommens zu erbringen. Das ihnen 1597 genommene Recht des St. Georgstages erhielten sie nicht zurück. Am St. Georgstag nämlich hatten die Bauern ihre Dienstherren wechseln dürfen. Mit der Abschaffung dieses Rechtes wurden sie des letzten Restes von Freizügigkeit beraubt. Die Leibeigenschaft, gesetzlich nie verankert, war damit zum Faktum geworden.

Handwerk und Gewerbe in Moskau blieben unterentwikkelt. Die Bauern waren so arm, daß sie das Nötigste an Kleidung, Werkzeug, Geräten, Möbeln und Haushaltsbedarf selber herstellten, selten Fertigwaren kaufen konnten und während der Wintermonate geschnitzte hölzerne Gebrauchsgegenstände sowie Woll- und Leinengewebe in der Stadt verkauften.

Für Handwerkserzeugnisse gehobener Qualität gab es in Moskau keine breite kaufkräftige Schicht. Der Adel ließ seinen Bedarf vom Gesinde anfertigen. Jeder Adelshaushalt hatte seine eigenen Schneider, Kürschner, Schuster, Sattler, Bäcker, Schlachter, Tischler, Schmiede, Weber usw., seinen Friseur, oft auch seinen Arzt und seinen Apotheker. Luxusgegenstände wurden im 17. Jahrhundert fast ausschließlich aus dem Ausland bezogen.

Auch der Kaufmannsstand entwickelte sich nur langsam. Geniale, risikofreudige Unternehmer wie die Kaufmannsdynastien Stroganow und Nikitnikow waren Ausnahmen. Da es allen Bevölkerungsschichten von den Bojaren bis zu den Leibeigenen freistand, Handel zu treiben, konkurrierten die reichen Bojaren erfolgreich mit den weniger liquiden Großkaufleuten im Im- und Exportgeschäft. Den Markt der ›kleinen Leute‹ belieferten die unteren Bevölkerungsschichten mit in Heimarbeit hergestellten Waren, besserten damit ihren eigenen kümmerlichen Lebensstandard ein wenig auf und verringerten zugleich die Absatzmöglichkeiten der hauptberuflichen Kleinkaufleute.

Eine geruhsame, kontinuierliche Entwicklung war Moskau im 17. Jahrhundert nicht beschieden. Die 1611/12 so schwer zerstörte Stadt wurde zwar rasch wieder aufgebaut. Doch immer wieder richteten kleinere und größere Brände viel Schaden an. Adam Olearius, Mitglied der holsteinischen Gesandtschaften, die 1634, 1636 und 1643 in Moskau weilten, verdanken wir ausführliche Schilderungen:

Muskow, die Residenz- und Hauptstadt im ganzen Großfürstentum ist wohl wert, daß man ihrer noch weiter ge-
denkt

Sie hat den Namen vom Flusse Muska, welcher im Südteil
durch die Stadt fließt und die rote Mauer streift. Die Stadt
liegt in der Mitte und gleichsam im Schoß des Landes. Ihre
Größe nach dem Umkreis zu rechnen, ist ungefähr drei
deutsche Meilen und soll vor Zeiten noch einmal so groß
gewesen sein, zweimal größer als Florenz in Tuscia oder
zweimal größer als Praga in Böhmen. Sie wurde aber im
Jahre Christi 1571 bei dem großen Einfall der krimischen
oder perekopensischen Tataren und abermals 1611 von den
Polen bis auf das Schloß ganz abgebrannt. Es sollen noch
heute, wie man sagt, an die vierzigtausend Brandstätten gezählt werden.

Es sind aber die Wohnhäuser der Stadt Muskow – ausgenommen der großen Herren und etlicher von den reichsten
Kaufleuten und Deutschen, welche auf ihren Höfen steinerne Palatia haben – von Holz oder mit übereinanderge-
schränkten Föhren- oder Tannenbalken aufgebauet. Die
Dächer sind mit Schindelbrettern benagelt, darüber aber
mit Borken von Birkenbäumen und teils mit Rasen gedeckt.
Daher öfters große Feuersbrünste entstehen, ja so oft, daß
nicht ein Monat, ja Woche hingeht, in welcher nicht etliche
Häuser, bisweilen, wenn der Wind stark, ganze Gassen in
Rauch aufgehen. Wir haben zu unserer Zeit des Nachts etliche Male an drei oder vier Orten zugleich das Feuer aufgehen sehen. Es war kurz vor unserer Ankunft der dritte Teil
der Stadt abgebrannt, gleiches auch vor vier Jahren soll geschehen sein. Bei solchem Unheil sind die Strelitzen und
gewisse Wachen bestellt, welche dem Feuer Widerstand tun
müssen. Es wird aber niemals mit Wasser gelöscht, sondern
die nächst um den Brand stehenden Häuser niedergerissen,
damit das Feuer seine Kraft selber verlieren und verlöschen

muß. Zu dessen Behuf muß jeder Soldat und Wächter des Nachts ein Beil bei sich tragen.

Damit jene in den steinernen Palatien und Gewölben zu solcher Zeit vor dem fliehenden Brand sicher sind, haben diese gar kleine Fensterlöcher, so mit eisernen Blechpforten verwahrt sind.

Es können aber die, so ihre Häuser durch den Brand verlieren, bald wieder zu neuen Häusern kommen; denn sie haben außerhalb der weißen Ringmauer auf einem Häusermarkt viele Häuser teils aufgesetzt, teils zerlegt stehen, welche man kaufen und mit wenigen Unkosten auf seine Stelle führen und aufsetzen kann.

Die Gassen sind breit, aber bei Herbst und Regenwetter sehr kotig und tief, daher sind die meisten Straßen mit runden Hölzern, nebeneinandergeschichtet, belegt, daß man auf denselben wie auf Brücken fortkommen kann...

Vor dem Schloß ist der größte und beste Marktplatz (der Rote Platz) der ganzen Stadt, welcher den ganzen Tag voller Handelsleute, voller Manns- und Weibspersonen, Sklaven und Müßiggänger steht; die Weibspersonen haben nicht fern vom Schauplatz ihren Stand und Leinwandkram; etliche stehen und halten Ringe, gewöhnlich mit Türkisen besetzt, im Mund, selbige zu verkaufen, womit, wie mir berichtet wurde, etliche auch etwas anderes mit feilbieten.

Auf dem Markte und in den Nebengassen sind jeglichen Waren und Hantierungen gewisse Plätze und Buden zugeordnet, so daß man an einem Orte einerlei Gewerbe findet. Es haben die Seidenkrämer, Tuchhändler, Goldschmiede, Sattler, Schuster, Schneider, Bundmacher oder Kürschner, Mützenmacher und andere ihre besonderen Gassen, in welchen sie ihre Waren verkaufen. Welche Ordnung sehr bequem fällt, denn jeglicher weiß, wo er hingehen muß und das eine und das andere bekommen kann. Es ist auch nicht fern vom Schloß in einer Gasse zur Rechten ihr Göttermarkt, wo sie lauter gemalte Bilder der alten Heiligen zum Kauf

Schusterwerkstatt im 17. Jahrhundert.

anbieten. Sie heißen's zwar nicht die Götter kaufen, sondern nur für Geld vertauschen; dabei gibt es auch, wie sonst beim Kauf gebräuchlich, kein großes Feilschen. Weiter noch zur Rechten, wenn man vom Gesandtenhof aufs Schloß gehen will, ist ein besonderer Platz, wo die Russen bei gutem Wetter unter bloßem Himmel sitzen, sich balbieren und die Haare kürzen lassen. Dieser Markt, welchen sie den Lausemarkt nennen, liegt so dick voller Haar, daß man darüber wie auf Polstern geht.

In- und außerhalb der Ringmauern der Stadt Muskow stehen sehr viele Kirchen, Kapellen und Klöster. Es wurde mir einhellig berichtet, daß davon über zweitausend in der Stadt zu finden.[2]

Die leichte Brennbarkeit der Stadt hält Adam Olearius für einen der Gründe, daß das Tabakrauchen verboten wurde:

Die Russen sind auch große Liebhaber von Tobak, und es trug sich vor dieser Zeit jeglicher damit. Der gemeine und

Gesandtenhof im 17. Jahrhundert

arme Mann gab eher seine Kopeke für Tobak als für Brot
hin. Weil man aber sah, daß hierdurch den Leuten nicht allein kein Nutz, sondern vielmehr merklicher Schaden zu-
wuchs, indem bei Genuß des Tobaks nicht nur dem gemei-
nen Manne, sonderlich Dienern und Sklaven, viel Zeit von
der Arbeit abging, sondern auch durch Unachtsamkeit mit
Feuer und Funken viele Häuser in Rauch aufgingen, ja auch
bei Verrichtung des Gottesdienstes in den Kirchen vor den
Bildern, welche nur mit Weihrauch und wohlriechenden
Sachen dürfen geehrt werden, ein übler Geruch entstand,
hat auf Anhalten des Patriarchen der Großfürst den Tobak-
handel und -gebrauch im Jahre 1634 neben dem privaten
Branntwein- und Bierausschank gänzlich verboten. Die
Verbrecher wurden auch hart bestraft, nämlich mit Nase
aufschlitzen und Stäupen, wie wir denn solche Bestrafung
an Manns- und Weibspersonen gesehen haben.

1656 wütete die Pest in Moskau. Fürst Pronskij, der Gouverneur der Stadt, sandte im September dem Zaren Alexej Michajolowitsch (1645–1676), der im Krieg gegen Polen stand, einen Lagebericht:

Von der großen Pestilenz

Unsere Häuser haben wir verlassen müssen und wohnen im freien Felde. Seit dem Tage des Heiligen Semjon (1. 9.) ist die Seuche schlimmer und wütiger geworden. In Moskau selbst und in den Vorstädten ist nur ein geringer Teil der rechtgläubigen Christen übriggeblieben. In sechs Regimentern ist kein einziger Soldat mehr vorhanden. In den anderen Regimentern liegen ungezählte krank danieder; manche, von der Pest noch nicht befallene, sind davongelaufen. Wir können sie nicht suchen. Niemand ist da, der die Wache beziehen könnte. Der Kommandant der Strelitzenregimenter ist gestorben. Ebenso sind viele Hundertschaftsführer gestorben. In den Kathedralen und Kirchen wird kein Gottesdienst mehr gehalten; nur in der großen Kathedrale an jedem Tag einer, weil auch hier nur noch drei Geistliche am Leben sind. In den Gemeindekirchen liegen die wenigen noch lebenden Popen entweder krank danieder oder sind fortgegangen.

In der Stadt, in den Vorstädten und in der Umgebung liegen überall Leichen herum, die von den Hunden hin- und hergezerrt werden. Niemand ist da, der den Toten eine Grube graben könnte. Die Fuhrleute der Armenhäuser, welche früher hinausfuhren und bei den Armenhäusern Gräber gruben, sind selber gestorben. Alle übrigen Menschen, da sie solches sehen, entsetzen sich und fürchten sich, in die Nähe der Toten zu gehen.

Alle Ämter sind geschlossen, die Beamten und Schreiber alle gestorben, und auch wir, deine Sklaven, erwarten stündlich den Tod. Ohne deinen Befehl, Gossudar, dürfen

wir nicht in die bei Moskau gelegenen Dörfer fliehen, was wir der schweren Luft wegen gern täten, damit wir nicht samt und sonders hier wegsterben. Also bitten wir dich, Gossudar, uns, deinen Sklaven, einen solchen Befehl ausfertigen zu lassen.[3]

In der Stadt gab es so gut wie keine Ärzte, die Kranken konnten nicht betreut werden. Man mußte sie sich selbst überlassen, war nur bemüht, die noch Gesunden nicht in die Nähe der Erkrankten kommen zu lassen und verrammelte die Häuser, in denen sich Pestkranke befanden, damit sie nicht, wenn sie sich auf die Straßen schleppten, andere ansteckten.

Trotz der häufigen Brände, trotz der furchtbaren Pest-Epidemie nahm die Bevölkerung stetig zu und zählte im zweiten Drittel des 17. Jahrhunderts schon 200 000 Einwohner, davon gehörten zum Adel und seinem Gesinde 53 000, zur Garnison, den Strelitzen (Schützenregimenter) mit ihren Familien, 44 000. Die Zahl der handel- und gewerbetreibenden Bürger mit ihren Familien betrug 48 000, die der Geistlichkeit mit Angehörigen und Kirchenbediensteten 27 000 Personen, Ausländer waren, einschließlich der ausländischen Soldaten, 28 000 gezählt worden. Es gab 5 Ausländervorstädte außerhalb der Stadtmauern: Nemezkaja Sloboda mit überwiegend deutschen und holländischen Bewohnern, Staropanskaja Sloboda mit Polen und Litauern. Panskaja Sloboda mit Bjelorussen, Basmanowka Sloboda mit zur orthodoxen Kirche übergetretenen Ausländern und schließlich die Meschtschanskaja Sloboda, in ihr siedelten sich seit den 1670er Jahren die ersten jüdischen Zuwanderer ohne Rechtsbeschränkung an.

Die Nemezkaja Sloboda war die größte Ausländeransiedlung mit drei lutherischen Kirchen und einer calvinistischen. Katholiken war der Bau von Gotteshäusern verboten, sie mußten ihren Gottesdienst in Privathäusern halten. Die

Nemezkaja Sloboda soll bereits 18 000 Einwohner gehabt haben, dem widersprechen allerdings andere Berichte, die für das Jahr 1671 in ganz Rußland 18 000 Deutsche notieren.

Die Moskauer Bürgerschaft gliederte sich in zwei Gilden. Zur ersten gehörten Bankiers, reiche Kaufleute, Ärzte, Apotheker, Schiffer der Kauffahrteischiffe, Gold- und Silberschmiede und Ikonenmaler.

Die zweite Gilde umfaßte Kleinkaufleute und Handwerker. Auch die niedere Volksschicht, die abhängig Arbeitenden, gehörten zur Bürgerschaft, galten aber nicht als Vollbürger. Adel, Geistlichkeit, zarische Beamte und Ausländer waren keine Bürger.

Wie ihre Vorgänger bemühten sich auch die Zaren der neuen Dynastie um ausländische Fachleute, die sie mit allerlei Privilegien ausstatteten. Den über die Arbeit hinausgehenden persönlichen Kontakt zwischen ihnen und den Einheimischen suchten sie jedoch tunlichst zu verhindern. Die meisten Moskauer wünschten auch gar keinen Verkehr mit den dreisten Fremden. Die Bürgerschaft hatte 1652 sogar durchgesetzt, daß die 1613 den Ausländern erteilte Genehmigung, sich innerhalb der Stadtmauern niederzulassen, wieder rückgängig gemacht wurde.

Jurij Krishanitsch, ein gebürtiger Kroate, der sich als Slawe jedoch den Russen zugehörig fühlte, stellte einen Vergleich zwischen Russen und Ausländern an.

Von den Unterschieden der Völker

Unser Volk ist weder als besonders schön noch als besonders häßlich bekannt. Wir sind nicht so häßlich wie die Zigeuner, Tataren, Samojeden, Äthiopier, Indianer, Sibirier und nicht so schön wie die Griechen, Spanier, Franzosen und Deutschen. Die Nachkommen Japhets übertreffen uns an Schönheit, wir aber übertreffen die Nachkommen Hams. Wir sind stark von Körper, haben hellblaue Augen, nie-

Also pflegen die Handelsleuth in Reussen bekleidt zu gehen.

In Reussen die alten Handelsleuth/ Das ist gwöhnlich von rauher Wahr/
Die tragen gern ein langes Kleid. Ein seltzam Hut auff ihrem Haar.

Russische Kaufmannstracht im 17. Jahrhundert

mand der Unseren hat sehr starkes, ganz schwarzes oder ganz blondes Haar, sondern wir haben meist aschfarbenes. Daher sind große Bärte eben ihrer Seltenheit wegen sehr geschätzt.

Unseres Äußeren dürfen wir uns nicht eben rühmen, die Ausländer dagegen sind stattlich und deswegen hochmütig und stolz. Wir sind wortkarg, sie aber schlagfertig mit der Zunge, gesprächig und reich an giftigen Schimpfreden. Wir sind langsam von Begriff und einfachen Herzens, sie aber sind voller List. Wir sind Bummler und Verschwender, wir führen keine Rechnung über unsere Einnahmen und Ausgaben, unsern Reichtum verschenken und verschleudern wir; sie aber sind geizig, unersättlich und ganz der Habgier ergeben. Tag und Nacht denken sie nur daran, ihren Beutel zu füllen. Uns aber verspotten sie wegen unserer Feste und unserer Gastfreundlichkeit. Wir sind faul bei der Arbeit und in der Wissenschaft ohne Fleiß; sie aber sind fleißig und versäumen keine Stunde. Wir begnügen uns mit ärmlicher Kleidung und bescheidenem Leben; sie aber sind hoffärtig, versinken in Luxus und Verweichlichung. Wir wohnen in einem armen Lande, sie aber siedeln in üppigen Ländern und bringen uns allerlei Waren, die dem Luxus und dem Genusse dienen: Perlen, Seide, Edelsteine, Wein, Zucker, Früchte, und mit solchem Köder führen sie uns auf den Leim, wie die Jäger die Tiere. Wir sagen gerade heraus, was wir denken, und wenn wir uns verzanken, versöhnen wir uns auch wieder. Sie dagegen haben ein verschlossenes Herz, sie sind unaufrichtig, nachtragend, und sie verstellen sich. Ein beleidigendes Wort vergessen sie nicht bis zum Tode, und wenn sie sich einmal mit dir entzweit haben, werden sie zeitlebens keinen wahren Frieden mehr mit dir schließen, sondern auch nach der Versöhnung auf Gelegenheit zur Rache bedacht sein...

Die Deutschen empfehlen uns allerlei Neuerungen. Sie wollen, daß wir unsere lobenswerten althergebrachten Einrichtungen und Sitten aufgeben und uns ihren eigenen verkehrten Sitten und Bräuchen anpassen. Die Byzantiner dagegen verurteilen jede Neuerung unbedingt; ohne jede Erwägung schreien und wiederholen sie, daß jede Neuerung von selbst böse sei. Der Verstand aber sagt: Nichts kann nur deshalb, weil es neu ist, böse oder gut sein. Alles Gute und alles Böse war anfänglich neu. Einst war neu auch das, was heute altertümlich erscheint. Neuerungen darf man nicht ohne Erwägung leichtfertig annehmen, denn dabei kann man sich irren. Aber man darf auch das Gute nicht ablehnen, bloß weil es neu ist, denn auch so kann man dem Irrtum verfallen. Ob wir uns einer Neuerung versagen oder ob wir sie annehmen, in jedem Fall müssen wir es auf Grund einer sorgfältigen Untersuchung tun.[4]

Allen Hofbeamten war es bei Strafe der Ungnade und Degradierung verboten, ausländische Sitten anzunehmen, die Haare nach ausländischer Mode zu scheren, ausländische Tracht, Mützen oder Hüte zu tragen oder dem Gesinde das Tragen derartiger Kleidungsstücke zu gestatten.

Umgekehrt hatten manche Ausländer begonnen, russische Kleidung zu tragen. Auch dies wurde verboten, nachdem sich etwas höchst Peinliches zugetragen hatte: Bei einer Prozession waren Ausländer, die als Ketzer des Segens des russischen Patriarchen nicht würdig sind, dennoch des Patriarchensegens teilhaftig geworden, da der Patriarch sie ihrer Kleidung wegen nicht von Rechtgläubigen unterscheiden konnte. Erst als diese – Lutheraner und Katholiken – sich nicht nach russischer Manier vor dem Patriarchen verneigten, bemerkte er seinen Irrtum. An alle Ausländer erging nun der Befehl, unverzüglich die russische Kleidung abzulegen. Daraus ergaben sich allerlei Schwierigkeiten, denn es waren weder genügend Schneider vorhanden, die westliche Kleidung anzufertigen verstanden, noch die dazu benötigten Stoffe.

Bojaren-Tracht im 17. Jahrhundert

Im Jahre 1665 ließ Zar Alexej Michajlowitsch die erste re-
gelmäßige In- und Auslands-Postverbindung einrichten.
Posthalter war der holländische Kaufmann Johann von
Sweesen, ihm folgten Angehörige der Hamburger Kauf-
mannsfamilie Marselis, 1701 wurde die Post verstaatlicht.
Viele Russen hielten die Post für überaus gefährlich. Iwan
Possoschkow, ein aus dem Leibeigenenstande stammender
Publizist, schrieb:

**Die Ausländer haben aus unserem Lande in das ihre ein
Loch durchgeschlagen und sehen dadurch alle unsere
Staats- und Gewerbeangelegenheiten: das ist die Post, wel-
che vielleicht dem Zaren finanzielle Vorteile bringt, dem
Lande aber nur schadet. Was auch bei uns geschehen mag,
von allem wissen die Ausländer sogleich...**

**Mir scheint, man müsse das Loch unverzüglich ganz fest
schließen, ja auch alle Reisenden auf das schärfste überwa-**

chen, damit niemand ohne Wissen der Behörden irgendwelche Nachrichten ins Ausland befördern kann.[5]

Es gab aber auch andere Leute, vornehmlich Adelige, die den Versuch, das Land vor dem Westen abzuschirmen, für schädlich hielten und ihn scharf kritisierten:

Das Land zu verlassen ist Hochverrat

Den Moskowitern ist es unter keinen Umständen erlaubt, ins Ausland zu fahren, ausgenommen diejenigen, welche auf Befehl des Zaren und des Handels wegen mit Passierscheinen geschickt werden. Und selbst wenn Kaufleute ihrer Geschäfte wegen ins Ausland reisen, so zieht man von vornehmen und angesehenen Personen schriftlich beglaubigte Urkunden ein, worin die Unterzeichner sich dafür verbürgen, daß jene Kaufleute samt ihren Waren nicht in den fremden Ländern bleiben, sondern wieder zurückkehren werden. Und sollte irgendeiner, und wäre er ein Fürst oder Bojar oder sonst wer, sich selbst heimlich, ohne des Zaren Erlaubnis in ein fremdes Land begeben oder seinen Sohn oder seinen Bruder hinschicken, so würde man ihm das als Hochverrat anrechnen, und man würde ihm sein Vermögen und seine Besitzungen und seine Leibeigenen zuhanden des Zaren wegnehmen. Und wenn jemand selbst verreisen sollte, und es fänden sich in Rußland Verwandte von ihm, so würde man auch sie foltern, um zu erfahren, ob sie von seiner Absicht Kenntnis gehabt hätten. Und wenn jemand seinen Sohn, seinen Bruder oder Neffen ins Ausland schicken sollte, so würde man auch ihn foltern, um herauszubekommen, wozu er jenen in ein fremdes Land geschickt habe, ob er nicht fremde Heere gegen das Moskowiterreich heranführen lasse, um sich der Staatsgewalt zu bemächtigen oder ob er sonst ein Schelmenstück im Schilde führe, und durch wen er dazu angestiftet worden war.[6]

Der dies geschrieben hatte – Iwan Kotoschichin –, hatte seiner Heimat im Groll den Rücken gekehrt, heute würde man ihn einen Dissidenten nennen. In seinem Buch »Über Rußland zur Zeit Alexej Michajlowitschs« findet sich bittere, wohl auch gelegentlich ungerechte Kritik. Doch in diesem Punkt scheint Kotoschichin nicht übertrieben zu haben. Das zeigt der Fall Ordin-Naschtschokin. Afanassij Ordin-Naschtschokin hatte am Hofe Alexej Michajlowitschs eine glänzende Karriere gemacht. Seine Posten würde man heute als den eines Außenministers, danach den eines Ministerpräsidenten bezeichnen. Für die damalige Zeit ungeheuer gebildet – er sprach Lateinisch und Deutsch fließend –, besaß er gute mathematische Kenntnisse und galt wegen seiner geschliffenen, scharfsinnigen Polemik bei ausländischen Diplomaten als gewitzter Gesprächspartner. Diesen Mann nun traf das Unglück, daß sein zu den schönsten Hoffnungen berechtigender Sohn 1660 ins Ausland floh. Der verzweifelte Vater teilte selber dem Zaren den Landesverrat seines Sohnes mit und, bereit die Konsequenzen zu tragen, bat er um seine Entlassung. Alexej Michajlowitsch, ein zwar zu raschen Temperamentsausbrüchen neigender, aber im Grunde gütiger und einfühlsamer Mann, erwiderte Ordin-Naschtschokin auf sein Entlassungsgesuch:

Du bittest, ich solle dich verabschieden; wie kommst du darauf, darum zu bitten? Ich denke wohl, weil dein Kummer so grenzenlos ist. Und was ist da zu verwundern, wenn dein Sohn Dummheiten macht? Aus Unverstand hat er so gehandelt. Er ist jung, ihn verlangte, Gottes Welt und seine Werke zu schauen; wie ein Vogel hin und wider fliegt, und wenn er genug geflogen ist, in sein Nest zurückkehrt, so wird auch dein Sohn sich auf sein Nest besinnen und an seine geistige Zugehörigkeit denken und bald zu uns zurückkehren.[7]

Fünf Jahre später kehrte der Sohn, dem Straffreiheit und Verzeihung zugesichert worden waren, nach Rußland zu-

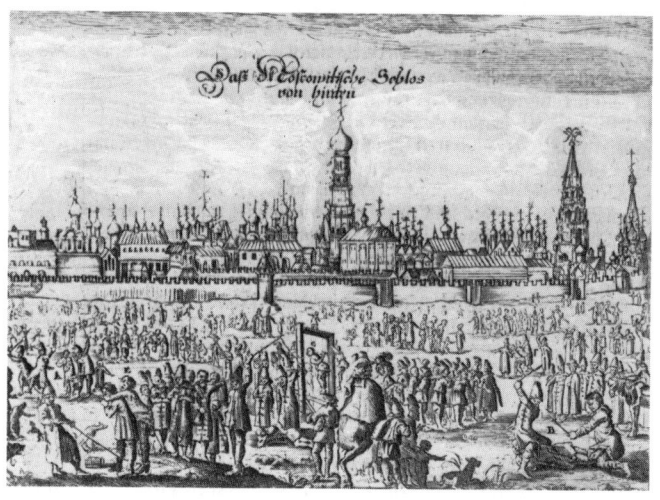

Rückseite des Kreml. Hinrichtungsstätte

rück. Man wies ihm zunächst ein Gut seines Vaters als Zwangsaufenthalt an, verbannte ihn dann nach Bjeloosero in das Kyrillus-Kloster, wo er streng bewacht wurde. Schließlich erhielt er in einer entlegenen Provinz das Amt des Wojewoden, nach Moskau zurückzukehren war ihm verwehrt.

Der geistige Einfluß Westeuropas, verstärkt durch ukrainische Gelehrte, seit Rußland (im Frieden von Andrussowo 1667) die Stadt Kiew und den östlich des Dnjepr gelegenen Teil der Ukraine von Polen zurückgewonnen hatte, wirkte bis in die hohe Geistlichkeit. Schon lange war bekannt, daß die kirchenslawischen Übersetzungen der Heiligen Schrift und der liturgischen Bücher mit den griechischen Originalen nicht mehr voll übereinstimmten. Abschreibfehler der Kopisten hatten nach und nach voneinander abweichende, auch wohl sinnentstellende Lesarten gezeitigt. Die schon im 16. Jahrhundert begonnenen Versuche, die Texte zu korrigieren und zu vereinheitlichen, gingen jedoch nur schleppend voran. Der Diakon Iwan Fjodorow hatte in Moskau die erste Druckerei eingerichtet, 1564 die Apostelgeschichte und die Paulusbriefe, ein Jahr später das Gebetbuch Tschassoslow (Stundenbuch) gedruckt. Er wurde der Ketzerei beschuldigt und floh nach Litauen; seine Druckerei wurde verbrannt. Das Problem authentischer Texte blieb ungelöst und stellte sich im 17. Jahrhundert immer dringlicher. Die Vorstellung, nach »falschen« Regeln zu beten, war tief beunruhigend, eine falsch ausgeführte Zeremonie hatte ja vor Gott keinen Wert und konnte nichts bewirken.

1649 weilte der Patriarch von Jerusalem zu Besuch in Moskau und bestätigte, daß in anderen Ländern griechisch-orthodoxer Konfession manche Riten anders ausgeführt würden als in Rußland. So verrichtete man das Opfergebet nicht wie in Rußland über sieben Weihbroten, sondern über fünfen, eine Prozession ging gegen die Sonne, nicht mit der Sonne, das Kreuz schlug man mit drei Fingern, nicht mit zweien; ein langer Katalog von Differenzen ergab sich. In der Geistlichkeit kam es zu heftigem Streit: die einen verlangten, sofort alle Abweichungen im Kultus zu korrigieren, sich in Texten und Riten genau an die byzantinische Kirche als Vorbild und Lehrmeisterin zu halten. Sie forderten, das Studium der griechischen Sprache einzuführen und wissenschaftliche Methoden bei den Textrevisionen anzuwenden. Die andere Richtung verwarf jede Revision als ketzerische Neuerung. Die spezifisch russischen Formen des Gottesdienstes seien durch den Sobor (Synode) von 1551 gutgeheißen, an seiner Autorität sei kein Zweifel erlaubt. Konstantinopel sei durchaus kein Vorbild, einmal wegen der mit Rom auf dem Florentiner Konzil 1439 geschlossenen Kirchenunion, zum andern weil Konstantinopel dem verderblichen türkischen Einfluß unterworfen sei.

Der ehrgeizige Patriarch Nikon, der großen Einfluß auf den sanften Zaren Alexej Michajlowitsch hatte, setzte 1656 dessen Zustimmung für die Erneuerung des Gottesdienstes durch und ließ die Anhänger des alten Ritus, die vor allem der Unterschicht angehörten, als Ketzer verfluchen. 1666 bestätigte der Synod die Kirchenreform. Die von der Staatskirche Abgefallenen, Raskolniki oder Altgläubige genannt, wurden verfolgt, ihre Geistlichen, wo man ihrer habhaft wurde, ins Gefängnis geworfen oder in abgelegene Klöster verbannt. In Scharen flohen die Altgläubigen in die nordrussischen Wälder.

Eine hervorragende Rolle unter ihnen spielte der Protopop Awwakum (1621–1682). Wortgewaltig und mit großem Nachdruck wandte er sich gegen die Neuerungen des Patriarchen Nikon. Zar Alexej Michajlowitsch, der den Protopopen wegen seines geradlinigen Charakters schätzte und liebte, versuchte vergeblich, Awwakum zum Einlenken zu bewegen und mußte daher 1654 seiner Verbannung nach Tobolsk (Westsibirien) und später der Deportation nach Ostsibirien zustimmen. 1664 jedoch erhielt Awwakum den Befehl, nach Moskau zurückzukehren. Der Zar hoffte noch immer, einen Ausgleich bewirken zu können.

In seiner Autobiographie schildert der Protopop diese Vermittlungsversuche des Zaren und sein eigenes Verhalten:

Da ich einsehen mußte, daß in der Kirche nichts geschafft wurde, nur ein viel größeres Getümmel ward, fing ich wieder an zu knurren und schrieb dem Zaren allerhand: er solle doch wieder die alte Frömmigkeit verlangen, er möge unser aller Mutter, die heilige Kirche, vor allen Ketzereien beschützen, und er müsse an die Stelle Nikons, des Wolfes und Abtrünnigen, des Übeltäters und Ketzers, einen rechtgläubigen Hirten auf den Patriarchenstuhl setzen... Von jener Zeit an war der Zar mir gram... Die Geistlichen huben an, wie Ziegenböcke mich zu besudeln, ... denn zu mir in die Kirche kamen gar viele Knechte Christi und gingen nicht mehr in den verderbten Gottesdienst der Nikonianer... Da bekam ich vom Zaren einen Verweis: ›Die kirchliche Ob-

rigkeit beklagt sich über dich, weil du ihre Kirche leergemacht hast. Gehe nur wieder in die Verbannung.‹

Trotzdem gab Zar Alexej Michajlowitsch den Protopopen noch immer nicht auf. Awwakum erzählt:

Und wiederum läßt der Zar mir sagen: ›Ich bitte dich, höre auf mich – einige dich doch mit jenem Patriarchen, wenigstens in einem kleinen Stückchen!‹ Darauf entgegnete ich: ›Auch wenn es Gott gefallen sollte, daß ich auf der Stelle stürbe – mit den Abtrünnigen einige ich mich nicht! Du – so spreche ich – bist mein Zar, was aber haben sie* mit dir zu schaffen? Ihren eigenen Zaren – sage ich – haben sie verloren, und nun kommen sie hier angereist, um auch dich noch zu verschlingen! Ich – so spreche ich – halte meine Hände so lange zum Himmel empor, bis Gott dich mir wiedergibt.‹ Gar manches ist da geredet worden. Zu guter Letzt ließ er mir sagen: ›Wo auch immer du sein wirst, vergiß uns nicht in deinen Gebeten!‹ Auch heute noch bete ich Sünder für ihn, soviel ich's vermag.[8]

Als Awwakum 1672 seine Autobiographie zu schreiben begann, befand er sich schon in Pustosersk am Eismeer in der Nähe von Archangelsk, in einer Erdhütte eingekerkert. Zehn Jahre später erlitt er den Tod auf dem Scheiterhaufen.

---

* gemeint sind die griechischen Theologen.

Zarewna Sofija Alexejewna (Regentin 1682–1689)

PETER DER GROSSE
BRICHT MIT DER TRADITION

Anhaltende Unruhe löste der Tod des Zaren Alexej Michajlowitsch im Jahre 1676 aus. Er hinterließ aus seiner ersten Ehe
zwei Söhne, den kränklichen 14jährigen Fjodor und den
schwachsinnigen 9jährigen Iwan. Der zweiten Ehe war der
gesunde, aber erst vierjährige Peter entsprossen. Wieder wie
so oft in der russischen Geschichte begann unter den Bojaren
das Tauziehen um die Macht im Staate. Die Oberhand behielt die Sippe der Miloslawskij, der Alexejs erste Frau angehört hatte. Sie entfernte die Zarinwitwe Natalija mit dem
kleinen Peter aus dem Kreml und wies ihr den Landsitz
Preobrashenskoje zu.

Nach dem Tode des jungen Zaren Fjodor (1682) riefen Boja-
renduma und Patriarch unter dem Jubel der vor dem Kreml
versammelten Volksmenge Peter zum Zaren aus. Die Miloslawskij wollten verständlicherweise ihre Machtposition
nicht der Familie der Zarinwitwe, den Naryschkin, abtreten;
Prinzessin Sofija, Tochter des Zaren Alexej aus erster Ehe,
gelang es, die Strelitzen (die Moskauer Schützenregiment-
Garnison) aufzuputschen und eine Palastrevolution anzu-
zetteln, die vier Tage lang die ganze Stadt in Angst und
Schrecken hielt. Das Blutvergießen endete mit einem Kompromiß: Peter und Iwan wurden beide zu Zaren gekrönt und
der Prinzessin Sofija die Regentschaft für die unmündigen
Brüder übertragen.

Die Erlebnisse dieser Maitage, bei denen vor Peters Augen
mehrere seiner Verwandten ermordet wurden, begründeten
in ihm Abneigung, ja Haß gegen Moskau und den Kreml, die
bald neue Nahrung erhalten sollten. Zunächst wuchs der
Knabe ziemlich ungebunden in Preobrashenskoje heran,
lernte lesen und schreiben (allerdings nie orthographisch
richtig), erhielt religiöse Unterweisung und Rechenunter-

richt. Bedeutend mehr als diese Wissenschaften interessierten ihn alle handwerklichen Künste. 14 Handwerke lernte er zu beherrschen, einschließlich das des Zähneziehens. Seine leidenschaftliche Vorliebe aber galt militärischen Übungen, und er erreichte, daß ihm neben den Altersgenossen aus der Umgebung von Preobrashenskoje zwei reguläre Bataillone, je dreihundert Mann stark, zur Verfügung gestellt wurden, die unter seinem Kommando streng militärischen Drill zu absolvieren hatten. Er hielt regelrechte Manöver mit ihnen ab und probierte kriegstechnische Neuerungen aus. Hierbei halfen ihm ausländische Offiziere als Instruktoren. Am Hofe wurden diese »nutzlosen, eines Herrschers unwürdigen Spielereien« sehr ungern gesehen, obwohl sie dem jungen Zaren immerhin ein großes praktisch-technisches Wissen vermittelten. Um diese Albernheiten einzudämmen und seinen Sinn auf die Annehmlichkeiten häuslichen Lebens zu lenken, verheiratete man Peter im Januar 1689. Die Ehe mit Jewdokija Lopuchina hatte nicht den gewünschten Erfolg. Peter kümmerte sich kaum um seine junge Frau und setzte seine »Spielereien« fort. Besonders hatten es ihm nun Schiffsbau und Navigation angetan. Mit Hilfe zweier holländischer Fachleute baute er auf dem See von Perejaslawl eine kleine Flotte. Seiner Mutter schrieb er:

An meine allergeliebteste Mutter, die mir teurer als das Leben ist, an die Gossudarin, Zarin und Großfürstin Natalija Kirilowna. Dein geringer Sohn Petruschka, bei der Arbeit verweilend, bitte ich um Deinen Segen und wünsche über Deine Gesundheit zu hören; und bei uns sind, dank Deinen Gebeten, alle gesund. Und der See ist am 20. dieses Monats aufgetaut, und alle Schiffe mit Ausnahme des großen gehen ihrer Vollendung entgegen; nur an Tauen fehlt es; und ich bitte, gnädig zu verfügen, daß man diese Taue, je 700 Sashen* lang, aus dem Artillerie-Amt unver-

---

* 1 Sashen = 2,13 m

Der junge Zar Peter

züglich senden lasse; und wenn diese Taue nicht ankommen, so wird sich auch unser hiesiger Aufenthalt verlängern. Und nun bitte ich um den Segen. Perejaslawl, 20. April 1689.[9]

In Moskau regierte die Prinzessin Sofija und bereitete sich zielstrebig darauf vor, den Thron mit Hilfe der Strelitzen zu usurpieren. Peter, inzwischen volljährig, konnte, gestützt auf das ausländische Offizierskorps und den Patriarchen den Plan vereiteln. Sofija wurde ins Neujungfrau-Kloster verbannt und streng bewacht. Die Regierungsgeschäfte überließ der junge Monarch vorerst seiner Mutter. Seiner Devise getreu: »Ein Lernender bin ich, Lehrende suche ich«, widmete er sich noch einige Jahre seinen »Spielereien«, durch die er Kräfte und Kenntnisse vermehrte. Noch wurde das »gute Mütterchen Moskau« vom Ungestüm seines Herrschers nicht beunruhigt.

Das änderte sich in den neunziger Jahren gründlich, vor allem als Peter junge Edelleute scharenweise zum Studium ins Ausland zu schicken begann. Die eigenen Landeskinder zu zwingen, unter Ketzern zu leben, wurde als Ruchlosigkeit

115

betrachtet. Im Laufe des Jahres 1697 stieg die Zahl der nach Holland, England und Italien entsandten jungen Russen auf etwa hundert. Sie wurden mit genauen Anweisungen versehen.

Instruktion des Zaren

1. Zeichnungen und Seekarten, Kompasse und sonstige Instrumente der Schiffahrt kennenlernen.
2. Ein Schiff lenken lernen, in der Schlacht wie auch bei gewöhnlichem Gange. Takelage und alles Schiffszubehör kennenlernen: Segel, Taue, auf Galeeren und anderen Fahrzeugen auch die Ruder usw.
3. Gelegenheit suchen, an einer Seeschlacht teilzunehmen; wem diese Gelegenheit nicht zuteil wird, soll sich mit

Schulstube im Anfang des 18. Jahrhunderts

Fleiß darüber belehren lassen, wie man sich während einer Seeschlacht zu verhalten hat; alle, ob sie eine Seeschlacht gesehen haben oder nicht, sollen sich von dem Kommandanten der Flotte mit Unterschrift und Siegel beglaubigte Diplome ausstellen lasssen, dahingehend, daß sie des Seedienstes tüchtig seien.

4. Wer nach seiner Rückkehr sich noch größere Gnade verdienen will, soll, neben Erfüllung oben genannter Befehle, auch zu erlernen trachten, wie die Schiffe gebaut werden, auf denen er seine Ausbildung wird erhalten haben.[10]

Des Zaren eigene Auslandsreise im selben Jahr erfüllte die Moskauer mit blankem Entsetzen: kein rechtgläubiger Zar hatte je – außer im Kriege – seinen Fuß auf fremden Boden gesetzt!

Die Reise nach Preußen, Holland, England, Sachsen, Österreich, Venedig mußte in Wien abgebrochen werden, als den Zaren am 29. Juli 1698 die Kunde von einer neuen Meuterei der Strelitzen erreichte. Sofort machte er sich auf die Rückreise, traf vier Wochen später in Moskau ein und hielt ein furchtbares Strafgericht ab. Ehe wir darauf eingehen, ein Wort über die Strelitzen.

Seit der Mitte des 16. Jahrhunderts gab es neben den altertümlichen Reiteraufgeboten, die der Adel im Kriegsfall zu stellen hatte, das stehende Fußvolk der Strelitzen (Schützen). Durch Werbung aufgebracht und ergänzt, waren sie eine erbliche Kriegerkaste geworden. In Friedenszeiten betrieben sie neben dem Dienst in der Regel ein Handwerk oder einen kleinen Handel. Ihre militärische Bedeutung sank jedoch, seit man in der zweiten Hälfte des 17. Jahrhunderts dazu überging, neue Truppengattungen nach westeuropäischem Vorbild, von ausländischen Offizieren ausgebildet, zu schaffen. Die Strelitzen sahen ihre Stellung als bevorzugte Garnisonstruppe in Gefahr und waren daher stets Parteigänger des konservativen Moskowitertums. 1698 nutzten sie Peters Abwesenheit, um wilde Gerüchte über ihn zu verbreiten: Peter sei nicht der Sohn des Zaren Alexej Michajlowitsch, seine Mutter habe sich mit einem holländischen Seemann vergessen. Daher rühre seine Verachtung ehrwürdiger Moskauer Bräuche. Da er ein Bastard sei, müsse er abgesetzt werden, um Rußland vor dem Verderben zu retten. Heimlich setzten sich Vertreter der Strelitzen mit Prinzessin Sofija in Verbindung, ein Umsturzplan wurde entworfen, die an der polnisch-litauischen Grenze stationierten Regimenter zurück nach Moskau gerufen. Als die Strelitzenhaufen sich Moskau näherten, trat der schottische Oberst Patrick Gordon ihnen mit Regierungstruppen entgegen und besiegte die Aufrührer binnen einer Stunde.

Beim Eintreffen des Zaren in Moskau war die Rebellion längst niedergeschlagen, die Rädelsführer hingerichtet und 2000 Mann in verschiedenen Städten eingekerkert, da die Moskauer Gefängnisse nicht Platz für alle boten. Peter war entschlossen, diesen immer wieder meuternden und seinen Modernisierungsplänen im Wege stehenden Kriegerstand restlos zu zerschlagen. Im September begannen die Hinrichtungen und erreichten in den folgenden drei Monaten eine Zahl von 1200. Die Gesamtzahl steht nicht genau fest, liegt aber jedenfalls noch höher. Die in Moskau übriggebliebenen Strelitzen wurden mit ihren Familien aus Moskau ausgewiesen, in Städten, die sie selbst wählen durften, angesiedelt und der gewerbetreibenden Bevölkerung zugeteilt.

Johan Georg Korb, Hofrat des Fürsten von Pfalz-Sulzbach und Mitglied einer österreichischen Gesandtschaft, hielt in seinem »Tagebuch der Reise nach Rußland« seine Erinnerungen an Peters Strafgericht fest. Ausgangsort war das Gelände der Kasernen von Preobrashenskoje:

Bestrafung der Strelitzen

1. Exekution:
Die Kasernen in Bebraschensko werden von der vorbei-
fließenden Jausa durchschnitten. Auf der einen Seite des
Flusses erwarteten 100 Verurteilte auf den kleinen russischen Wagen, die dort Sbosek heißen, den Augenblick der
Hinrichtung. So viele Verurteilte, so viele Wagen und so
viele Posten. Man sieht nichts von einer priesterlichen Verrichtung, als ob die Verurteilten diese geistliche Gnade
nicht verdienten. Doch trugen einzelne brennende Wachs-
lichter in den Händen, um nicht ohne Kerze und Kreuz sterben zu müssen.
Ihre Todesangst wurde noch gesteigert durch das jämmerliche Wehklagen ihrer Frauen, und allenthalben umgab
Stöhnen und Schluchzen die bedauernswerte Schar der
Todgeweihten. Die Mutter beklagte den Sohn, die Tochter
beweinte das Geschick des Vaters, die Frau bejammerte
schluchzend das Los ihres Mannes, unterstützt von anderen,
denen die verschiedenen Bande des Blutes und der Verwandtschaft die letzte Träne erpreßten.
Als sie nun im Galopp zur Hinrichtungsstätte gefahren
wurden, erschöpften sich die jammernden Frauen in noch
tieferem Schluchzen und Stöhnen. Sie wollten folgen, wobei ihnen der Schmerz, soweit ich aus der Übersetzung anderer Leute erfahren konnte, mehrere ziemlich ähnliche
Klagerufe erpreßte: »Warum reißt man dich so plötzlich
fort? Warum verläßt du mich? So darf ich dir nicht einmal
den letzten Kuß geben? Warum darf ich nicht mehr Abschied nehmen?« Mit derartigen Klagen suchten sie ihre
Lieben zu erreichen, die sie im Laufe nicht mehr einholen
konnten.
Vom Gut des Feldherrn Schahin schritten 130 weitere
Strelitzen zum Tode.
An allen Toren der Hauptstadt war beiderseits ein Dop-

Hinrichtung der Strelitzen. 1698

pelgalgen errichtet, deren jeder an diesem Tage sechs Rebellen zu tragen hatte. Als alle an die Hinrichtungsstätten geführt und immer sechs auf jeden Doppelgalgen verteilt waren, kam S. M. der Zar in einem grünen polnischen Mantel, von vielen vornehmen Russen umgeben, zu dem Tor, wo auf Geheiß S. M. des Zaren der Kaiserliche Herr Gesandte samt den Vertretern Polens und Dänemarks in seinem eigenen Wagen Aufstellung genommen hatte. In unmittelbarer Nähe stand General Lefort mit Generalwachtmeister von Karlowitsch, der S. M. den Zaren von Polen hergeleitet hatte, außerdem drängten sich noch viele Ausländer, mit Russen vermengt, um das Tor.

Hierauf nahm die Verlesung des Urteilsspruches ihren Anfang, und der Zar forderte alle auf, den Inhalt wohl zu beachten. Der Henker reichte für die große Zahl der Verurteilten nicht aus, einige Offiziere hatten auf Befehl des Zaren dem Scharfrichter zu Hilfe kommen müssen.

Die Verurteilten waren weder mit Riemen noch mit Beinschellen gefesselt; an das Schuhwerk waren Bretter gehängt, die aneinander stießen und dadurch die Beine in der Schnelligkeit behinderten, ohne ihnen den gewohnten Dienst zu rauben. Aus eigener Kraft stiegen sie auf einer Leiter zum Balken empor, schlugen nach den vier Weltgegenden das Kreuz und verhüllten sich selbst mit einem Tuche Augen und Gesicht. Die meisten steckten selbst den Hals in die Schlinge und stürzten sich vom Galgen, um das Hängen schneller zu endigen. 230 zählte man, die ihr Verbrechen mit Strick und Galgen büßten...

6. Exekution:
Diese unterscheidet sich sehr stark von den vorhergehenden, das Verfahren ist ganz anders und geradezu unglaublich. 330 wurden gleich auf einmal zu dem tödlichen Beilhieb geführt und röteten die ganze Fläche mit ihrem Blut, Bürgerblut, aber verruchtes. Denn alle Bojaren, Reichssenato-

Knutszene

ren, Räte und Sekretäre, die an der gegen die aufständischen
Strelitzen veranstalteten Sitzung teilnahmen, wurden durch
einen Befehl des Zaren nach Bebraschensko gerufen und
mußten sich dem Henkerdienst unterziehen. Alle schlugen
mit unsicherem Schwung zu, da ihre Hände bei dem neuen,
ungewohnten Amt zitterten. Den unglücklichsten Streich
von allen tat der Bojar, dessen Schwert den Hals verfehlte,
den Rücken traf, den Strelitzen fast mitten entzweischnitt
und seine Schmerzen bis zur Verzweiflung gesteigert hätte,
wenn nicht Alexaska mit dem Beil den Hals des unglücklichen Sünders besser getroffen hätte.

Fürst Romodanowsky, dessen Kommando die berüchtig-
ten vier Regimenter vor dem Aufruhr unterstellt waren, um
die polnischen Wirren im Grenzgebiet zu beobachten,
mußte von jedem Regiment einen köpfen. Sonst erhielt jeder Bojar einen Strelitzen vorgeführt, den er zu enthaupten
hatte. Der Zar selbst schaute auf einem Stuhle der ganzen
Tragödie zu.[11]

Noch ehe der Zar seine blutige Abrechnung mit den Strelitzen hielt, erschütterte er die Moskauer Geistlichkeit und die Anhänger der altmoskauer Lebensart durch zwei sie überrumpelnde, drastisch durchgeführte Neuerungen: Am Tage nach seiner Heimkehr strömten die Moskauer nach Preobrashenskoje hinaus, um den Zaren zu bewillkommnen. Unterschiedslos empfing er Hoch und Niedrig. Plötzlich tauchten von allen Seiten Diener mit Scheren auf, die im Handumdrehen den Huldigenden die Bärte abschnitten, der Zar selbst beteiligte sich emsig an der Aktion, die nach Moskauer Auffassung Gotteslästerung war: man darf das nach Gottes Ebenbild geschaffene menschliche Antlitz nicht entstellen!

Noch wenige Jahre zuvor hatte der Patriarch nicht nur die Rasierten, sondern auch jene, die mit Rasierten verkehrten, mit dem Kirchenfluch bedroht und erläutert:

Das Bartscheren läuft Gottes Geboten zuwider. Ohne Bart gleicht der Mensch dem Hunde oder dem Kater. Nur wer solchem Vieh ähnlich sehen will oder mit Ketzern Umgang pflegen will, kann daran denken, seinen Bart zu scheren. Bei den Ketzern kommt es sogar vor, daß nicht nur Weltliche, sondern auch Geistliche und Mönche, sich Bart und Schnurrbart scheren und dann wie Affen aussehen.

Bartsteuermünze

РАСКОЛЬНИКЪ ГОВОРИТЪ
СЛУШЩАI ЦЫРЮЛЬНИКЪ
Я БОРОДЫ СТРИЧЬ НЕ
ХОЧУ ВОТЪ ГЛЕДИ Я НА
ТЕБЯ СКОРО КАРАУЛЪ ЗАКРУ

ЦЫРЮЛЬНИКЪ ХО
ЧЕТЪ РАСКОЛЬНИКУ
БОРОДУ СТРИЧЬ.

Das gewaltsame Bartscheren

Nun aber gestattete der Zar nur noch der Geistlichkeit und den Bauern, einen Bart zu tragen. Alle anderen, die sich von ihrem Bart nicht trennen wollten, hatten ihn zu versteuern. Die Steuer betrug für reiche Kaufherrn 100 Rubel, für Dienstadel, Beamte, mittlere Kaufleute 60 Rubel, für Bürger und geringere Beamte 30 Rubel. Bauern, die in Geschäften in die Stadt kamen, hatten jedes Mal eine Kopeke zu zahlen.

Die zweite schlimme Neuerung betraf die Kleidung: der lange Moskauer Kaftan wurde abgeschafft. Auch hier legte der Zar selber mit Hand an, schnitt weite Ärmel und lange Rockschöße ab. Ihm ging es dabei nicht darum, ausländische Modetorheiten einzuführen, sondern die Kleidung der Moskauer praktischer zu machen. Die neuen Kleidermodelle ließ er an allen Stadttoren ausstellen. In seiner Ungeduld, alles als nützlich und zweckentsprechend Erkannte, sofort und ein für allemal zu regeln, erließ er undurchführbare Vorschriften. Seine Kleiderverordnung, die nur die Geistlichkeit verschonte, und ungarische Tracht vorsah, sollte in ganz Moskau innerhalb eines Monats durchgeführt sein. Ein Ding der Unmöglichkeit: es gab nicht genügend Schneider, und überdies waren viele Moskauer auch zu arm, um so plötzlich für die ganze Familie neue Kleidungsstücke machen zu lassen. Die Frist mußte mehrmals verlängert werden. Danach wurde das Tragen russischer Kleidung mit Geldstrafen belegt, Hersteller solcher verbotenen Garderobe aber mit Auspeitschen bestraft.

So groß das Entsetzen in Geistlichkeit und niederem Volk war, denen der Zar als Gottesgeißel, ja als Antichrist galt, so aufgeschlossen standen große Teile der Oberschicht und des Dienstadels den Neuerungen gegenüber. Den jungen Leuten machte es Vergnügen, sich à la mode zu kleiden und in vielen anderen Lebensbereichen sich von den lästigen, strengen altmoskauer Regeln zu befreien. Und in der mittleren Generation gab es viele vorurteilsfreie Männer, die die Notwendigkeit zu gründlichen Reformen auf sozialem und ökonomischem Gebiet erkannt hatten. Sie waren sich dankbar bewußt, daß Moskau als Staatszentrum im Laufe seiner Geschichte durch das Festhalten an altehrwürdigen Traditionen immer wieder den Bestand des Reiches gerettet und gesichert hatte. Diese Männer sahen aber auch, daß blinde Traditionshörigkeit jetzt, an der Wende vom 17. zum 18. Jahrhundert, für das Land gefährlich war: Ost und West waren sich politisch und geographisch so nahe gerückt, daß bei kriegerischen Konflikten Rußland in der Lage sein mußte, mit gleicher Münze zu zahlen. Kommunikation und Austausch waren die Vorbedingungen dazu, wobei Moskau mit Fug und Recht nicht nur als nehmend, sondern auch als gebend betrachtet wurde.

Peter, von philosophischer Gedankenblässe völlig unangekränkelt, kümmerte die historischen Bedingungen, aus denen sein Reich entstanden war, überhaupt nicht. Er dachte pragmatisch, nutzte jedoch, ohne daß es ihm bewußt wurde, alle in der Moskauer Herrschaftstradition vorhandenen autokratischen Mittel aus und reformierte Moskau auf Moskauer Art. Genau wie seine Vorfahren ging er selbstherrlich über Bedürfnisse und Wünsche seiner Untertanen hinweg. Er trieb die Modernisierung seines Staates so weit voran, daß ein Zurück auch nach seinem Tode nicht mehr möglich war, obwohl ein Großteil der Untertanen diese Modernisierung nicht konstruktiv mittrug.

Die Entfremdung von Oberschicht und Volk, wie wir sie in der großen russischen Literatur des 19. Jahrhunderts dargestellt finden, gründet in den petrinischen Reformen.

Die Expansion nach Westen, zur Ostsee, seit dem 16. Jahrhundert unter Iwan IV. immer wieder angestrebt, war unter Peter endlich und endgültig gelungen. Seine dem Sumpf seit 1703 abgetrotzte Stadt St. Petersburg deklarierte er 1712 zur Hauptstadt des Imperiums. Moskau konnte diesen Gewaltakt nicht akzeptieren. Den Herrscher focht das nicht an. Er beorderte kurzerhand die für den Aufbau der Stadt und für den Verwaltungs- und Regierungsapparat notwendigen Leute per Ukas nach Petersburg. Im August 1710 beorderte er 4720 Handwerksmeister aus allen acht Gouvernements des Reiches nach Petersburg, im Januar 1712 befahl er die Übersiedlung von 1000 Moskauer Adligen, 500 Großkaufleuten, 500 mittleren Kaufleuten, 1000 Handwerkern aller Zweige, davon 500 mit eigener Werkstatt. Allen wurde zur Auflage

Peter der Große als Zahnarzt

gemacht, sich unverzüglich Wohnhäuser zu bauen. Die Übersiedlung wurde »auf ewig« befohlen, und die Übersiedelten standen unter strenger Kontrolle. Keiner durfte die Stadt ohne begründeten Antrag und erfolgte Genehmigung verlassen. Wer den Rückkehrtermin versäumte, wurde schwer bestraft. Dennoch benutzten die nach Petersburg Befohlenen jeden Vorwand, wenn auch nur vorübergehend, nach Moskau zurückzukehren, in die liebe, vertraute Umgebung. Nur die Ausländer, denen das genialische, stürmische, überbordende Temperament des Kaisers Bewunderung einflößte, widmeten sich begeistert der Aufgabe, der neuen Stadt und dem neuen Staat zu dienen. Zu ihnen gesellten sich aus den unteren Volksschichten intelligente, ehrgeizige, auch wohl skrupellose Männer, die hier ihre Chance zum Aufstieg witterten und wahrnahmen.

Bei den Moskauer Bojaren machte sich Staatsverdrossenheit breit. Insgeheim regten sich Hoffnungen, der Thronfolger Alexej werde zu gegebener Zeit dem ganzen Reformspuk ein Ende bereiten. Ganz unbegründet war diese Hoffnung nicht. Der Zarewitsch Alexej (* 1690), ein sensibler Jüngling, zeigte nicht das geringste Interesse für die zarischen Reformpläne und kriegerischen Unternehmungen; auch konnte er dem Vater das seiner Mutter zugefügte schwere Unrecht nicht verzeihen: Peter hatte den achtjährigen Zarewitsch der Mutter weggenommen, sie in ein Kloster nach Susdal verbannt und gegen ihren Willen zur Nonne scheren lassen.

Unfähig, die diffizilere Natur des Sohnes zu begreifen, erkannte Peter aber die Gefahr, die eine Thronbesteigung Alexejs für seine Reformen bedeutete, und versuchte sie zu bannen.

Zar Peters Brief an den Thronfolger Alexej

15. Oktober 1715

Es kann dir nicht unbekannt sein, wie sehr unsere Untertanen von dem gegenwärtigen Krieg (der Nordische Krieg) unter dem Druck der Schweden geseufzt haben; sie schnitten uns durch unrechtmäßigen Besitz so vieler unserem Reiche notwendigen Seeplätze von aller Verbindung mit der übrigen Welt ab. Aber der Feind, vor welchem wir zitterten, bebt jetzt vielleicht noch mehr vor uns.

Diese Früchte verdanken wir, zunächst Gottes Hilfe, den Anstrengungen unserer treuen Untertanen und Rußlands Söhnen.

Erwäge ich indessen diese unserem Vaterlande von Gott verliehene Wohlfahrt und blicke dann auf mein Geschlecht, das mir nachfolgen soll, so fühle ich mehr Kummer in Rücksicht auf die Zukunft als Freude im Hinblick auf die Gegenwart, weil du, mein Sohn, alle diejenigen Mittel verschmähst, die dich nach mir zur Herrschaft tüchtig machen sollen. Eigensinn nenne ich deine Unfähigkeit, da es dir weder an Verstand noch an Körperkraft gebricht. Denn bist du auch nicht einer der Stärksten, so kann man doch auch nicht sagen, daß deine Natur die allerschwächste sei.

Durch kriegerische Tüchtigkeit haben wir fremde Völker kennengelernt und uns bei ihnen Achtung erworben, du aber willst vom Militärwesen nicht einmal reden hören. Ohne dir unrechtmäßige Kriege anzuraten, verlange ich von dir bloß sorgfältiges Erlernen dessen, was zum Kriegführen gehört, denn niemand kann ordentlich herrschen, der nicht weiß, was diese Kunst vorschreibt und fordert. Du irrst sehr, wenn du glaubst, daß ein Monarch bloß geschickte Generale brauche, die nach seinem Befehle handeln, da jeder den Blick auf das Oberhaupt richtet, dessen Gesinnung erforscht und danach handelt. Du aber bist der Waffenkunst abgeneigt und kümmerst dich um nichts.

Ich bin ein Mensch und dem Tode unterworfen, und wem

soll ich, was ich getan und erobert habe, hinterlassen? Demjenigen, der gleich dem faulen Knechte im Evangelium sein Pfund in der Erde vergräbt, d. h. mißachtet, was Gott ihm verlieh? Bedenke noch einmal, was für ein arges, eigensinniges Gemüt in dir lebt; denn obgleich ich deshalb dich gescholten, dich geschlagen und seit so vielen Jahren mit dir gar nichts davon geredet habe, so war dies doch alles umsonst, alles in den Wind, und du wolltest nichts tun, als zu Hause leben und dich ergötzen, unbekümmert darum, was daraus nicht bloß für dich, sondern auch für das ganze Reich entstehen könnte...

Da ich nun dies alles mit Wehmut erwäge und sehe, daß nichts dich zum Guten bringen kann, so gebe ich dir meinen letzten Entschluß schriftlich zu erkennen, noch einige Zeit zu warten, ob du dich nicht aufrichtig bessern wirst; sollte dies aber nicht geschehen, so sei hiermit versichert, daß ich dich als brandiges Glied von der Nachfolge trenne. Denke nicht, daß ich solches bloß zum Schrecken schreibe, oder daß ich ja keinen anderen Sohn habe. Es soll wahrlich, so Gott will, erfüllt werden. Da ich mein Leben für Volk und Vaterland nicht geschont habe und auch nicht schone: wie sollte ich dich als Unwürdigen schonen? Lieber ein würdiger Fremder als ein unwürdiger Eigener.

Die Antwort des Thronfolgers

Allergnädigster Herr und Vater! Das am heutigen Tage, 27. Oktober 1715, nach Beerdigung meines Weibes, von Dir, Herr, empfangene Schreiben habe ich durchgelesen und erkläre darauf: Wofern ich nicht fähig sein sollte, die russische Krone zu tragen, so möge mir geschehen nach Deinem Willen. Ich bitte dringend darum, weil ich mich selbst zu solchem Geschäfte ungeschickt und untauglich fühle, auch mein Gedächtnis fast hin ist, ohne welches man nichts tun kann, und ich, an geistigen und körperlichen Kräften durch mancherlei Krankheiten geschwächt, untüchtig bin, ein solches Volk zu beherrschen, das keinen so verfaulten Menschen verlangt, wie ich bin. Ich mache daher keine Ansprüche auf die russische Thronfolge – Erhalte Gott Euch noch viele Jahre! – und werde auch künftig darauf keine machen, und ich rufe Gott dafür zum Zeugen auf, auf Gefahr meiner Seele, und ich beglaubige dies eigenhändig.[12]

Ob Alexejs Thronverzicht ehrlich gemeint war oder nicht, läßt sich heute nicht mehr mit Gewißheit sagen. Immerhin war dem Zaren nur zu klar, daß trotz des Verzichts die Geistlichkeit in Zusammenarbeit mit den konservativen Bojaren Alexej zum Zaren ausrufen und damit das Reformwerk womöglich vernichten würde. Er stellt Alexej vor die Alternative, »sich zu bessern« oder ins Kloster zu gehen. Alexej bittet den Vater um »gnädige Einwilligung«, in den Mönchsstand treten zu dürfen. Peters Auslandsreise (1716) benutzt Alexej aber dann zur Flucht nach Wien. Der Kaiser gewährt ihm Asyl, doch Peters Diplomaten gelang es, Alexej unter Zusicherung der Straffreiheit zur Rückkehr nach Moskau zu bewegen. Dort geriet er in die Mühlen der Justiz und legte unter der Folter Geständnisse ab, die die Hinrichtung wegen Landesverrat mehr als rechtfertigten. Das Urteil wurde am 25. Juni 1718 vollstreckt.

Über die politische Situation dieser Monate berichtete der hannöversche Geschäftsträger Friedrich Christian Weber seinem Souverän in aller Ausführlichkeit:

3./14. Februar 1718
Je mehr ich die Kräfte meiner Vernunft anspanne, um den jetzigen wahren Zustand dieses Reiches zu untersuchen, je weniger kann ich mich darin finden, noch begreifen, was die vielfältigen und ineinanderlaufenden Unordnungen noch für ein Ende finden werden.

Zarewitsch Alexander Petrowitsch

Der große Monarch, welcher die schwere Krone und den Szepter mit unaufhörlicher Sorgfalt und Wachsamkeit führet, kann mit seiner wohlgeneigten Intention, ja mit seiner Liebe gegen die Untertanen dennoch nicht zu dem vorgesetzten End und Zweck kommen, weil er alles allein und durch sich selbst verrichten muß und sich nicht ohne Ursach einbildet, daß alles, was er in seiner gloriösen Regierung verändert, von den Russen mit Widerwillen und nur aus bloßem Gehorsam angenommen wird. Die schlaflosen Nächte, welche Ihre Majestät vor das Aufnehmen Ihrer Länder zubringen, dienen den meisten, die darin wohnen, zum Trost und zur Hoffnung, daß dadurch Dero Lebenstage werden verkürzt und das Reich wieder in seine alten Formen gebracht werden. Man weiß, daß Petersburg, Schiffe und Wasser, deutsche Moden und Bartscherer, alle ausländische Sitten und Sprache den meisten ein Greul sind und daß alles, was sich in Petersburg niederlassen müsse, nach ihrer Heimat als nach dem Paradiese seufze und nichts mehr wünsche, als wieder in den altrussischen Schlamm zu kehren...

Weshalb also dieser große Monarch nach seiner großen

133

Penetration und vortrefflichem Verstande mehr als zu wohl urteilet, daß mit seinem Absterben der Russe wieder ein Russe werden und ihm, dem Zaren, nichts als der Nachruhm bleiben wird...

Da ihm folglich dieses alles sehr empfindlich zu Gemüte gehen muß und Er wohl vorhersiehet, daß der Zarewitz in seine Fußstapfen nicht treten, sondern vielmehr die Lebensart seiner Vorfahren sich gefallen lassen wird – wie darf man sich dann verwundern, daß dieser Herr auf harte Mittel bedacht ist, die zwar der Welt einen Schein der Ungerechtigkeit vor sich tragen und dem Ansehen nach wider das Recht der Nation laufen, jedennoch bei gesunder Beurteilung der Sachen schon eine zulängliche Verteidigung finden.

Die Ausschließung des Zarewitzen von der russischen Krone hat seiner Majestät das einzige Expediens geschienen, dies Reich in Flor zu bringen und von der Ausführung Ihrer guten Absicht und Projekten bei Ihrem dermaleinstigem Ableben versichert zu halten...

(Zusatz chiffriert): Es wird in diesem Reich alles mal ein Ende mit Schrecken nehmen, weil die Seufzer so vieler Millionen Seelen wider den Zaren zum Himmel steigen, auch dem glimmenden Funken der in allen Menschen verborgenen Wut nichts als ein Wind und Anführer fehlet...«[13]

Der Schock über die Hinrichtung Alexejs wirkte lange nach. Und doch – es blieb schließlich keine Wahl –, begann man sich nach und nach mit Peter abzufinden, sich an manche Neuerungen nicht nur zu gewöhnen, sondern sie auch als recht angenehm zu empfinden. Bisher hatten beispielsweise niemals Damen an geselligen Veranstaltungen teilgenommen. Die neuen Geselligkeitsformen setzten aber die Beteiligung der Damen voraus: Maskenbälle, Soupers mit Tanz, Assembleen und ähnliches.

Vor allem die von Peter erfundene ›Assemblée‹ erfreute

sich großer Beliebtheit. Der holsteinische Kammerjunker Bergholz schildert, wie sie abgehalten wurde:

Assemblée in Moskau

Moskau, am 18. Februar 1722. An diesem Tage sollte bei dem Geheimen Rat Matwejew, der früher Gesandter im Haag war, Assamblee sein. Als wir zu ihm kamen, fanden wir nur erst einige Gäste vor. Der Graf Matwejew und seine Tochter, die Madame Romanzow, führten uns mittlerweile in ihre Hauskapelle, welche mit Gemälden, Silberwerk und andern Zieraten geschmückt, in der Tat über die Maßen nett und kostbar ist. Der Saal, wo man tanzen sollte, war auch recht schön, dabei sehr geräumig und ebenfalls mit Gemälden ausgeziert. Diese Assambleen sind ungefähr auf dem selben Fuß eingerichtet wie diejenigen, welche alle Winter in Petersburg auf besonderen Befehl des Kaisers gehalten werden. Alle Vornehmen beteiligen sich dabei, ohne daß

Einladungsbillet zu Diner und Maskenball

Zwergenhochzeit. Links im Bild:
Peter der Große und seine zweite Frau Katharina

eine bestimmte Reihenfolge beobachtet würde, sondern der
hiesige Kommandant fragt entweder den Kaiser, wenn er
zugegen ist, bei wem er das nächste Mal die Versammlung
haben will, oder die Großen werden gefragt, wem es am ge-
legensten sei.

Der Wirt darf niemand außerhalb des Zimmers empfangen noch begleiten. In dem Zimmer, wo getanzt wird, oder
wenigstens in einem Nebenzimmer, müssen ein Tisch mit
Tabak und Tabakspfeifen, und einige andere Tische mit
Schach- und Brettspiel bereitstehen; Karten aber werden
nicht geduldet. Den Tanz fängt der Wirt, die Wirtin oder

sonst jemand aus dem Hause an. Übrigens hat jeder die Freiheit, zu tun, was er will, zu tanzen, zu rauchen, zu spielen, sich zu unterhalten oder auch nur zuzusehen; auch kann man Wein, Bier, Branntwein, Tee und Kaffee nach Belieben begehren, was man denn auch augenblicklich bekommt; der Wirt aber braucht nicht zu nötigen und darf es auch nicht einmal, sondern er darf nur sagen, was er zum besten hat und muß alsdann einem jeden seine Freiheit lassen. Endlich sollen die Gesellschaften, die ungefähr um fünf Uhr anfangen, nicht länger als bis zehn Uhr dauern.

Was mir bei denselben nicht gefällt, ist erstens, daß man

in dem Zimmer, wo die Damen sind, Tabak raucht und im Brett spielt, indem durch jenes ein übler Geruch, durch dieses aber ein Klappern entsteht, daß darüber sogar die Musik gestört wird. Das zweite, was mir mißfällt, ist, daß die Damen immer allein und die Herren auch allein sitzen, so daß man außer dem Tanze, sich wie stumm ansehen muß.[14]

MOSKAU WIRD PROVINZSTADT

Nach Peters Tod (1725) nahm die Staatsverdrossenheit der Moskauer weiter zu. Des Zaren zweite Frau, als seine Nachfolgerin Katharina I. (1725–1727), ehemals Küchenmädchen bei dem livländischen Pastor Glück, war ihnen rechtschaffen zuwider, und von dem Hin und Her der baltischen und deutschen Günstlinge unter den nachfolgenden Zarinnen Anna und Elisabeth hielten sie erst recht nichts. Erst Katharina II. (1762–1796) verstand es, Moskau mit seinem veränderten Status auszusöhnen. Ihr selbst behagte Moskau keineswegs, aber sie war klug genug, der ehrwürdigen Stadt den gehörigen Respekt zu erweisen, sie regelmäßig zu besuchen und im Kreml einen neuen Palast bauen zu lassen, den Senatspalast. Darüber hinaus verwöhnte sie die gesamte Aristokratie in bisher unerhörter Weise mit Schenkungen von Kronsland und den dazugehörigen Bauern, mit der Aufhebung der Prügelstrafe für Adelige (der Geistlichkeit wurde dieses Privileg erst 1801 zuteil) und mit der Befreiung von Steuer- und Dienstpflicht. Zwar hatte ihr Mann, Peter III., den sie 1762 ermorden ließ, die Aufhebung der adeligen Dienstpflicht bereits dekretiert, doch sie bestätigte den Ukas erst zwanzig Jahre später.

Noch in anderer Weise würdigte Katharina Moskau als Zentrum des Reiches: 1773/74 hatte unter den unzufriedenen Jaik-Kosaken Jemeljan Pugatschow, der sich als seinen Mördern entkommener Peter III. ausgab, gewaltigen Zulauf von Kosaken, Sektierern, entlaufenen Bauern. Er versprach ihnen, die Gutsbesitzer auszurotten, die Freiheit wiederherzustellen und alle Untertanen von ihren Bedrückungen zu erlösen. Das Aufstandsgebiet zwischen Wolga und Jaik (Ural) dehnte sich ostwärts bis weit nach Sibirien aus, erreichte westwärts schließlich Nishnij-Nowgorod, von wo aus Pugatschow sich Moskau zuwandte. Die in der alten Haupt-

Jemeljan Pugatschow
im Gefängnis

stadt vorhandenen Leibeigenen – man spricht von 100 000 bei
einer Gesamtzahl der Bevölkerung von 217 000 – sympathi-
sierten mit Pugatschow. Noch war die Gutsbesitzerin Darja
Saltykowa nicht vergessen, die auf ihrem mitten in Moskau
gelegenen Besitz jahrelang in sadistischer Weise ihre Leibeigenen gequält hatte, mit glühenden Zangen, siedendem
Wasser und Auspeitschungen selbst schwangerer Frauen.
Beschwerden von Mißhandelten oder ihrer Hinterbliebenen
wurden von den Behörden abgewiesen, die Kläger oftmals
sogar bestraft. Erst als Katharina von den Ausschreitungen
der Saltykowa erfuhr und es zum Prozeß kam, wurde der
Angeklagten der Tod von 138 Menschen zur Last gelegt. Die
Strafe fiel zwar unbillig milde aus, doch hatte der Prozeß die
Leibeigenen aufgescheucht und ihnen deutlich gemacht,
daß selbst Sklaven ein Recht auf Leben haben. Kein Wunder,
daß sie ihre Hoffnungen auf den Mann setzten, der ihnen
versprach, ihre Rechte zu verteidigen.

Die Moskauer Polizei traf Sicherheitsmaßnahmen, die der
Proklamation des Belagerungszustandes glichen, ein starkes
Truppenaufgebot hinderte Pugatschow am Vormarsch auf

Katharina die Große

Moskau. Er wandte sich wolgaabwärts und konnte im August 1774 gefaßt und nach Moskau transportiert werden. Hier wurde ihm der Prozeß gemacht, und hier wurde er am 10. Januar 1775 enthauptet. Der Aufstand Pugatschows war ein Volksaufstand gewesen. Das Volk aber wurde noch immer von Moskau repräsentiert, folgerichtig ließ Katharina den Rebellen zur Warnung in Moskau und nicht in Petersburg exekutieren.

Knapp 60 Jahre später schrieb Alexander Puschkin eine Geschichte des Pugatschow-Aufstandes und zitiert darin, was ihm als Augenzeuge der Schriftsteller Iwan Iwanowitsch Dmitrijew erzählte.

Hinrichtung Pugatschows in Moskau

Der Schlitten hielt vor der Stiege des Schafotts. Kaum hatten Pugatschow und sein Günstling Perfiljew, in Begleitung eines Geistlichen und zweier Beamten, das Gerüst be-

stiegen, als das Kommando »Habt acht!« ertönte. Einer der Beamten begann das Manifest vorzulesen. Ich vernahm nahezu jedes Wort. Nachdem der Vorlesende den Namen und Beinamen des Hauptübeltäters sowie auch der Kosakengemeinde, in der er geboren war, ausgesprochen hatte, fragte der Oberpolizeimeister laut: »Bist du der Donkosak Jemelka Pugatschow aus der Sinowejskischen Staniza?« Er antwortete ebenso laut: »So ist es, Herr, ich bin der Donkosak Jemelka Pugatschow aus der Sinowejskischen Staniza.« Während man im Verlesen des Manifests fortfuhr, bekreuzigte sich Pugatschow immer wieder, den Blick auf die Kathedralen gerichtet, indes sein Kampfgenosse Perfiljew, ein großer, gebeugter, pockennarbiger und grimmig dreinschauender Mann, unbeweglich dastand, die Augen zur Erde gesenkt. Nach Verlesen des Manifests sagte der Geistliche beiden einige Worte, segnete sie und verließ das Schafott, gefolgt vom Beamten, welcher das Manifest gelesen hatte. Darauf verneigte sich Pugatschow, indem er sich bekreuzigte, mehrmals bis zum Boden gegen die Kathedralen hin, und begann, sich mit unruhiger Hast vom Volke zu verabschieden: er verbeugte sich nach allen Seiten und sprach mit oft versagender Stimme: »Vergib mir, rechtgläubiges Volk; verzeihe mir, worin ich roh war gegen dich. Vergib mir, rechtgläubiges Volk!« Bei diesen Worten gab der Exekutor ein Zeichen. Die Henker stürzten sich auf Pugatschow, um ihn zu entkleiden. Sie rissen ihm den weißen Schafspelz vom Leib und zerfetzten die Ärmel seines seidenen, himbeerfarbenen Halbkaftans. Da ließ er sich, die Hände zusammenschlagend, rücklings niederfallen, und schon schwebte sein blutiges Haupt in der Luft.[15]

Seit Moskau seine Degradierung zur zweiten Stadt in dem Bewußtsein akzeptiert hatte, in Wirklichkeit doch die eigentliche Hauptstadt zu sein, die Erstgekrönte, entwickelte es sich zu einer behäbigen Provinzstadt, in der es sich ange-

nehm leben ließ. Der Adel, von der Dienstpflicht befreit –
nur wer Lust dazu verspürte, ging in den Staatsdienst –,
hatte Muße zu allerlei Unternehmungen. Manche interessierten sich für die 1755 gegründete Universität und begannen, teils sporadisch-dilettantisch, teils ernsthaft sich
wissenschaftlichen Studien zu widmen, andere betätigten
sich als Kunstsammler oder trugen wertvolle Bibliotheken
zusammen, wieder andere interessierten sich für Schau-
spielkunst und Musik, ließen aus talentierten Leibeigenen
Schauspieler heranbilden und Kammerorchester zusam-
menstellen. Manche begannen auch, sich um ihren Grund-
besitz zu kümmern, neue landwirtschaftliche Methoden
einzuführen, Zuckerfabriken, Webereien, Ziegeleien und
andere Manufakturen einzurichten. Schließlich gab es auch
sehr viele, die keinerlei besondere Interessen hatten, und
vergnüglich in den Tag hinein lebten.

Vom Leben der Moskauer Adelsgesellschaft erzählt in seinen Memoiren der einer Hugenottenfamilie entstammende,
1776 in Moskau geborene Jakob Iwanowitsch de Sanglen. Er
wuchs in Reval auf und kam als 19jähriger junger Offizier
wieder in seine Geburtsstadt.

Zu Gast im patriarchalischen Moskau

**Die beiden ältesten Söhne (seines Gastgebers) hatten fast
ganz Europa bereist und hielten mit der Bildung ihrer Zeit
Schritt. Die übrigen Geschwister standen ihnen nur wenig
nach. Fügt man noch die liebevolle Offenherzigkeit der Eltern hinzu, das überaus innige Verhältnis, welche alle untereinander verband, so wird man schwerlich etwas finden,
das man dem altpatriarchalischen russischen Leben in
Moskau an die Seite stellen könnte. Damals waren alle der
Überzeugung, daß die Familienbande und die häusliche Erziehung die Grundlage für die Kraft und die Sicherheit des
Staates bilden und daß die Grundsätze und die Gefühle der**

Väter und ihr gutes Beispiel die Liebe zum Zaren mehren, sich von Geschlecht zu Geschlecht forterben und auch den anderen Ständen zum Vorbild dienen. In der Tat war damals das Leben mehr auf das Praktische gerichtet, es waren weniger Ideen im Umlauf als heutzutage, und selbst diese wenigen hatten ohne Tatsachen keine Bedeutung.

Man machte mit mir Besuche bei Verwandten und Bekannten und zeigte mir alle öffentlichen Orte. Kurz, man ließ es sich angelegen sein, mich mit Moskau, seinen Sehenswürdigkeiten, Sitten und Gebräuchen bekannt zu machen. Nichts machte auf mich einen solchen Eindruck, wie mein erster Besuch im Adelskasino. Alles erschien mir da wie im Zauber, und auch ich selbst kam mir wie verzaubert vor. Der Glanz des Goldes, Silbers und der Brillanten, die wunderbare Beleuchtung, die Cavaliere in Uniform, mit seidenen Strümpfen, grande tenue; die Damen mit Brillantdiademen, Blumen, in den prachtvollsten Roben, eine Versammlung von nahezu 2000 Menschen – alles dies mußte auf einen Provinzler, der das erste Mal Moskau zu sehen bekam, einen großen Eindruck machen.

Denkt man noch dazu eine ausgesuchte Höflichkeit, auf allen Gesichtern ein vergnügtes Lächeln, das Wohlwollen der Alten gegen die Jüngeren, die Ehrerbietung der letzteren gegen die ersteren, so gewinnt man eine annähernde Vorstellung von dem Adelskasino Anno 1795.

Es gehört eine geschicktere Feder dazu als die meinige, um diese vornehme Ungezwungenheit des Verkehrs, welche alle belebte, zu beschreiben. Ich will schon gar nicht reden von der hohen Zahl der großen verdienstvollen Herren, welche antiken Heroengestalten gleichend, diese Gesellschaft besuchten, und in Höflichkeit und Bescheidenheit den Jüngeren mit gutem Beispiel vorangingen.

Im Hinblick auf jene Zeiten, auf jene Freiheit im Denken und Handeln, könnte man sagen, daß die ganze Gesellschaft einzig und allein durch den gesellschaftlichen Geist

Ballszene um 1800

getragen schien, welcher auf der Hochachtung gegen ältere Leute, auf Sittlichkeit und Ehre beruhte.

Die gesamte Aristokratie Moskaus speiste damals um zwei Uhr, und auf niemand wurde zum Mittagessen gewartet; »ein jeder muß es wissen«, pflegte man zu sagen, »zu welcher Stunde im Hause gespeist wird; sich zu verspäten ist unpassend und unhöflich.«

Das Mittagessen bestand aus einer verschwenderisch großen Zahl von Schüsseln; hinter dem Stuhl fast eines jeden Tischgenossen stand ein Lakai in Livree; kein Wunder, denn das Hauspersonal zählte damals bis zu 100 und 200 Menschen. Man erzählte sich, daß zur Beerdigung des Grafen Pjotr Scheremetjew alle Diener des Hauses, über 500 an der Zahl, in Trauerröcken den Sarg begleitet und das letzte Glied in dem feierlichen Beerdigungszuge gebildet hätten.

Während der Tafel hatte die Oberaufsicht über das Ganze der Speisemarschall, frisiert, gepudert, mit seidenen

Strümpfen, Schnallenschuhen und einer breiten goldenen Tresse auf dem Kamisol; das Essen trugen die Offizianten auf, gleichfalls gepudert, mit feinen baumwollenen Strümpfen, Schuhen und einer ganz schmalen goldenen Tresse auf dem Kamisol. Man mußte staunen über die Ordnung, Ruhe und Pünktlichkeit, mit welcher bei Tische bedient wurde. Alles dies wurde in verkleinertem Maßstabe auch in den weniger bemittelten adligen Häusern eingehalten. Den Reichen es nachmachen wollen ist immer eine Schwäche der weniger Bemittelten.

Zum Ball im Adelskasino versammelte man sich um sieben Uhr abends, in Privathäusern aber um sechs, und blieb bis zwei oder drei Uhr zusammen, bei Wolynskij aber bis zum Morgen. Das Tanzen in Stiefeln war nicht gestattet und galt für eine Nichtachtung den Damen gegenüber. Der Ball wurde mit einem Menuett eröffnet; besonders beliebt war das Menuet à la reine; hierauf fand der feierliche Aufzug zur Polonaise statt, unter den ersten Paaren die Männer in hohen Würden, denen das übrige Publikum folgte. Bisweilen wurde auch eine runde Polonaise getanzt, darauf begann die Anglaise, in welche die Mazurka eingeschoben wurde, sodann die Walzerquadrillen und die durch ihre Hopser ganz besonders schwierige französische Quadrille, ausgezeichnet durch ihre contretemps en avant, contretemps en arrière,

Portraitmünze Katharinas der Großen

pas de pigeon usw. Den Schluß des Balles bildete der geräuschvolle Tanz à la Greque oder der Großvatertanz, welcher von dem gefangenen schwedischen Vizeadmiral Grafen Wachtmeister eingeführt worden sein soll...

Nach Schluß der ausgelassen fröhlichen Butterwoche mit ihren öffentlichen und privaten Maskeraden, endlosen Spazierfahrten durch die Straßen, mit den Frühstücken, den Déjeuners dansants bei Wolynskij, den Diners und Soupers, bei welchen die verschiedenartigsten Blinys* die erste Rolle spielten, erhielt ich in der ersten Woche der Großen Fasten den Befehl, nach Reval zurückzukehren, und zwar über St. Petersburg, wo ich einige Aufträge meines Vorgesetzten zu erledigen hatte. So schwer mir der Abschied von Moskau wurde, ich mußte, ohne mich zu bedenken, sofort aufbrechen.

Als ich den Schlagbaum passiert hatte, nahm ich in Gedanken Abschied von Moskau; ich ahnte nicht, daß ich dieses üppige, reiche, gastfreie und patriarchalische Moskau nicht mehr wiedersehen würde.

In St. Petersburg gedachte ich, nicht über drei Tage zu verweilen, aber der Admiral verlängerte meinen Urlaub und übermittelte mir zugleich noch einige Aufträge. Ich überbrachte die mir in Moskau eingehändigten Briefe an die Verwandten und andere Personen. Der Empfang war höflich-kühl, und ich vermißte hier jene liebenswürdige Gastlichkeit, jene Herzlichkeit, welche Moskau auszeichneten. Nichtsdestoweniger hatte ich es diesen Empfehlungsschreiben zu verdanken, daß ich zwei Mal die große Katharina zu sehen bekam.

St. Petersburg hatte damals gar keine Ähnlichkeit mit dem patriarchalisch einfachen »Mütterchen Moskau«. Dort herrschte der nationalrussische Ton vor, alles erinnerte an die Vergangenheit Rußlands; hier hatte alles einen gewis-

* Buchweizenpfannkuchen

sen ausländischen, fremden Anstrich; in der Gesellschaft sprach man französisch und nur mit den Untergebenen russisch. Sogar in den Kaufmannshäusern von Bacharacht und anderen ahmte man diesen Ton nach. Haben die Ausländer nicht deshalb lange Zeit hindurch Rußland Moskowien genannt?«[16]

Die Kontraste, die Moskau so unbeschreiblich anziehend machten, schildert der Dichter Konstantin Batjuschkow 1811/12 in einer als Brief abgefaßten Skizze:

Spaziergang durch Moskau

Du möchtest, daß ich Dir Moskau beschreibe, liebster Freund – das ist ganz und gar unmöglich aus gewichtigen Gründen. Erstens: ich bin nicht imstande, Deine Neugierde zu befriedigen, weil ich nicht über entsprechende Kenntnisse – historische usw. – verfüge, die aber nötig sind, denn wir begegnen in Moskau bei jedem Schritt Denkmälern vergangener Jahrhunderte. Diese Denkmäler bleiben stumm für den Unwissenden, und ich gebe nicht vor, ein Gelehrter zu sein. Zweitens: meine Faulheit, das ist ein besonders schwerwiegender Grund! Daher werde ich so im Vorübergehen, von Haus zu Haus, von Spaziergang zu Spaziergang, von Nachtmahl zu Nachtmahl schlendernd, ein paar Beobachtungen über die Stadt und über die Sitten ihrer Bewohner notieren, ohne sie in irgendeine Beziehung zueinander zu setzen, ohne eine bestimmte Ordnung zu beobachten...

Willst Du zum Zeitvertreib mit mir zum Kreml hinaufgehen? Unterwegs werde ich es mir nicht versagen können, auf Schritt und Tritt auszurufen: was für eine riesenhafte Stadt, von Giganten erbaut; Turm um Turm, Mauer um Mauer, Palast neben Palast! Ein seltsames Miteinander von ältester und neuester Architektur, von Armut und Reichtum, von europäischem savoir vivre und östlichen Sitten und Gebräuchen. Ein wunderbares, unfaßliches Ineinanderfließen von Eitelkeit, Prahlerei und echter Glorie und Größe, von Unwissenheit und Aufgeklärtheit, kultivierter Lebensart und Barbarei. Wundre Dich nicht mein Freund: Moskau ist das Schaufenster oder das lebende Bild unseres Vaterlandes.

Schau her: Hier gegenüber den gezackten Wachttürmen des alten Kitaigorod steht ein prächtiges Haus allerneuester italienischer Bauart; dort in jenes Kloster, das zur Zeit des Zaren Alexej Michajlowitsch erbaut wurde, geht eben ein Mensch hinein in langem Kaftan und mit mächtigem Bart. Drüben eilt jemand im modischen Frack zum Boulevard. Und ich, der ich die Ausprägungen der alten und der neuen Zeit sehe, mich an die Vergangenheit erinnere, sage im stillen zu mir: ›Peter der Große hat viel getan, aber nichts vollendet!‹

Gehen wir in den Kreml hinein. Rechts und links um uns majestätische Bauwerke mit blitzenden Kuppeln, mit hohen Türmen, das ganze Territorium umhegt von einer starken Mauer. Hier atmet alles Altertümlichkeit: alles erinnert an Zaren und Patriarchen, an große historische Ereignisse; hier trägt jede Stelle den Stempel vergangener Jahrhunderte. Hier haben wir das Gegenteil all dessen, was wir auf der Schmiedebrücke, der Twerschen Straße, dem Boulevard usw. sehen. Dort gibt es französische Buchläden, Uhrmacher, Modegeschäfte, deren närrische Ladenschilder die Häuserfassaden verhüllen; mit einem Wort alle Arten von Modetand und Luxus. Im Kreml ist alles still, bedächtig und ruhig, an der Schmiedebrücke aber alles in Bewegung.

Hier im Kreml gibt es nur Mönche, fromme Beter, Beamte und ein paar Wächter. Willst Du ein einzigartiges Bild sehen? Dann geh in den Kreml, ehe die Sonne in aller Großartigkeit hinter die Sperlingsberge* sinkt, und setz Dich auf die

* Heute: Leninberge

Moskwa-Ufer mit Blick auf den Kreml. (um 1800)

hohe hölzerne Treppe. Da hast Du das ganze Panorama des
jenseitigen Moskwa-Ufers vor Dir! Rechts die Steinerne
Brücke, über die unaufhörlich Menschenströme fluten; weiter – das Golizynsche Krankenhaus, das prächtige Palais der
Grafen Orlow mit seinen schattigen Gärten und schließlich

das riesige Wassiljew-Schloß dicht unterhalb der Sperlingsberge, welches das Bild majestätisch vollendet – dieses
wundervolle Ensemble von mitten im Grünen liegenden
Häuschen, blühenden Gärten und hohen Palästen der alten
Bojaren, dieser wundervolle Kontrast städtischer und dörf-

licher Landschaft. Kurz: dem Auge bietet sich ein Bild, würdig der größten Hauptstadt der Welt, vom größten Volk der Welt am allerschönsten Ort geschaffen. Wer im Kreml steht und die riesigen Türme, die alten Klöster, das großartige Samoskworetschje mit kalten Augen betrachtet, wer nicht stolz auf sein Vaterland ist und Rußland nicht preist, dem ist (ich sage es frei) jede wahre Größe fremd, den hat die Natur in bemitleidenswerter Weise benachteiligt; der soll nach Deutschland fahren, dort in einer Kleinstadt leben und sterben, im Schatten des Gemeindekirchturms unter friedlichen Deutschen, die in kleinliche Politikasterei vertieft, ihre Hände hinhalten, um schmähliche Sklavenketten zu empfangen.

Allmählich versteckt die Sonne sich hinter dem Wald. Schauen wir auf den Kreml, dessen goldene Kuppeln und Glockenturmspitzen den Glanz der Abendröte spiegeln. Der Lärm der Stadt erstirbt mit dem sinkenden Tag. Es wird still um uns, nur noch selten geht ein Mensch vorüber. Ein Bettler ruht sich an der Roten Treppe* aus, den Kopf auf sein Felleisen gelegt; sorglos lehnt er am Fuß der Zarenpaläste, weiß nicht, wem sie einmal gehört haben. Nun steht er auf und geht langsam zur Kathedrale hinüber, aus der der dunkle Gesang der Mönche herüber tönt und in der in langen Reihen die Sarkophage der Großfürsten und Zaren stehen, die einst in diesen Palästen gelebt haben. Ein trauriges Bild vergänglicher menschlicher Glorie. – Aber wir werden nicht in die Kassandra-Rufe modischer Schriftsteller einstimmen, die ganze Nächte an den Zarengräbern zubringen und die arme Menschheit mit Visionen des jüngsten Gerichts, vor allem aber mit ihrem geschmacklosen Stil erschrecken; wir werden uns nicht trübseligen Gedanken über die Hinfälligkeit alles Irdischen hingeben, die jedem Zeitgenossen unserer weltschmerzlichen Epoche gestattet

---

* Paradetreppe, die von den Herrschern bei Staatsakten und anderen feierlichen Anlässen benutzt wurde.

sind, wir begeben uns auf leisen Sohlen zur Schmiedebrük-
ke. Dort ist alles in Bewegung – eilt – aber wohin? Wir werden sehen.

Eine altväterische Kutsche mit sechs grauen, dürren Mäh-
ren bespannt, hält vor einem Modegeschäft. Herausquillt
eine etwas angejahrte Dame mit gewaltiger Haube, natürlich eine Französin, hinter ihr klettern drei junge Mädchen
aus dem Wagen. Sie betreten das Modegeschäft, wir folgen
ihnen. »Wir brauchen was für den Kopf! Um Christi willen,
zeigen Sie uns die neuesten Hüte, Madame!« Die Besitzerin
hat mit einem Blick erkannt: die Kundschaft kommt aus der
Provinz, aus der Steppe; sie bietet Ladenhüter zum doppel-
ten, ja dreifachen Preis an. Die alte Dame ist außer sich über
die Summe und – kauft.

Wir gehen weiter in das Bonbon-Geschäft, wo ein Jude
oder ein Gascogner Gefrorenes und alle Arten von Zucker-
werk feilhält. Hier treffen wir allerlei Moskauer Stutzer in
englisch geschnittenen Fräcken und Lackstiefeln, mit Bril-
len und ohne, Wohlfrisierte und Zerzauste. Der dort ist natürlich ein Engländer: gafft mit offenem Mund eine Wachs-
puppe an. Nein! Es ist ein Russe, gebürtig aus Susdal.
Naja, aber der dort, das ist bestimmt ein Franzose: wie er mit
der Ladenbesitzerin über einen ihr bekannten Bauchredner
schwatzt, der im vorigen Jahr die Pariser Lebewelt amüsiert
hat. Keineswegs. Das ist ein alter Tunichtgut, der, nachdem
er sein ererbtes Gut vergeudet hat, sich im Kartenspiel ein
neues erworben hat. Sei's drum, jedenfalls ist der da drüben
mit der schönen Frau am Arm, dieser Große, Blasse ein
Deutscher. Irrtum. Der ist auch Russe, hat nur seine Jugend
in Deutschland verbracht. Immerhin ist aber doch wohl die
Gattin Ausländerin, sie spricht ja nur gebrochen russisch!
Wieder falsch! Sie ist Russin, liebster Freund, in Neopalimy
Kupiny geboren, und wird ihr Leben auch im heiligen Rußland beschließen. Warum spielen sich alle diese Leute bloß
als Ausländer auf, verbiegen und verkrümmen sich? War-

Hölzernes Adelspalais um 1790

um? Darauf werde ich vielleicht später antworten, jetzt möchte ich Deine Aufmerksamkeit auf jenen älteren, sporenbewehrten Mann lenken. Letztes Jahr hat er neue Hufeisen für seine Traber, eine Droschke mit zwei Rädern und eine Kutsche ohne Bock erfunden. Er lebt in seinem Pferde-

stall, frühstückt mit seinem Lieblingspferd und reiste eigens nach London, um sich bei einem Roßarzt Rat zu holen, als seine englische Stute erkrankt war...

Jetzt sind wir bei den ausländischen Buchhandlungen angelangt, es gibt viele, aber keine hält den Vergleich mit den

Petersburger Buchläden aus. Die Bücher sind teuer, wenig gute darunter, antike Schriftsteller fast gar nicht, dafür aber die Bücher von Madame Genlis und Madame Sévigné, diesen Ratgeberinnen der jungen Mädchen, und ganze Wagenladungen verderbter französischer Romane – passende Lektüre für stumpfsinnige Ignoranten. Außerdem viele mystische, schulmeisterliche, kasuistische Bücher usw., geschrieben von weggejagten Popen (ci-devant soit disant jésuits) in Pariser Mansarden zum Nutzen anständiger Frauen. Solche Bücher werden in Moskau mit Vorliebe gekauft, unsere Modenärrinnen wollen in der Gottesfurcht den Pariserinnen nicht nachstehen und lesen gierig dumme und langweilige Predigten, nur weil sie in der honigsüßen Sprache Fénelons abgefaßt sind...

Wir aber sind, unterdes wir plauderten, in die Stadt (Kitaigorod) gelangt. Welche Menschenmenge, welche Verschiedenheit! Das ist ja ein regelrechter östlicher Basar! Griechen, Tataren, Türken in Turbanen und spitzen Pantoffeln, drüben hüpft zierlich ein dürrer Franzose in Stiefeletten von Stein zu Stein; hier ein behäbiger Perser, dort ein Fuhrmann, der sich mit einer Händlerin zankt, hier ein ärmlicher Dörfler, der fassungslos einen prächtigen Sechserzug anstarrt, während sein Kamerad die ausgehängten Volksbilderbogen betrachtet und sich an den witzigen Unterschriften ergötzt. Nun kommen wir zu den Bouquinisten mit russischer Literatur. Wer noch nie in Moskau war, der weiß nicht, daß Bücher Handelsware wie Fische, Pelzwerk oder Gemüse sind. Man kann mit ihnen handeln ohne jede Kenntnis und Bildung. Er weiß auch nicht, daß es hier eine Fabrik für Übersetzungen, eine Fabrik für Zeitschriften und eine Fabrik für Romane gibt, auch nicht, daß die Buchhändler die gelehrte Ware, Übersetzungen und Gesamtwerke, nach Gewicht einkaufen und den armen Verfassern einreden: nicht auf Qualität, auf Quantität kommt es an! Nicht Geschmack und Stil, die Zahl der Seiten sind wichtig! Mir graust davor, so einen Laden zu betreten, zu unserer Schande glaube ich, daß es kein Volk gibt (auch nie gegeben hat) mit so nichtswürdiger Literatur. Zum Glück werden die meisten Bücher hier in Moskau geboren und sterben auch hier, spätestens aber auf dem nächsten Jahrmarkt.

Gehen wir zum Twerskoj Boulevard hinaus, einem Teilstück der ehemaligen Mauer der Weißen Stadt.* Was für eine klägliche Promenade für eine so große und volkreiche Stadt wie Moskau! Dennoch zieht es an strahlendsonnigen Apriltagen oder an stillen Maiabenden die Müßiggänger in hellen Scharen hierher. Der gute Ton, die Mode verlangen ihren Tribut: der Stutzer und die gefallsüchtigen Frauenzimmer, die alte Klatschbase und der feiste Pächter, sie alle eilen schon am frühen Morgen aus den entferntesten Winkeln der Stadt zum Twerskoj Boulevard. Was für seltsame Galabekleidung, was für Typen!... Hier triffst Du den Gesellschaftslöwen aus der Provinz, der herkam, um sich die neuesten Moden abzugucken, hier lockt eine Schöne einen ganzen Kometenschweif von Anbetern hinter sich her, dort schwatzt eine alte Generalin mit ihrer Nachbarin, neben ihnen ein schwerfällig-nachdenklicher Pächter, er ist fest davon überzeugt, daß Gott die eine Hälfte der Menschheit dazu ausersehen hat, Wodka zu brennen, die andere dazu, ihn zu trinken. Gravitätisch schreitet er mit seiner schönen Frau am Arm und einem Zwerg dahin. Dort eilt in einer Pelerine, die dem verewigten Sokrates zur Ehre gereicht haben würde, ein Universitätsprofessor heimwärts oder seinem staubigen Katheder zu. Ein Witzbold singt Couplets und schreckt die Promenierenden mit seinem kläffenden Pudel, zwischendurch trägt er wie ein weltberühmter Dichter Epigramme vor und erwartet Lob oder eine Einladung zum Mittagessen. Täglich begebe ich mich zu dieser Promenade auf

* Um 1790 wurde die Weisse Mauer abgetragen, statt dessen ein Boulevard-Promenadenring angelegt.

dem Twerskoj Boulevard, fast immer mit neuem Vergnügen... Eine große Ansammlung bekannter und unbekann-
ter Leute hat immer ihren besonderen Reiz für Faulpelze, für
Müßiggänger und alle, die gerne physiognomische Studien
treiben... Dem füge ich hinzu: die einen kommen auf die
Promenade, um sich von ihren Sorgen zu erholen, die anderen gehen einfach spazieren, atmen die frische Luft. Die
Frauen kommen, um Komplimente einzuheimsen, die
Männer, um sie zu bewundern. Und alle Gesichter wirken
irgendwie gelassen. Die Leidenschaften schlummern, Menschen werden Menschen, nur die Eigenliebe schläft nicht.
Sie ist immer auf der Wacht; doch auch sie trägt hier gewin-
nende Züge, und sie nötigt den alten Spieler, viel freundli-
cher zu lächeln als am Kartentisch. Und schließlich: auf der
Promenade sehen alle glücklich aus, darüber freue ich mich
wie ein Kind, trübsinnige und versorgte Menschen liebe ich
nun einmal nicht.

Wir verlassen die Promenade und wenden uns wieder
stadteinwärts. Schau nach rechts, schau nach links und mache selber Deine Beobachtungen. Du siehst das ganze Moskau mit all seinen Kontrasten... Und nun schau hierher,
Glücklicher! auf diese jämmerliche Hütte neben dem riesigen Palais, sie ist die Wohnstatt von Armut und Krankheit.
Hier lebt eine ganze Familie, von Not, Hunger und Kälte
ausgemergelt – die Kinder halbnackt, die Mutter hinter dem
Spinnrocken, der Vater, ein ehemaliger verdienter Offizier
in zerrissenem Majorsrock, putzt seine alten Stiefel, bürstet
sein abgetragenes Cape, damit er am Morgen auf die Straße
gehen und die Passanten um ein Stück Brot bitten kann.
Dann wird er zu einem menschenfreundlichen Arzt eilen
mit der Bitte, nach der kranken Tochter zu sehen.

Das ist Moskau, die große Stadt, die Behausung von Luxus und Elend...[17]

Vom Leben des einfachen Moskauer Volkes, dem Elend der Leibeigenen wissen wir aus dieser Zeit nur wenig. Selbstzeugnisse gab es im beginnenden 19. Jahrhundert noch nicht. Doch wie mit Leibeigenen verfahren wurde, zeigt die Zeitung »Moskauer Nachrichten«, die fast täglich Leibeigene zugleich mit anderen Gegenständen zum Kauf offeriert:

»Es werden verkauft drei Kutscher, stattlich und gut erzogen, und zwei Mädchen von 18 und 15 Jahren, beide von hübschem Äußeren und mit allerlei Handarbeit wohl vertraut. In demselben Hause verkauft man zwei Haarkünstler; der eine ist 21 Jahre alt, kann lesen, schreiben und ein Musikinstrument spielen, ist auch als Jägerbursche verwendbar. Im selben Hause werden Pianofortes und Orgeln abgegeben.«

»Verkauft wird ein Mann, der lesen, schreiben und juristische Urkunden anfertigen kann.«

Reiseschlitten Katharinas der Großen

»In Neopalimy Kupiny wird im Hause Zysyrjow verkauft: ein tüchtiger, erfahrener Gärtner von gutem Benehmen, gesund und stattlich, 29 Jahre alt, mit seiner Ehefrau, 27 Jahre alt, und Kindern, weiters ein englisch gefederter Reisewagen mit niedrigen Rädern, ein fünfjähriger dunkelgrau gescheckter Wallach und ein allerfeinster, sehr großer chinesischer Bettvorhang.«[18]

DAS JAHR 1812 UND DER GROSSE BRAND

Im Jahre 1812 erweist sich Moskau erneut als das Herz des Landes. Napoleon ist sich bewußt: er muß Moskau erobern, ehe er dem Zaren seinen Frieden diktieren kann.

Als das französische Heer heranrückte, beraumte der Gouverneur von Moskau, Graf Rostoptschin gleichzeitig getrennte Versammlungen der Kaufmannschaft und des Adels an. Der Adel wurde aufgefordert, Leibeigene für den Kriegsdienst freizustellen, die Kaufmannschaft, mit Geldspenden die Landesverteidigung zu unterstützen. Er schildert den Verlauf der Versammlungen in seinen Memoiren.

Moskau spendet für die Landesverteidigung

Kaum hatte der Präsident des Moskauer Adels seine Rede beendet, als mehrere Stimmen ausriefen: »Nein, nicht vier Soldaten von hundert, sondern 100 von tausend Seelen, bewaffnet und mit Proviant für drei Monate!« Die Mehrheit der Versammlung wiederholte diese Worte mit lauten Rufen. Der Zar sprach in den schmeichelhaftesten Ausdrücken seinen Dank aus.

Nun muß ich noch die Motive einer so ungewöhnlichen Freigebigkeit erklären. Der Vorschlag des Adelspräsidenten war gerecht und vernünftig gewesen. Die zwei Stimmen, die zuerst mehr opfern wollten, als das Haupt des Adels vorgeschlagen hatte, gehörten zwei sehr verschiedenen Personen. Der erste war ein sehr kluger Mann, der eine Maßnahme proponierte, die ihn nichts kostete, denn er besaß im Gouvernement keinerlei Güter. Der andere war ein Mann mit kräftigen Lungen, niederträchtig, dumm, bei Hofe schlecht angesehen und wollte sich einschmeicheln. Auf diese Weise also kann man eine Versammlung hinreißen...

Im zweiten Saale, wo sich die Kaufleute versammelt hatten, mußte ich staunen über den starken Eindruck, den das Verlesen des Manifests hervorrief. Anfänglich hörten alle mit tiefer Aufmerksamkeit zu; dann wurden allmählich Zeichen der Ungeduld und der Entrüstung laut. Als Schischkow bei den Worten angekommen war, »daß der Feind mit Schmeicheleien auf den Lippen und mit Waffen in der Hand herannahe«, ereignete sich eine wahre Explosion der Wut; die Leute schlugen sich den Kopf, rauften sich die Haare, rangen die Hände; Tränen der Raserei flossen über ihre Gesichter, die den Ausdruck antiken Heldentums anzunehmen schienen. Ich sah einen Mann, der mit den Zähnen knirschte. Im Lärm konnte man nichts verstehen; man hörte nur Schreie und Ausrufe der Entrüstung. Es war ein einzigartiges Schauspiel. In diesem Augenblick äußerte der russische Mensch seine Gefühle ganz frei; er vergaß, daß er ein Knecht war, und er empörte sich beim Gedanken, daß ihn ein fremdes Joch bedrohe. Diese Leute aus dem einfachen Volk hatten Gewand und Charakter der Nation bewahrt. Ihre Bärte verliehen ihnen ein ehrwürdiges und majestätisches Aussehen. Wie ihre Vorfahren hatten auch sie keine anderen Regeln und Gebote außer jenen, die sich in den vier Sprichwörtern offenbaren, welche als Maßstab für die Beurteilung aller guten und schlechten Handlungen dienen: Groß ist der russische Gott – Dem Zaren muß man im Glauben und in der Wahrheit dienen – Niemand stirbt zum zweiten Mal – Was kommen muß, läßt sich nicht vermeiden.

Der Moskauer Stadtpräsident, dessen Vermögen 100 000 Rubel betrug, zeichnete als erster 50 000 Rubel. Er bekreuzigte sich und sagte: »Gott gab es mir, ich gebe es dem Vaterland.«

Ich begab mich in den Kreml, um dem Zaren die gute Nachricht zu bringen: 32 000 Soldaten und Geldspenden im Betrage von 2 400 000 Rubel.[19]

Wie es weiterging, ist bekannt: Bonaparte zog am 14. September 1812 in das von der Bevölkerung weitgehend geräumte Moskau ein. Am 16. schrieb er ein kurzes Billet an seine Gattin Marie-Louise:

Moskau, den 16. September 1812

Meine Freundin!

Ich hatte von dieser Stadt gar keine Vorstellung. Sie besaß 50 Paläste von gleicher Schönheit wie das Palais de l'Elysee Napoléon, auf französische Art mit unglaublichem Luxus möbliert, mehrere kaiserliche Paläste, Kasernen, großartige Spitäler. Alles ist verschwunden, denn seit gestern verzehrt das Feuer die Stadt. Da alle kleinen Häuser des Bürgerstandes aus Holz gebaut sind, fangen sie Feuer wie Zündhölzer. Aus Zorn über die erlittene Niederlage haben der Gouverneur und die Russen diese schöne Stadt in Brand gesteckt. 200 000 Einwohner sind in Verzweiflung auf der Straße und im Elend. Für die Armee ist immerhin noch genug übrig geblieben; sie findet viele Reichtümer aller Art, denn in dieser Unordnung gibt sich alles mit Plündern ab. Dieser Verlust ist für Rußland ungeheuer groß; der russische Handel wird dadurch aufs schwerste erschüttert. Diese Elenden sind in ihrem Vorsatz so weit gegangen, daß sie die Pumpen der Feuerwehr weggeschafft oder zerstört haben. Mein Schnupfen ist vorbei, meine Gesundheit ist gut. Adieu, meine Freundin, Ganz der Deinige.

Nap.[20]

Im weiteren geben wir dem Marquis Armand de Caulaincourt, Großstallmeister Napoleons, das Wort:

Der Brand von Moskau

Am 15. September um acht Uhr abends zeigte sich ein Brand in einer der Vorstädte. Man sandte jemanden zur Berichterstattung hin, ohne weiter darauf zu achten; denn noch maß man der Unvorsichtigkeit einzelner Soldaten die Schuld bei.

Der Kaiser zog sich frühzeitig zurück. Jedermann war müde und legte sich, seinem Beispiel folgend, zur Ruhe. Um zehneinhalb Uhr weckte mich der Kammerdiener, ein tüchtiger Mensch, der zur Zeit meiner Gesandtschaft mit mir in Petersburg gewesen war; er berichtete mir, die Stadt stehe seit dreiviertel Stunden in Flammen. Schon als ich die Augen öffnete, schwand mir jeder Zweifel; die Feuersbrunst verbreitete eine derartige Helligkeit, daß man im dunkelsten Winkel des Zimmers ohne Licht hätte lesen können. Ich sprang aus dem Bett und ließ, während ich mich ankleidete, den Großmarschall (Duroc) wecken... In aller Eile stieg ich zu Pferde; ich wollte sehen, was da vorging, wollte Hilfsmannschaften, soweit man sie aufbieten konnte, heranführen und mich vergewissern, ob mein Dienstzweig, der über die ganze Stadt sich erstreckte, keine Gefahr lief. Der herrschende Nordwind blies ziemlich heftig von dem Stadtteil her, von dem die beiden Brände sich näherten; er drückte die Flammen nach dem Mittelpunkt hin und ließ sie zu außerordentlicher Heftigkeit anschwellen. Eine halbe Stunde nach Mitternacht brach ein dritter Brand etwas mehr westlich aus, und gleich darauf ein vierter in einem anderen Stadtviertel – und wieder in der Richtung des Windes, der ein wenig auf Westen gedreht hatte. Gegen vier Uhr morgens war die Feuersbrunst so ausgebreitet, daß wir es doch für notwendig hielten, den Kaiser zu wecken. Er entsandte weitere Offiziere, die an Ort und Stelle die Vorgänge beobachten und nach den möglichen Ursachen forschen sollten.

Die Truppen standen unter Gewehr. Die wenigen Einwohner, die zurückgeblieben waren, stürzten aus den Häusern und drängten sich in den Kirchen zusammen. Überall war nur Wehklagen zu hören. Die Feuerspritzen, nach denen man gestern gesucht, waren zum Teil mit weggeführt;

die noch da waren, hatte man gebrauchsunfähig gemacht. Aus verschiedenen Häusern schleppten Offiziere und Soldaten Buteschniks (Stadtpolizisten) und Muschiks herbei, die sie nach ihrer Angabe dabei überrascht hatten, wie sie in den Häusern angehäufte leicht brennbare Stoffe anzünden wollten, um sie einzuäschern. Polnische Soldaten berichteten, sie hätten schon eine Anzahl dieser Brandstifter festgenommen und erschossen; sie versicherten, diese Menschen sowie einige Einwohner hätten ihnen zugegeben, daß Rostoptschin den Polizeiagenten Befehl erteilt habe, in der Nacht die ganze Stadt niederzubrennen…

Die Stimmung des Kaisers war sehr ernst. In diesem Augenblick schrieb er die Schuld an dem Brande noch der Unordnung unter den Truppen und dem Umstande zu, daß die Einwohner ihre Häuser im Stich gelassen hatten. Er konnte nicht glauben, wie er seinerzeit schon in Gschatsk sich geäußert, daß die Russen ihre eigenen Häuser niedergebrannt hätten, nur um uns zu hindern, darin zu schlafen. Zugleich aber machte er sich doch schon recht ernste Gedanken über die Folgen dieses Ereignisses für die Armee, die dadurch ihrer Hilfsquellen beraubt werden konnte. Noch konnte er sich nicht denken, daß das auf einen großen Entschluß, auf ein großes freiwilliges Opfer zurückgehen könnte. Die nacheinander einlaufenden Berichte aber ließen ihm keinen Zweifel mehr daran. Nochmals ordnete er alle Maßnahmen an, die geeignet erschienen, um das Unheil abzuwenden und zur Entdeckung der Urheber dieser unmenschlichen Tat zu führen.[*]

Gegen neuneinhalb Uhr verließ der Kaiser zu Fuß den Hof des Kreml, gerade in dem Augenblick, als man zwei weitere auf frischer Tat gefaßte Brandstifter herbeibrachte.

[*] Trotz der Ausführungen des Augenzeugen Caulaincourt, die dieser gewiß bona fide gemacht hat, ist bis heute nicht einwandfrei geklärt, ob der Brand von Rostoptschin planmäßig angelegt wurde, oder ob er – wie so viele andere Moskauer Brände – aus Unachtsamkeit ausbrach und infolge der Ausnahmesituation ein so verheerendes Ausmaß annahm.

Sie trugen die Uniform der Buteschniks. Bei ihrem Verhör in Gegenwart des Kaisers wiederholten sie, was sie bereits vorher erklärt: sie hätten von ihrem Kommandanten den Befehl erhalten, alles in Brand zu stecken; man habe ihnen die Häuser dazu bezeichnet und in verschiedenen Stadtvierteln alles dafür vorbereitet, gemäß dem Befehl, wie man ihnen gesagt hatte, des Gouverneurs Rostoptschin; sie seien durch ihre Offiziere in kleinen Abteilungen über mehrere Stadtviertel verteilt worden, und der Ausführungsbefehl sei ihnen am gestrigen Abend erteilt und noch heute früh durch einen ihrer Vorgesetzten wiederholt worden. Sie weigerten sich zunächst, dessen Namen zu nennen, aber einer von den beiden gab ihn schließlich doch preis: es war ein unbedeutender Unteroffizier. Wo er sich befand und wie man seiner habhaft werden konnte, das konnten oder wollten sie nicht angeben. Diese Aussagen wurden in Gegenwart des Kaisers und der Personen seiner Umgebung gemacht und übersetzt. Sie wurden durch zahlreiche weitere Verhöre in vollem Umfange bestätigt. Alle diese Brandstifter wurden scharf bewacht, mehrere von ihnen sogleich abgeurteilt und acht bis zehn standrechtlich erschossen.

Die Feuersbrunst breitete sich noch immer von den entferntesten Vorstädten, wo sie ihren Anfang genommen, weiter aus. Schon hatte sie auch die Häuser rund um den Kreml erfaßt. Der Wind hatte ein wenig auf Westen gedreht; erschreckend schnell ließ er die Flammen um sich greifen; weithin trieb er riesige Funken vor sich her; wie ein Feuerregen fielen sie über hundert Klafter weit von den brennenden Häusern entfernt nieder und machten selbst den Unerschrockensten den Aufenthalt in der Nähe unmöglich. Die Luft war derartig erhitzt, von zahllosen Teilchen brennenden Tannenholzes derart erfüllt, daß die Holzteile, welche die Blechplatten der Dächer des Arsenals hielten, in Brand gerieten. Das Dach der Küchengebäude des Kreml wurde nur dadurch gerettet, daß man dort oben Mannschaften mit

Besen und Eimern aufgestellt hatte, welche die Funken herunterfegten und ständig das Dach mit Wasser begossen. Nur mit unsäglicher Mühe gelang es, den Brand des Arsenals zu löschen. Der Kaiser selbst war dort; seine Gegenwart spornte die Garde an, selbst das Unmögliche zu leisten.

Ich eilte zum Marstall, wo ein Teil der Pferde des Kaisers und die Krönungswagen der Zaren standen. Es bedurfte des ganzen Diensteifers und Mutes der kaiserlichen Vorreiter und Stallknechte, um sie zu retten. Sie waren auf die Dächer geklettert und warfen von dort die Funken herab; andere arbeiteten an zwei Pumpen, die man auch unbrauchbar vorgefunden, aber auf Befehl in der Nacht repariert hatte. Wir standen, wie ich ohne Übertreibung sagen kann, unter einer glühenden Flammenkuppel. Mit Hilfe meiner Leute gelang es mir auch, das schöne Galitzinsche Palais und die beiden angrenzenden Häuser zu retten, von denen eins schon lichterloh brannte. Die Leute des Kaisers wurden tatkräftig unterstützt durch die Dienerschaft des Fürsten Galitzin, die eine große Anhänglichkeit an ihren Herrn bewiesen.

Jedermann tat sein Bestes, um den getroffenen Maßnahmen zum Erfolg zu verhelfen, aber die Luft selbst schien zu glühen. Man atmete Feuer ein, und selbst die besten Lungen hatten noch längere Zeit unter den Nachwirkungen zu leiden. Die Brücke südlich vom Kreml war durch die glühende Atmosphäre und die ständig niederfallenden Funken derartig erhitzt, daß sie alle Augenblicke Feuer fing, obwohl die Garde und vor allem die Sappeurs ihre Ehre dareinsetzten, sie zu erhalten. Ich blieb dort mit Generälen der Garde und einigen Adjutanten des Kaisers stehen; wir mußten selbst mit Hand anlegen und inmitten dieses Feuerregens aushalten, um den Eifer der dort arbeitenden Mannschaften anzufeuern, die wie geröstet aussahen. Es war unmöglich, länger als eine Minute an derselben Stelle zu bleiben; das Fell der Bärenmützen sengte auf dem Kopf der braven Grenadiere.

Der Brand von Moskau. 1812

Auch am Nachmittag tobte die Feuersbrunst noch weiter; da der Kaiser meinte, daß womöglich der Feind die große Katastrophe zu Angriffsbewegungen ausnutzen könnte – obwohl er nach zahlreichen Meldungen des Königs von Neapel seinen Rückzug auf der Straße nach Kasan fortsetzte –, so gab er um vier Uhr den Befehl zum Abmarsch; er verbot ausdrücklich, irgend etwas zurückzulassen. Das Schloß Petrowskoje an der Petersburger Straße, ein Lustschloß, in dem die Zaren vor ihrem feierlichen Einzuge haltzumachen pflegten, wenn sie zur Krönung nach Moskau kamen, wurde als Hauptquartier ausersehen. Des Feuers und der Windrichtung wegen konnte man nicht den nächsten Weg benutzen. Wie es gerade ging, mußten wir mitten durch Brandschutt, Aschenhaufen und Flammen hindurch den östlichen, bereits in Brand gesteckten Teil der Stadt durchqueren, um die äußeren Vorstädte zu erreichen. Erst gegen Ende der Nacht kamen wir an und blieben den folgenden Tag (17. September) daselbst.

Inzwischen hatte der Brand mit immer neuer Wut angehalten. Ein Teil des Stadtviertels, das sich vom Kreml nach Petrowskoje hin erstreckt, und in welchem sich der Generalstab und die Garde einquartiert hatten, blieb jedoch verschont.

Der Kaiser war sehr nachdenklich. Er sprach mit niemandem und verließ nur für eine halbe Stunde sein Zimmer, um das Innere und die Fassade des Schlosses zu betrachten. Während seines Aufenthaltes in Petrowskoje empfing er nur den Fürsten von Neuchâtel; dieser benutzte die Gelegenheit und seine nachdenkliche Stimmung angesichts des Brandes, um ihm zu raten, er solle sich entschließen und nicht lange in Moskau verweilen. Wem hätte das furchtbare Schauspiel nicht das Vorgefühl weiteren Unheils geben sollen?...

Am 18. September kehrte der Kaiser in den Kreml zurück. Seine Entfernung aus Moskau war das Signal zu schwersten

Ausschreitungen gewesen. Die vor dem Brande geretteten Häuser waren geplündert, die darin verbliebenen unglücklichen Einwohner mißhandelt worden. Läden und Keller wurden erbrochen, die betrunkenen Soldaten hörten nicht mehr auf ihre Vorgesetzten, und alle möglichen Verbrechen und Ausschreitungen waren die Folge. Das Gesindel der Stadt machte sich diese Unordnung zunutze, plünderte auch und zeigte den Soldaten die Keller und Gewölbe, wo man noch etwas versteckt glaubte, um seinen Anteil an der Beute zu bekommen. Die nicht in der Stadt stehenden Korps schickten Abteilungen nach dort, um ihren Anteil an den Lebensmitteln und an der Beute zu erhalten; mit welchem Erfolg, kann man sich vorstellen. Man fand Bestände aller Art vor, darunter überreiche Vorräte an Wein und Branntwein. Die an den Kais gelegenen Korn-, Mehl- und Hafermagazine waren vor dem Brande bewahrt geblieben. Von Smolensk bis Gschatsk und wieder von Borodino bis Moskau hatten die Pferde derart Not gelitten, daß jeder Berittene sich nun schleunigst eindeckte und am 15. und 16. für mehrere Monate Hafer dort entnahm. Ein Teil dieser Vorräte wurde in den Häusern verzehrt; was davon übrigblieb, sicherte die Verpflegung überreichlich bis zu unserem Abzug und hat noch für einen Teil des Rückmarsches Mannschaften und Pferden das Leben gefristet.

Gleich bei seiner Rückkehr nach Moskau war der Kaiser darauf bedacht, die französische Armee in Petersburg von dem Odium dieser Brandstiftung zu entlasten; sie hatte ja alles getan, um den Brand zu bekämpfen, an dem sie schon in ihrem eigenen Interesse nicht schuld sein konnte...

Die ganze Armee, mit Ausnahme der bei dem König stehenden Korps, lag in der Stadt oder in der Nähe im Quartier. Die abgebrannten Einwohner hatten sich in die Kirchen oder auf die Friedhöfe geflüchtet, wo sie sich vor den Plakkereien der Soldaten sicher glaubten. Die Kirchen, die zum größten Teil frei auf offenen Plätzen standen, waren schon dadurch vor den Verheerungen des Brandes mehr geschützt gewesen. Viele der Unglücklichen waren nach Petrowskoje gekommen. Man tat für sie, was man konnte. Ich brachte etwa achtzig von ihnen im Palais Galitzin unter... Diese Unglücklichen hatten alles verloren; sie besaßen nur noch den Mantel, in den sie eingehüllt waren...[21]

Was die nicht mehr rechtzeitig aus Moskau abgefahrenen Bewohner in diesen Septembertagen erlebten, schildert Alexander Herzen in seinen Memoiren mit den Worten seiner Kinderfrau:

»Liebe Wera Artamonowna, erzählen Sie mir doch die Geschichte vom Einzug der Franzosen in Moskau«, sagte ich oft, wenn ich mich abends in mein kleines Bett legte, das mit Leinewand bezogen war, um das Herausfallen zu verhüten, während ich mich behaglich in meine Steppdecke einhüllte.

»Ach was! Sie haben ja die Geschichte schon so oft gehört, es ist jetzt Zeit zum Schlafen. Stehen Sie lieber morgen etwas früher auf«, erwiderte gewöhnlich die alte Frau, die übrigens ihre Geschichte ebensogern erzählte, als ich sie hörte.

»Nur ein ganz kleines bißchen! Also, wie erfuhren Sie es? Wie fing es doch an?«

»Ganz einfach. Sie wissen doch, daß Ihr Herr Vater alles auf die lange Bank schiebt. Er traf so lange Vorbereitungen, bis es zu spät war. Alle rieten uns, so schnell als möglich abzureisen. Was sollte man auch warten, es war ja niemand mehr in der Stadt. Aber nein! Da mußte er immer erst mit Pawel Iwanowitsch* Beratungen über die Vorbereitungen zur Abreise pflegen; und immer war einer von ihnen nicht fertig. Endlich hatten wir gepackt, und der Wagen stand vor der Tür; die Herrschaften sitzen schon beim Frühstück, da kommt plötzlich unser Oberkoch ganz bleich in das Speise-

---

* Pawel Iwanowitsch Golochwastow: Onkel Alexander Herzens

zimmer gelaufen und erzählt, der Feind sei durch das Dra-
gomilowsche Tor eingerückt. Uns allen stand das Herz vor
Schrecken still, wir riefen nur: »Heiliger Gott, sei mit uns!«
Alles verlor den Kopf, und während wir noch hin und her
laufen und jammern, sehen wir schon die Dragoner in seltsamen Helmen mit langen wallenden Pferdeschweifen
durch die Straßen sprengen. Alle Tore waren geschlossen,
so kam es, daß Ihr Herr Vater in der Stadt bleiben mußte und
Sie mit ihm; Ihre Amme Darja gab Ihnen damals noch die
Brust, Sie waren noch ganz klein und schwächlich.«

Ich aber lächelte stolz und glücklich, weil auch ich an dem
Kriege teilgenommen hatte.

»– Zunächst war es noch erträglich; es kamen nur hin und
wieder Soldaten und deuteten durch Zeichen an, daß sie
durstig seien und trinken wollten; brachte man ihnen ein
Gläschen Schnaps, so gingen sie wieder und bedankten
sich, indem sie ihre Hand an den Tschako legten. Als dann
aber die Feuersbrünste auszubrechen begannen, da entstand eine schreckliche Verwirrung, das Stehlen und Rauben fing an, und Schrecken folgte auf Schrecken. Wir wohnten damals im Seitenflügel der Fürstin; er faßte Feuer und
fing an zu brennen; Pawel Iwanowitsch lud uns ein, in sein
steinernes Haus zu ziehen, das ganz tief im Hofe lag und von
dicken Mauern umgeben war – so zogen wir denn um, Herren und Diener ohne Unterschied nebeneinander. Wie wir
auf den Twerschen Boulevard kamen, sahen wir auch schon
die Bäume in Flammen stehen – endlich erreichten wir Pawel Iwanowitschs Haus, aber als wir näher kamen, sahen
wir die Flammen aus allen Fenstern hervorbrechen. Pawel
Iwanowitsch war starr vor Entsetzen, und wollte seinen Augen nicht trauen. Sie wissen doch, daß hinter dem Haus ein
großer Garten ist – wir wollten also dort Rettung suchen;
kaum hatten wir aber niedergeschlagen auf einer Bank Platz
genommen, da kam schon ein Trupp betrunkener Soldaten
auf uns los; einer von ihnen stürzte sich auf Pawel Iwano-

witsch und wollte ihm seinen Reisepelz fortnehmen; der alte Herr leistete Widerstand – der Soldat aber zog sein Seitengewehr hervor, und versetzte ihm einen Schlag quer übers Gesicht – er hat sein Leben lang eine Narbe zurückbehalten – die Umstehenden traten für uns ein, ein anderer Soldat riß Sie aus den Armen der Amme, wickelte Ihre Windeln auf, um zu sehen, ob nicht Banknoten oder Brillanten darin versteckt wären, als er aber merkte, daß keine vorhanden waren, zerriß er die Windeln absichtlich und warf sie fort. Kaum waren sie fort, da ereignete sich ein neues Unglück. Sie erinnern sich doch noch an unseren Platon, der jetzt Soldat ist; er liebte es, ein wenig zu trinken und war an jenem Tage sehr unternehmungslustig, schnallte sich einen Säbel um und spazierte so umher. Der Graf Rostoptschin hatte einen Tag vor dem Einzug der Feinde an alle Leute Waffen aus dem Arsenal verteilen lassen, und so hatte denn auch er sich einen Säbel verschafft. Gegen Abend kam ein französischer Dragoner in den Hof geritten; neben dem Stall stand ein Pferd, und der Dragoner wollte es mitnehmen, aber Platon stürzte wie ein Rasender auf ihn los, packte das Pferd am Zügel und rief: »Das Pferd gehört uns, du sollst es nicht haben.« Der Dragoner zog seine Pistole, sie war jedoch offenbar nicht geladen. Unser Herr sah dies alles und rief dem Platon zu: »Laß doch das Pferd! Das ist nicht deine Sache! Was willst du tun?« Doch Platon hatte schon seinen Säbel gezogen und führte einen furchtbaren Schlag nach dem Soldaten, so daß dieser wankte; er aber ließ ihn nicht los und drang immer heftiger auf ihn ein. »Das ist unser Tod«, dachten wir, wenn seine Kameraden das sehen, dann ist's um uns geschehen. Unterdessen war der Dragoner vom Pferde herabgesunken, Platon packte ihn bei den Beinen und warf ihn in eine Grube, obwohl der arme Kerl noch nicht ganz tot war. Das Pferd aber stand da und wollte nicht fort; es stampfte mit den Hufen, wie wenn es Verstand hätte. Die Unsrigen führten es in den Stall, wo es wahrscheinlich verbrannt ist. Dann verließen wir, so schnell es ging, den Hof, denn das Feuer wütete immer schrecklicher und schrecklicher um sich. Todmüde und ohne etwas gegessen zu haben, retteten wir uns in ein Haus, das das Feuer verschont hatte und ließen uns nieder, um ein wenig auszuruhen; aber es verging keine halbe Stunde, da kamen schon wieder Leute gelaufen, die uns zuriefen: »Fort! Fort! Feuer! Feuer!« In meiner Angst riß ich den Überzug vom Billardtisch herunter und wickelte dich hinein, um dich gegen den kalten Nachtwind zu schützen; so kamen wir zum Twerschen Platz, wo die Franzosen mit Löscharbeiten beschäftigt waren, weil ihr Herr sein Quartier im Hause des Gouverneurs aufgeschlagen hatte. Wir setzten uns mitten auf die Straße, die von berittenen Gendarmen und Schutzleuten besetzt war. Es war schrecklich. Deine Amme hatte die Milch verloren, und du zappeltest hin und her und schriest aus allen Kräften; keiner hatte ein Stückchen Brot. Wir hatten damals ein tollkühnes Mädchen, Natalja Konstantinowna, bei uns; als sie sah, daß ein paar Soldaten in einer Ecke ihr Mahl hielten, nahm sie dich in die Arme, ging auf sie zu und sagte, indem sie auf dich zeigte: Gebt dem Kleinen manger! Die Leute sahen sie erst unfreundlich an und riefen: »allez, allez!«, sie aber ließ sich nicht einschüchtern, redete auf sie ein und überhäufte sie mit Schimpfworten und Vorwürfen; die Soldaten, die nichts verstanden, lachten hell auf und gaben ihr schließlich etwas aufgeweichtes Brot für dich und einen Kanten für sie selbst. Als der Morgen herannahte, kam ein Offizier auf uns zu und nahm alle Männer, unter ihnen auch deinen Vater, mit; die Frauen ließ er in der Gesellschaft des verwundeten Pawel Iwanowitsch zurück; die Männer sollten die anliegenden Häuser löschen helfen; wir blieben also den ganzen Abend allein, saßen da und weinten. Erst als es zu dämmern begann, kam unser Herr in Begleitung eines Offiziers zurück.«

Es sei mir jedoch gestattet, die gute Alte abzulösen und

ihre Erzählung fortzusetzen. Als mein Vater seine Arbeit als Brandmeister beendigt hatte, begegnete er in der Nähe des Klosters des »Heiligen Märtyrer« einer Schwadron italienischer Reiter, trat an ihren Anführer heran und erzählte ihm in italienischer Sprache, in welch schrecklicher Lage er und seine Familie sich befänden. Der Italiener war glücklich, la sua dolce favella zu hören, versprach ihm Rücksprache mit dem Herzog von Treviso zu nehmen und uns eine Schildwache zu schicken, um die Wiederholung ähnlicher Szenen, wie die im Garten Golochwastows, zu verhüten. Er rief einen Offizier, gab ihm Instruktionen und befahl ihm, meinen Vater zu begleiten. Als der Offizier vernahm, daß wir alle schon zwei Tage lang nichts zu essen bekommen hatten, führte er uns vor einen zerstörten Laden. Der Fußboden war mit Blütentee, Levantekaffee und einer großen Menge Feigen, Rosinen und Mandeln bedeckt; wir stopften uns die Taschen voll, am Dessert fehlte es uns also nicht. Die Schildwache leistete uns ausgezeichnete Dienste: mehr als zehnmal wurden unsere armen Frauen und auch wir andern von Soldatentrupps belästigt. Wir hatten unser Lager in einer Ecke des Twerschen Platzes aufgeschlagen, wenn jemand uns zu nahe kommen wollte, mußte er sich auf Befehl der Schildwache sogleich wieder entfernen.[22]

MOSKAU –
DIE HEIMLICHE HAUPTSTADT

1812–1917

Zar Alexander I. bringt Europa den Frieden. Gravur von Cardelli

DIE GEISTIGE METROPOLE

Sechs Tage hatte der große Brand von Moskau gewütet und drei Viertel aller Häuser zerstört. Eine außerordentliche Kommission wurde eingesetzt, die der historischen Stadtstruktur entsprechend, doch den Erfordernissen der Zeit gemäß den Wiederaufbau durchführte. Die Staatskasse stellte große Summen für neue repräsentative Bauten zur Verfügung (das Große Theater, die Manege, das Kleine Theater, der Neubau der Universität, die Technische Hochschule, das Denkmal von Minin und Posharskij, das städtische Krankenhaus u. a.) ebenso für die Restaurierung beschädigter Kirchen und öffentlicher Gebäude. Staatliche Darlehen erleichterten es Adel und reicher Kaufmannschaft, neue Palais und steinerne Häuser zu errichten, die Bürger und das einfache Volk bauten nach wie vor in Holz. Die Sozialstruktur blieb dieselbe, und doch waren unterschwellig bereits wichtige Veränderungen im Gange.

In den Jahren 1812–1815 waren russische Offiziere und Mannschaften zu vielen Tausenden zum ersten Mal in längere, unmittelbare und intensive Berührung mit Westeuropa gekommen. Vor diesem Hintergrund hatten vor allem die jungen Offiziere ihre Leibeigenen als menschliche Individuen achten gelernt. Scham erfüllte die jungen Edelleute, daß ihnen die Leibeigenschaft als fraglose Selbstverständlichkeit gegolten hatte. Jetzt empfanden sie dies als nationale Schande. Von Tatendrang erfüllt, glaubten sie, nachdem russische Heere Europa von Napoleons Tyrannei befreit hatten, auch die Freiheit der russischen Leibeigenen erreichen zu können. Sie waren ihrer Sache um so sicherer, als Kaiser Alexander I. (1801–1825) in den Vorkriegsjahren sich gegenüber Reformplänen seiner Ratgeber äußerst aufgeschlossen gezeigt hatte.

Alle Hoffnungen der jungen Befreier wurden bitter enttäuscht. Der Zar hatte in den Jahren seines engen Kontakts mit Westeuropa die Überzeugung gewonnen, daß sein Volk für die von ihm in seiner Jugend angestrebten Reformen nicht reif sei, tat aber nichts, um einen derartigen Reifeprozeß zu fördern, auf eine allmähliche Wandlung der Wirtschafts- und Verwaltungsstruktur hinzuwirken und die Selbstherrschaft in eine konstitutionelle Monarchie umzubauen. Tief deprimiert von seinen westeuropäischen Erfahrungen und mehr und mehr in religiös-mystische Schwarmgeisterei versinkend, überließ er die gesamte Staatsleitung dem erzreaktionären, despotischen Grafen Araktschejew.

Die adlige Jugend, zur Untätigkeit verdammt und von tiefer Unzufriedenheit gequält, begann seit 1817 sich in geheimen Zirkeln und Bünden zusammenzuschließen, politische Reformkonzepte zu diskutieren, Verfassungsentwürfe und ein Gesetzbuch auszuarbeiten und sich schließlich auf einen gewaltsamen Umsturz vorzubereiten. Aus der Vielfalt der Gruppierungen entstanden um 1822 zwei in ihren Programmen zwar differierende, aber dennoch kooperierende Gruppen: der Nordbund mit dem Ziel, eine konstitutionelle Monarchie zu erzwingen, und der Südbund – mit Oberst Paul Pestel als führendem Kopf –, der Rußland in eine Republik umwandeln wollte. Zar Alexanders plötzlicher Tod im Dezember 1825 und Unklarheiten in der Thronfolge warfen wieder einmal die Frage nach dem »rechtmäßigen« Zaren auf und gaben den Verschwörern das Signal zur in jeder Hinsicht verfrühten Rebellion. Sie brachten einen Teil der Petersburger Garderegimenter dazu, den Eid auf den neuen Zaren Nikolaj I. (1825–1855) zu verweigern. Die Meuterei auf dem Petersburger Senatsplatz war in wenigen Stunden blutig niedergeschlagen. Nicht anders erging es den Rebellen des Südbundes, die auf Kiew marschierten. Die Mitglieder der Geheimgesellschaften – auch die an der Rebellion nicht unmittelbar beteiligten – zu verhaften bereitete keine Schwierigkeiten, war doch die Geheimpolizei schon seit Jah-

Russischer Kosak. 1814

ren einigermaßen über die Zusammensetzung der Bünde informiert und brauchte nur zuzufassen.

121 Männer, darunter 7 Fürsten, 2 Grafen, 3 Barone, 2 Generäle, 23 Obristen, standen binnen kurzem vor Gericht. Fünf Angeklagte wurden zum Tode durch den Strang verurteilt, die übrigen zu langjährigen bis lebenslänglichen Zuchthausstrafen in Sibirien und anschließendem Zwangsaufenthalt dort, sowie zu Verlust des Adels und des gesamten Vermögens.*

Iwan Dmitrijewitsch Jakuschkin (1793–1857), der in Moskau den Militärputsch organisieren wollte, schildert in seinen Memoiren die Entwicklung der Geheimgesellschaften seit 1817, ihr Scheitern und das weitere Schicksal der nach dem Tage ihres Aufstands, dem 14. Dezember, so genannten Dekabristen:

* Zar Alexander II. erließ 1856 eine Amnestie für alle noch lebenden Dekabristen.

Rebellion der Adelsjugend

... Die Gesellschaft (die Moskauer Militärische Gesellschaft) strebte eine immer größere Ausbreitung und ein Zusammenschließen aller gleichgesinnten Männer an. Bei vielen jungen Leuten war infolge der gähnenden Leere in ihrem Leben ein solcher Überschuß an Lebenskraft vorhanden, daß sie es als ein Glück betrachteten, ein hohes Ziel vor sich zu sehen. Es ist aus diesem Grunde nicht zu verwundern, daß alle damals in Moskau anwesenden tüchtigen, jungen Leute in die Gesellschaft eintraten, oder wenigstens die Gesinnungen der Mitglieder teilten...

In weniger als zwei Jahren gelangte der Wohlfahrtsbund (in Petersburg) zu vollster Blüte; in den Jahren 1818 und 1819 hatte er seine glänzendsten Zeiten. Die Zahl der Mitglieder vergrößerte sich bedeutend;... Die Hauptmitglieder schätzten das ihnen anheimgestellte Mittel, durch freie Meinungsäußerung zu wirken, sehr; sie glaubten an die Kraft dieses Mittels, und ihr Wirken war erfolgreich...

Wir übergehen die Auseinandersetzungen, Zerwürfnisse, Neugruppierungen der nächsten Jahre und lassen Jakuschkin, der einige Zeit auf seinem Gut verbracht hatte, von den entscheidenden Wochen im Dezember 1825 erzählen:

Am 8. Dezember langte ich in Moskau an. Unterwegs erfuhr ich vom Tode des Kaisers in Taganrog und daß man überall dem Zarewitsch Konstantin den Eid geleistet hätte. Ich stellte mir mit tiefem Kummer die noch elendere Lage Rußlands unter dem neuen Zaren vor. Die letzten Regierungsjahre des Kaisers Alexander waren freilich für Rußland sehr traurig gewesen; aber er hatte doch die Vergangenheit für sich. Nach seiner Thronbesteigung war er zwölf Jahre lang eifrig für das Wohl Rußlands tätig gewesen, und Rußland war, dank seiner Bemühungen, doch vorwärts gekommen. Der Zarewitsch war ein berühmter Reiter, der beste Frontsoldat im ganzen Reich, und wollte von nichts als von militärischen Dingen etwas wissen. Sein heftiges Temperament und seine rohen Sitten waren allgemein bekannt. Was konnte man von ihm Gutes erwarten?

In Moskau fand ich außer Fonwisin und Alexej Scheremetjew viele andere Mitglieder der geheimen Gesellschaft vor. Wir versammelten uns entweder bei Fonwisin oder bei Mitkow. Die bei diesen Versammlungen anwesenden Mitglieder waren alle überaus erregt und erwarteten, wie es schien, etwas Feierliches und Entscheidendes. Naryschkin, der erst kürzlich aus dem Süden gekommen war, versicherte, dort sei alles zum Aufstand bereit, die südlichen Mitglieder verfügten über eine große Anzahl von Bajonetten. Mitkow versicherte seinerseits, daß die Petersburger Mitglieder im Notfall auf einen großen Teil der Garderegimenter rechnen könnten.

Am 15. Dezember war ich den ganzen Tag zu Hause und sah keinen von den Gefährten. Spät in der Nacht kam Alexej Scheremetjew und teilte mir die Neuigkeiten vom Thronverzicht des Zarewitsch und der Thronbesteigung Nikolajs mit. Dann erzählte er von einem vom 12. Dezember datierten Brief Puschtschins mit der Mitteilung, daß die Petersburger Mitglieder sich entschlossen hätten, den Eid zu verweigern und die Garderegimenter an der Eidesleistung zu hindern; ferner enthielt der Brief die Bitte an die Moskauer Mitglieder, den Petersburgern nach Möglichkeit zu helfen.

Obgleich es schon nach Mitternacht war, gingen Alexej Scheremetjew und ich sofort zu Fonwisin; ich weckte ihn und überredete ihn, mit uns zusammen zum Obersten Mitkow, der mir immer als sehr entschlossener Mensch erschienen war, zu gehen. Wir weckten auch ihn. Es galt festzustellen, was wir unter den gegenwärtigen Verhältnissen in Moskau tun konnten. Ich schlug Fonwisin vor, sofort nach Hause zu gehen, seine Generalsuniform anzulegen, sich dann in die Chamownykij-Kasernen zu begeben und

Triumphtor für den Sieg über Napoleon

die dort stationierten Truppen unter irgendeinem Vorwande herauszuführen. Mitkow schlug ich vor, mich zum Obersten Gurko, dem Chef des Stabes vom 5. Korps, zu begleiten. Ich war recht gut mit ihm bekannt und wußte, daß er dem Wohlfahrtsbund angehört hatte. Ich hoffte, ihn überreden zu können, mit uns gemeinsam zu handeln. Dann könnten wir noch in dieser Nacht mit Hilfe der von Fonwisin herausgeführten Truppen den Korpskommandeur, Graf Tolstoj, und den Moskauer Gouverneur, Fürst Galitzin, und andere Personen, die dem Aufruhr entgegenarbeiten würden, verhaften. Alexander Scheremetjew, der Adjutant Tolstojs, sollte den in der Umgebung der Stadt stationierten Regimentern – scheinbar im Namen des Kommandeurs – befehlen, nach Moskau zu marschieren. Auf dem Marsch sollten Scheremetjew, Oberst Naryschkin und einige Offiziere versuchen, die Truppen zur Empörung aufzureizen und sie zu veranlassen, sich den möglicherweise schon revoltierenden Moskauer Truppen anzuschließen. Am folgenden Tage müßten wir schon Nachricht von dem, was sich in Petersburg inzwischen zugetragen haben würde, erhalten. Glückte das Unternehmen der Petersburger, so konnten wir Moskauer der Sache durch unsere Mitwirkung zu noch größerem Erfolge verhelfen; mißglückte der Anschlag in Petersburg, so opferten wir diesem Versuch unser Leben, treu den Verpflichtungen gegen die geheime Gesellschaft, treu bis zuletzt gegen unsere Gefährten.

Meine Gefährten kamen jedoch zu dem Schluß, wir vier hätten nicht das Recht, einen so wichtigen Anschlag allein zu unternehmen. Wir sollten uns am nächsten Abend wieder bei Mitkow versammeln und Michail Orlow sollte gebeten werden, an dieser Versammlung teilzunehmen...

Während die Moskauer Verschwörer noch beratschlagten, was zu geschehen habe, war in Petersburg bereits alles zu Ende.

In Tultschin (dem Zentrum des Südbundes) fing man

schon an, die Mitglieder zu verhaften. In Moskau war Michail Orlow der erste, der verhaftet und auf die Peter-Pauls-Festung gebracht wurde; dann folgten Oberst Mitkow und viele andere. Ich wurde erst am 10. Januar 1826 festgenommen.[1]

Das Jahrzehnt von 1815–1825 war nicht nur gekennzeichnet durch die politischen Geheimbünde. Nicht minder intensiv beschäftigte sich die junge Adelsgeneration mit Philosophie, vor allem Geschichtsphilosophie, und mit Poesie. Kondratij Rylejew beispielsweise, zusammen mit Ssergej Murawjow-Apostol als Anführer des Nordbundes gehenkt, war ein hochbegabter Dichter, ebenso Wilhelm Küchelbecker und Alexander Odojewskij, die, minder belastet, ›nur‹ zu sibirischer Zwangsarbeit verurteilt wurden. Zwischen den politischen, literarischen und philosophischen Zirkeln gab es zahlreiche personelle Querverbindungen, und manchmal war schwer zu unterscheiden, wo die romantische Poesie aufhörte und die romantische Politik begann, wo politische Diskussionen in philosophische Spekulation mündeten. Die Literatur – das bedeutete in diesem Jahrzehnt Versdichtung – entwickelte sich zu bisher nicht gekannter Höhe und fand in Alexander Puschkin (1799–1837) ihren allseits unbestrittenen Meister, mit dem die russische Poesie zu einem nie wieder erreichten Gipfelpunkt gelangte.

In den philosophischen Zirkeln wurden nach und nach die Positionen herausgearbeitet, die zehn Jahre später die russische Kulturphilosophie in eine slawophile und eine westeuropäisch orientierte Richtung spaltete. Moskau war nun nicht mehr die einzige russische Universität. Zar Alexander hatte in Dorpat 1802, in Petersburg und Kasan 1804 neue Universitäten gegründet, doch konnten diese jungen Institute sich vorerst nicht mit Moskau messen. Der Wettstreit zwischen Moskau und Petersburg um den Vorrang auf literarischem, künstlerischem und wissenschaftlichem Gebiet setzte später ein und wurde von Petersburg in den letzten Dezennien vor dem ersten Weltkrieg gewonnen.

Die Moskauer Universität als Mittelpunkt der russischen Bildung

Alexander Herzen erzählt von seiner Studentenzeit 1830–1834:

Die Universität Moskau wuchs nach dem Jahre 1812 an Bedeutung zugleich mit dem Wachstum der Stadt. Nachdem diese durch Peter den Großen aufgehört hatte, kaiserliche Residenz zu sein, wurde sie durch Napoleon mit oder ohne Absicht zur Hauptstadt des russischen Volkes erhoben. Das Volk lernte an dem Schmerz, den es bei der Nachricht von der Einnahme Moskaus durch den Feind empfand, seine Blutsverwandtschaft mit dieser Stadt zu fühlen. Seit dieser Zeit begann für Moskau eine neue Epoche. Die Universität wurde immer mehr zum Mittelpunkte der russischen Bildung. Alle Bedingungen für eine blühende Entwicklung waren hier vereinigt – die historische und die geographische Lage und – die Abwesenheit des Zaren.

Das lebhaft angeregte geistige Leben, das nach dem Tode Pauls I. (1796–1801) in Petersburg emporgeblüht war, wurde nach dem 14. Dezember gewaltsam unterdrückt, und Nikolaj I. trat auf den Plan, mit seinen fünf Galgen*, der weißen Binde und dem blauen Benckendorff**.

Alles ging zurück, das Blut gerann einem im Herzen; die ganze Tätigkeit der Nation wurde gewaltsam von außen nach innen gedrängt, wo sie sich zu verstecken suchte. Nur die Moskauer Universität blieb bestehen und nahm in dem

---

* Gemeint sind die Galgen, an denen die fünf führenden Dekabristen gehenkt wurden: Paul Pestel, Kondratij Rylejew, Sergej Murawjow-Apostol, Michail Bestushew-Rjumin, Pjotr Kachowskij.
** Alexander Graf Benckendorff war Gendarmeriechef von Petersburg und Leiter der kaiserlichen Geheimpolizei.

allgemeinen Nebel festumrissene Formen an. Der Kaiser haßte sie... ernannte den Fürsten Sergej Michajlowitsch Golizyn zum Kurator und kümmerte sich im übrigen nicht weiter um »diese Pflanzstätte aller Laster«, sondern riet allen jungen Leuten mit frommer Miene, nicht in die Universität einzutreten, wenn sie die Rechtsschule oder das Lyzeum absolviert hätten.

... Trotzdem wuchs die Universität an Einfluß und Bedeutung; wie in ein großes Sammelbecken mündeten alle jungen Kräfte Rußlands in sie ein und strömten von allen Seiten und aus allen Kreisen hier zusammen. In ihren Hallen reinigten sie sich von den alten Vorurteilen, die sie aus den Vaterhäusern mitbrachten; nachdem die Unterschiede ausgeglichen waren, vereinigten sie sich zu brüderlicher Eintracht und ergossen sich von neuem über ganz Rußland und in alle Schichten der Bevölkerung...

Die bunte Schar der russischen Jugend, die von oben und unten, aus Nord und Süd in der Universität zusammentraf, verschmolz bald zu einer kompakten, brüderlich vereinten Masse... Die äußeren Unterschiede, welche die Studenten trennten, aber nie bedeutendere Dimensionen annahmen, entsprangen nicht gesellschaftlichen Gründen. So z. B. stand die medizinische Fakultät, die am andern Ende des Gartens lag, zu uns in keinem so nahen Freundschaftsverhältnis wie die andern Fakultäten; außerdem waren die meisten Mediziner Seminaristen oder Deutsche. Die Deutschen hielten sich ein wenig abseits und waren noch ganz im philiströs-kleinbürgerlichen Geist ihrer westeuropäischen Kameraden befangen. Die Seminaristen hatten dagegen eine ganz andere Erziehung genossen, ihre Begriffe waren von den unseren völlig verschieden; wir sprachen zwei fremde Sprachen und verstanden uns daher nicht; sie waren unter dem Druck eines mönchischen Despotismus aufgewachsen, durch Rhetorik und Theologie total verschult und beneideten uns wegen unserer freien Sitten und Anschauungen,

Droschkenkutscher

während wir uns über ihre christliche Demut und Ergebung ärgerten...

Zu den außerordentlichen Ereignissen meines Studiums, welches vier Jahre lang dauerte, weil die Universität der Cholera wegen fast ein ganzes Jahr geschlossen war, gehört vor allem im Jahre 1831 die Cholera selbst...

Cholera – dieses Wort, das heute in Europa so gut wie unbekannt ist, hat in Rußland einen so vertrauten Klang, daß ein patriotischer Dichter die Cholera die einzige treue Verbündete Nikolajs I. genannt hat. Alles zitterte vor der furchtbaren Seuche, die sich die Wolga hinauf langsam gegen Moskau hinbewegte. Übertriebene Gerüchte erfüllten die Phantasie mit Furcht und Schrecken. Die Krankheit nahm einen seltsamen Verlauf, bald machte sie halt, bald tat sie einen Sprung; eine Zeitlang schien sie an Moskau vorübergehen zu wollen, aber plötzlich verbreitete sich die Schreckensnachricht durch die ganze Stadt: ›Die Cholera ist da!‹

Eines Morgens fühlte ein Student der juristischen Fakultät ein leichtes Unbehagen, am nächsten Tag schon starb er in der Universitätsklinik. Wir gingen alle hin, um uns seine Leiche anzusehen. Er war abgemagert wie nach einer langen Krankheit, die Augen quollen hervor, die Gesichtszüge waren entstellt. Neben ihm lag der Krankenwärter, der in derselben Nacht erkrankt war.

Man erklärte uns, die Universität werde geschlossen. In unserer Abteilung verlas Professor Denissow das Schließungsdekret. Er sah traurig und sehr erschrocken aus. Am andern Tag war auch er tot.

Alle Abteilungen versammelten sich im Hofe der Universität. Es lag etwas Rührendes im Anblick dieser sich zusammendrängenden jungen Leute, die wegen der Epidemie nun auseinandergehen sollten. Die Gesichter waren bleich und erregt, viele dachten an ihre Verwandten und Freunde; wir begaben uns in kleinen Gruppen nach Hause. Daheim drang uns allen der häßliche Geruch von Chlorkalk entgegen, man begrüßte uns mit Essig au quatre valeurs und setzte uns auf eine Diät, die allein ohne die Hilfe von Kalk und Cholera einen Menschen krank machen konnte.

Merkwürdigerweise hat die Erinnerung an diese traurige Zeit für mich etwas Feierliches. Moskau hatte ein außerordentliches Aussehen angenommen. Menschenansammlungen auf der Straße, die bei uns so gut wie unbekannt waren, schienen der Stadt neues Leben einzuhauchen. Man sah weniger Equipagen als sonst, düstere Menschengruppen zufällig Zusammengekommener standen an den Straßenkreuzungen und tauschten ihre Ansichten über die Giftmischer aus; die Krankenwagen, von Polizeidienern begleitet, bewegten sich langsam durch die Straßen, alles wich den schwarzen Leichenwagen scheu aus. Zweimal täglich wurden Bulletins über den Verlauf der Krankheit ausgegeben Die Stadt war zerniert wie in Kriegszeiten; Soldaten hatten auf einen armen Küstergehilfen geschossen, der über den

Fluß wollte, und hatten ihn verwundet. Das alles beschäftigte die Geister aufs lebhafteste; die Furcht vor der Krankheit hatte die Furcht vor den Behörden überwunden, die Bevölkerung murrte. Mit Windeseile folgte Nachricht auf Nachricht über neue Erkrankungen und Todesfälle.

Der Metropolit veranstaltete öffentliche Gebete. An einem bestimmten Tage und zu einer bestimmten Stunde fanden überall Prozessionen statt. Die Priester zogen mit Fahnen und Heiligenbildern durch sämtliche Kirchspiele Moskaus. Die aufgeschreckten Bewohner verließen ihre Häuser, knieten am Straßenrand nieder und flehten weinend um Vergebung ihrer Sünden; selbst die Priester, die mit Gott wie mit ihresgleichen verkehren, waren ernst und schienen bewegt. Ein Teil zog zum Kreml; dort stand Metropolit Filaret unter freiem Himmel, umgeben von der hohen Geistlichkeit. Er kniete nieder und betete: ›Laß diesen Kelch an uns vorübergehen!‹...

Der Generalgouverneur Golizyn war ein schwächlicher, aber edler und gebildeter Mann, der die Verehrung der Bürger genoß; es gelang ihm, die Moskauer Gesellschaft aufzurütteln, und alles wickelte sich ab wie eine Familienangelegenheit, d. h. ohne Einmischung der Regierung. Man bildete ein Komitee aus Ehrenbürgern der Stadt, d. h. aus reichen Gutsbesitzern und Kaufleuten. Jeder Teilnehmer übernahm einen Stadtteil von Moskau. In wenigen Tagen waren zwanzig Krankenhäuser eröffnet, die die Regierung keine Kopeke kosteten. Die Kaufleute lieferten sämtliche Utensilien, die zur Ausstattung der Krankenhäuser erforderlich waren, Bettdecken, Wäsche und warme Kleidung, die an die Genesenen verteilt wurde. Die jungen Leute meldeten sich freiwillig zum Krankenwärterdienst, damit die Spenden nicht von den Beamten gestohlen würden.

Die Universität blieb nicht müßig. Die ganze medizinische Fakultät, Studenten und Heilgehilfen, stellte sich dem Cholerakomitee zur Verfügung...

Dieses Moskau, das einen so schläfrigen und matten Eindruck macht, das sich allein für Beten, Klatschgeschichten und Hochzeiten interessiert, erwacht jedesmal, wenn es notwendig wird, aus seinem Schlummer und erweist sich immer, wenn sich ein Gewitter über Rußland entlädt, auf der Höhe der Situation.

Im Jahre 1612 feierte Moskau eine blutige Hochzeit mit Rußland, um sich im Feuer von 1812 ganz mit ihm zu verschmelzen...

Und als die Cholera kam, zeigte sich die nationale Stadt wiederum voller Mut, Kraft und Hingabe...[2]

1830 hatte auch Michail Lermontow (1814–1841), nächst Puschkin Rußlands größter Dichter, die Moskauer Universität bezogen. Der studentischen Kameraderie, die Herzen so begeisterte, konnte er ebensowenig Geschmack abgewinnen wie den ihn anödenden Vorlesungen. Er verlegte sich aufs Selbststudium und kümmerte sich so nachlässig um den Lehrstoff, daß er in der Semestralprüfung durchfiel und die Universität verließ. Von seiner Liebe zu Moskau aber zeugt ein 1834 geschriebener Aufsatz:

Das Panorama von Moskau

Wer niemals den Glockenturm Iwan der Große erstiegen hat, nie mit seinen Blicken unsere altehrwürdige Hauptstadt vom einen zum anderen Ende umfangen hat, wer niemals sich Hals über Kopf in dieses großartige, fast unbeschreibliche Panorama verliebt hat, der kann sich von Moskau keine Vorstellung machen, denn Moskau ist keine gewöhnliche Stadt wie tausend andere, ist keine Anhäufung sprachloser, kalter Steine, symmetrisch zusammengefügt... Nein! Moskau hat seine eigene Seele, sein eigenes Leben. Wie auf einem alten römischen Friedhof, wo jeder Stein eine Inschrift bewahrt, die Zeit und Fatum eingruben, eine dem Pöbel un-

Moskauer Universität

verständliche, doch eine gedankenreiche, von Gefühl und Inspiration überquellende Inschrift für Gelehrte, Patrioten und Dichter!

Wie das Meer, so hat Moskau seine eigene Stimme, stark, klangvoll tönend, heilig und fromm! Kaum erwacht der Tag, da erschallt von all seinen goldbehelmten Glockentürmen die harmonische Hymne der Glocken, ähnlich einer wunderbaren, phantastischen Ouvertüre von Beethoven, in der das dumpfe Grollen des Kontrabaß, das Schmettern der Kesselpauke mit dem Gesang der Geigen und Flöten ein erhabenes Ganzes bilden; und es scheint, als nähmen die körperlosen Klänge sichtbare Gestalt an, als vereinigten sich himmlische und höllische Geister unter den Wolken zu einem vielgestaltigen, unendlichen rasch sich drehenden Reigen!

O welche Seligkeit, diese unirdische Musik im obersten Stockwerk Iwans des Großen zu vernehmen, auf die schmale, bemooste Fensterbrüstung gelehnt, bis zu der die ausgetretene, glitschige Wendeltreppe hinaufgeführt hat; zu denken, daß dieses ganze Orchester unter deinen Füßen dröhnt, sich vorzustellen, all das werde für dich allein veranstaltet, du selbst aber seiest der Herrscher über diese außerirdische Welt, der mit den Augen den ungeheuren Ameisenhaufen drunten verschlingt, in dem dir fremde Menschen herumhasten, in der von dir in derselben Sekunde vergessene Leidenschaften brodeln!

Welche Seligkeit, in einem einzigen Aufwallen der Seele dieses ganze nichtige Leben, alle kleinen Sorgen des Menschengeschlechts zu umarmen, die Welt – von oben zu betrachten! Vor uns im Norden, am äußersten Rande des blauen Horizonts, ein wenig rechts vom Peter-Palast, dunkelt das romantische Marienwäldchen – Refugium der Liebespaare, davor eine Anzahl bunter Dächer, durchschnitten vom staubigen Grün der Boulevards, die an der Stelle der alten Stadtwälle entstanden sind; am Fuße des steilen Hangs, den niedrige Häuschen sprenkeln – dazwischen schimmert nur hie und da die breite weiße Wand irgendeines Bojaren-Palais –, erhebt sich ein viereckiger graublauer Riese – der Sucharewskij-Turm. Stolz blickt er auf die Umgebung, als wisse er, daß der Name Peters des Großen auf seiner bemoosten Stirn geschrieben steht! Seine düstere Physiognomie, seine gigantischen Ausmaße, seine resoluten Formen – all das trägt den Stempel einer vergangenen Epoche, den Stempel jener dräuenden Macht, der nichts und niemand zu widerstehen vermochte.

Näher zur Stadtmitte haben die Gebäude eine elegantere, mehr europäische Gestalt, reiche Kolonnaden kommen zum Vorschein, weiträumige Höfe, von schmiedeeisernen Gittern eingefriedigt, zahllose Kirchenkuppeln, Glockentürme mit rostigen Kreuzen und bunt bemalten Karnisen.

Noch näher erhebt sich auf dem großen Platz das Peter-Theater (Bolschoj-Theater), ein Bauwerk der allerneuesten Architektur, ein gewaltiges Gebäude, nach allen Regeln des guten Geschmacks errichtet, mit abgeflachtem Dach und

Die Wassilij Blashennyj-Kathedrale ließ Iwan IV. zwischen 1555 und 1560 errichten, zum Dank für den Sieg über das Tataren-Khanat Kasan.

Kreml. Terem-Kirchen: Erlöser-Kirche »auf der Vorhalle«, Kreuzigungs-Kirche und Kirche der Auferstehung des heiligen Gerühmten.

majestätischem Portikus, auf dem ein alabasterner Apoll, ein Bein auf seinen alabasternen Kampfwagen gestützt, unbeweglich eine alabasterne Quadriga lenkt und ärgerlich zur Kremlmauer hinüberblickt, die ihn eifersüchtig von den Heiligtümern des alten Rußland trennt.

Weiter östlich wird das Bild noch reicher, noch bunter: diesseits der Mauer, die den Kreml-Hügel hinabzieht und in einem runden Turm endet, der, wie mit Schuppen bedeckt, mit grünen Ziegeln gedeckt ist, sehen wir ein wenig links vom Turm die zahllosen Kuppeln der Basilius-Kathedrale mit ihren Kapellen, die alle Ausländer in blankes Erstaunen versetzen, und die im einzelnen zu beschreiben sich noch kein Russe die Mühe gemacht hat. –

Wie der Turmbau zu Babel baut sich die Kirche vielstufig auf und gipfelt schließlich in einer riesigen, gezackten, in allen Regenbogenfarben schillernden Blüte, die (man verzeihe mir den Vergleich) dem Kristallstöpsel einer alten Weinkaraffe außerordentlich ähnlich sieht. Rings um die Kuppel sind in allen Abstufungen der Stockwerke viele kleinere Kuppeln verteilt, von denen keine der anderen auch nur im mindesten gleicht; regellos sind sie über das ganze Stockwerk ausgeschüttet, ohne Symmetrie und Ordnung.

Schwere gedrehte Säulen stützen die eisernen Dächer, die sich über Türen und Außengalerien neigen, aus denen kleine trübe Fenster blicken, wie die Pupillen eines hundertäugigen Fabeltieres. Tausende von verschnörkelten Hieroglyphenbildern umrahmen die Fenster; manchmal glimmt nachts das matte Licht einer Lampada durch die vergitterten Scheiben, als schimmere ein Glühwürmchen durch das Efeu eines halb zerfallenen Turmes. – Jede Kapelle ist mit einer besonderen Farbe ausgemalt, als seien sie nicht alle gleichzeitig gebaut worden, sondern jeder Moskauer Herrscher habe im Verlauf langer Jahre eine Kapelle nach der anderen zu Ehren seines Engels hinzugefügt.

Nur ganz wenige Moskauer haben alle Kapellen dieser Kathedrale abgeschritten. Ihr düsteres Äußere bedrückt die Seele mit Kleinmut; es ist fast, als sehe man Iwan den Drohenden vor sich – so wie er in seinen letzten Lebensjahren gewesen ist.

Was noch? – unmittelbar gegenüber dem Aufgang zu diesem großartigen, finsteren Bau brodelt die schmutzige Volksmenge (auf dem Roten Platz), prunken bunt die Reihen der Verkaufsbuden, schreien fliegende Händler ihre Ware aus, treiben sich die Semmelverkäufer am Fuße des Denkmals von Minin und Posharskij herum, rasseln elegante Karossen, schwatzen Modedamen... alles ist laut, lärmt herum, ist lebhaft, voller Unruhe!

Rechts von der Basilius-Kathedrale unterhalb des Steilufers fließt die seichte, breite, schmutzige Moskwa, erschöpft von der Last der vielen mit Korn und Holz beladenen schweren Schiffe; ihre langen Masten, von gestreiften Wimpeln gekrönt, richten sich hinter der Moskworezkij-Brücke wieder auf, ihre knarrenden Trossen, die im Winde schaukeln, dunkeln schwach am blauen Horizont.

Am linken Ufer spiegelt sich in der glatten Wasseroberfläche das Findelhaus, dessen hohe, kahle Mauern, die symmetrisch angeordneten Fenster und Schornsteine sich in seiner ganzen europäischen Wohlanständigkeit scharf von den Nachbargebäuden abhebt, die entweder in östlichen Luxus gewandet sind oder noch den Geist des russischen Mittelalters atmen.

Südöstlich, auf drei Hügeln, zwischen denen sich der Fluß hindurchschlängelt, eine bunte Menge von Häusern in allen möglichen Größen und Farben; nur mit Mühe erreicht das ermüdete Auge den Horizont, an dem sich einige Klöster abzeichnen, unter ihnen ist vor allem das Simonskloster bemerkenswert. Von seiner wie zwischen Himmel und Erde schwebenden Plattform aus beobachteten unsere Vorfahren die Bewegungen der herannahenden Tataren-Horden.

Im Süden, unterhalb des Tajnitzkij-Tores fließt der Fluß unmittelbar an der Kremlmauer entlang. Am jenseitigen Ufer erstreckt sich eine breite Ebene, förmlich überschüttet von Häusern und Kirchen, dehnt sie sich bis an den Fuß der Poklonnyj-Anhöhe, von der aus Napoleon den ersten Blick auf den für ihn tödlichen Kreml warf. Von hier aus wurde er zum ersten Mal der prophetischen Flamme gewahr: jener drohenden Fackel, die seinen Triumph und seinen Sturz beleuchtete! –

Westlich vom Kreml, jenseits des langen Turms, in dem nur Schwalben wohnen und auch niemand sonst wohnen könnte (denn nach dem Abzug der Franzosen wieder aufgebaut, hat er weder Treppen noch Decke, seine Wände bestehen aus kreuzweise aufgestellten Balken), sieht man die Bögen der Steinernen Brücke, die sich von Ufer zu Ufer wölbt; das Wasser, von einem kleinen Wehr eingedämmt, stürzt sich mit Getöse und Gesang unter ihr hindurch, bildet an den Pfeilern Strudel, die oft, vor allem im Frühjahr, die Neugier der Moskauer Müßiggänger anlocken und manchmal den Leichnam eines armen Sünders anschwemmen. Jenseits der Brücke, trennen sich rechts die zackenreichen Silhouetten des Alexejew-Klosters vom Horizont, links

Diligence um 1840

zwischen den Dächern der Kaufmannshäuser glänzen die Kuppeln des Don-Klosters. Und dort hinten – weit hinter ihnen in bläulichen Dunst eingehüllt –, steigen aus den kalten Fluten des Flusses die Sperlingsberge. Sie krönt dichter Wald, seine steilen Wipfel schauen in den Fluß, der wie eine silberschuppige Schlange sich zu ihren Füßen windet.

Wenn der Tag sich neigt, wenn rosige Dämmerung den Stadtrand und die umliegenden Höhen einhüllt, dann ist nur noch unsere alte Hauptstadt selbst in ihrem vollen Glanz zu sehen. Wie eine schöne Frau, die erst am Abend ihre prächtigste Toilette anlegt, kann auch Moskau erst zu dieser festlichen Stunde sich ganz stark und unauslöschlich der Seele einprägen.

Was läßt sich mit diesem Kreml vergleichen, der, beschützt von gezähnten Mauern, geschmückt mit den goldenen Kuppeln seiner Kathedralen auf dem steilen Berg liegt wie die Herrscherkrone auf dem Haupt des dräuenden Zaren?

Der Kreml ist Rußlands Altar, auf dem man Opfer niederlegt und dem schon viele Opfer, des Vaterlandes würdig, dargebracht wurden. Ist es etwa lange her, daß er wie der sagenumwobene Phönix aus rauchender Asche neu erstand?

Was gibt es Erhabeneres als diese auf einem Platz dicht zusammenstehenden dunklen Tempel, als den geheimnisvollen Palast Boris Godunows, dessen kalte Säulen und Fliesen schon so viele Jahre den Laut menschlicher Stimmen nicht mehr vernommen haben, der wie ein Mausoleum in der Einöde zum Gedächtnis der großen Zaren ragt?!

Nein; weder den Kreml, noch seine gezähnten Mauern, seine dunklen Durchgänge, seine prächtigen Paläste kann man schildern. Man muß das alles sehen, sehen und fühlen, was sie dem Herzen und der Vorstellungskraft zu sagen haben.[3]

DER VERFALL DER ARISTOKRATIE

Alexander Puschkin, auch er in Moskau geboren und aufgewachsen, verbrachte als Erwachsener immer wieder kürzere oder längere Zeit in Moskau, zog aber als ständigen Wohnort Petersburg vor. Wir zitieren aus einem längeren, Fragment gebliebenen Essay (1834):

Reise von Moskau nach Petersburg*

Wenn ich heute das stille Moskau verlasse und mich auf ein prunkvolles Petersburg gefaßt mache, bringt mich schon der Gedanke auf, mein ruhiges Leben gegen Wirbel und Getöse, die mich da erwarten, eingetauscht zu sehen; mir dreht es sich jetzt schon im Kopf...

Fuit Troja, fuimus Trojani. Früher gab es wirklich einmal die Rivalität zwischen Moskau und Petersburg. Früher lebten in Moskau die reichen Bojaren, die nicht im Staatsdienst standen. Würdenträger, die den Hof verlassen hatten, unabhängige, sorglose Leute, die mit Hingabe eines harmlosen Klatschs und wohlfeiler Gastlichkeit pflogen; früher war Moskau ein Mittelpunkt für den gesamten russischen Adel, der über den Winter aus allen Provinzen dort zusammenkam. Aus Petersburg strömte die strahlende Gardejugend hierher. An allen Ecken der alten Hauptstadt erklang Musik, und überall war es voll. Im Saal der Adelsversammlung kamen zweimal in der Woche fast fünftausend Menschen zusammen. Hier lernten sich die jungen Leute kennen: Heiraten bahnten sich an. Moskau war berühmt für seine Bräute wie Wjasma für seine Pfeffernüsse. Die Moskauer Diners

* Der Titel ist in Umkehrung des Buchtitels »Reise von Petersburg nach Moskau« gewählt, jenes Buches, das dem Verfasser Alexander Radischtschew 1790 zehn Jahre sibirische Verbannung eintrug. Jeder gebildete Russe kannte dieses Buch, obwohl es verboten war und erst 1902 gedruckt werden durfte.

Kaufmannsfamilie

(Fürst Dolgorukow hat sie höchst originell beschrieben)
sind sprichwörtlich geworden. Die unschuldigen Schrullen
der Moskauer waren ein Zeichen ihrer Unabhängigkeit. Sie
lebten ganz nach ihrer Art, vergnügten sich, so gut sie es verstanden, und kümmerten sich wenig um die Meinung der
anderen. Es kam vor, daß sich irgendein reicher Kauz an
einer Hauptstraße ein chinesisches Haus mit grünen Dra-
chen und holzgeschnitzten Mandarinen unter vergoldeten
Schirmen bauen ließ. Ein anderer fuhr im Marienwäldchen
in einer Kutsche aus reinem Silber spazieren. Ein dritter ließ
mitten im Sommer auf den Tritt seines viersitzigen Schlit-
tens fünf Mohren, Diener und Läufer stellen und sich von
zwei oder drei Paar Pferden durch die sommerliche Stadt
schleppen. Wenn die Moskauer Modenärrinnen die Neu-
heiten aus Petersburg übernahmen, gaben sie auch ihnen

ihre ganz besondere Note. Das hochfahrende Petersburg lachte aus der Ferne und ließ dem greisen Moskau seine Späße. Aber wo ist dieses geräuschvolle, müßige, sorglose Leben geblieben? Wo sind die Bälle, die Festmähler, die Käuze und Spaßvögel – es ist alles vorbei; geblieben sind die Bräute, auf die man wenigstens nicht das grobe Wort »vieilles commes les rues« anwenden kann. Seit dem Jahre 1812 sind die Moskauer Straßen nämlich jünger als die Moskauer Schönen, die noch immer wie die Rosen blühen! Im stillgewordenen Moskau stehen heute die gewaltigen Bojarenhäuser traurig zwischen dem weiten, grasbewachsenen Hof und dem vernachlässigten, verwilderten Garten. Unter den vergoldeten Wappen hängt das Schild eines Schneiders, der dem Hausbesitzer für die Wohnung dreißig Rubel monatlich bezahlt; die herrliche Beletage hat eine Madame für ihre Pension gemietet – Gott sei's gedankt! An allen Toren verkünden die Anschläge, das Haus sei zu verkaufen oder zu vermieten, aber niemand kauft es, niemand mietet es. Die Straßen sind tot; nur selten rattert eine Kutsche über das Pflaster; die Mädchen laufen schon ans Fenster, wenn der Polizeimeister mit seinen Kosaken vorbeireitet...

Peter I. liebte Moskau nicht, weil er dort auf Schritt und Tritt an Aufruhr und Hinrichtung erinnert wurde, an die tief wurzelnde Vergangenheit und den starrköpfigen Widerstand von Aberglauben und Vorurteil. Er verließ den Kreml, wo es ihm zwar nicht stickig, aber zu eng war, und suchte am fernen Ufer des Baltischen Meeres Muße, Raum und Freiheit für seinen mächtigen, ruhelosen Drang. Nach seinem Tode, als die alte Aristokratie ihre frühere Größe und Macht wiedererlangt hatte, hätten die Dolgorukij Moskau beinahe seinen Zaren wiedergegeben, aber der frühe Tod Peters II. bestätigte Petersburg seine jungen Rechte.

Der Niedergang Moskaus ist eine unvermeidliche Folge des Aufstiegs von Petersburg. In einem Staat können nicht zwei Hauptstädte in gleichem Maße gedeihen, wie es ja im menschlichen Körper keine zwei Herzen geben kann. Aber die Verarmung Moskaus weist auch noch auf etwas anderes: auf die Verarmung des russischen Adels, die teils aus der Zersplitterung der Güter herrührt, die mit erschreckender Schnelligkeit dahinschwinden, teils aus anderen Ursachen, von denen noch zu reden sein wird.

Aber nachdem nun Moskau seinen aristokratischen Glanz verloren hat, blüht es in anderer Beziehung auf: Stark gefördert hat sich die Industrie hier angesiedelt und mit ungewöhnlicher Intensität entwickelt. Die Kaufmannschaft wird reich und zieht in die Paläste ein, die der Adel verläßt. Andererseits liebt auch die Bildung diese Stadt, in der Schuwalow nach Lomonossows Plänen einst die Universität gegründet hat.

Die Petersburger Schriftsteller sind zum größten Teil keine Schriftsteller, sondern geschäftstüchtige und ausgekochte Literaturpächter; Gelehrsamkeit, Liebe zur Kunst und Begabung sind ohne Zweifel auf seiten Moskaus. Der Moskauer Journalismus sticht den Petersburger aus.

Die Moskauer Kritik unterscheidet sich vorteilhaft von der Petersburger. Schewyrjow, Kirejewskij, Pogodin und einige andere haben Essays vorgelegt, die neben den besten Aufsätzen der englischen Reviews würdig bestehen können, während die Petersburger Zeitschriften über Literatur wie über Musik urteilen und über Musik wie über politische Ökonomie, das heißt aufs Geratewohl, mehr schlecht als recht, dabei manchmal durchaus zutreffend und geistreich, meistens aber unsachlich und oberflächlich.

Die deutsche Philosophie, die in Moskau vielleicht schon zu viele junge Anhänger gefunden hat, überläßt nun, glaube ich, allmählich einem praktischeren Geist das Feld. Dessenungeachtet war ihr Einfluß positiv: Sie hat unsere Jugend vor dem kalten Skeptizismus der französischen Philosophie bewahrt und sie weggeführt von der rauschhaften, gefährlichen Schwärmerei, die für die Blüte der vorigen Generation von verheerender Wirkung gewesen ist!

Apropos: ich fand in meinen Papieren einen interessanten Vergleich der beiden Hauptstädte. Einer meiner Freunde hat ihn geschrieben, ein großer Melancholiker, der gelegentlich einen Anflug von Heiterkeit kannte:

Moskau u n d Petersburg[4]

Puschkin hatte richtig prophezeit: Moskau *und* Petersburg. Beide Städte prägten Rußland in den nächsten Jahrzehnten. Um die Mitte des 19. Jahrhunderts schien es zwar, als sollte Moskau für immer in Provinzialismus versinken, doch das war, wie Pjotr Kropotkin (1842–1921) in seinen zu Beginn des zwanzigsten Jahrhunderts verfaßten Memoiren schrieb, nur der äußere Anschein. Folgen wir ihm in die scheinbar so friedliche Welt seiner Kindheit.

Im Adelsviertel des alten Moskau

... Von allen Teilen Moskaus ist wohl keiner eigenartiger als das Labyrinth von sauberen, stillen, gewundenen Straßen und Gassen, das hinter dem Kreml zwischen zwei großen strahlenförmig verlaufenden Straßen – dem Arbat und der Pretschistenka* – liegt und das Altes Marstallviertel, Staraja Konjuschennaja, heißt.

Vor einigen 50 Jahren lebte hier, langsam aussterbend, die alte Moskauer Aristokratie, deren Namen wir auf den Blättern der russischen Geschichte vor der Epoche Peters I. so häufig verzeichnet finden, die aber dann verschwanden und den ›neuen Männern aus allen Ständen‹, deren sich der Gründer des russischen Imperiums bediente, Platz machte. Da sie sich am Petersburger Hofe überflüssig fühlten, zogen sich diese Adligen alten Schlages nach Moskau in das alte Marstallviertel oder auf ihre malerischen Landgüter unfern

---

* heute Kalininprospekt und Kropotkinstraße

der Hauptstadt zurück und blickten mit einem aus Verachtung und geheimer Eifersucht gemischten Gefühl auf die etwas buntscheckige Gesellschaft, die, ›wer weiß woher‹ stammend, in der neuen Reichshauptstadt an den Ufern der Newa die höchsten Staatsämter innehatte.

In ihren jungen Jahren hatten die meisten von ihnen ihr Glück im Staatsdienst, vornehmlich im Heere, versucht, doch aus dem einen oder anderen Grund waren sie bald wieder ausgeschieden, ohne es weit gebracht zu haben. Einige fanden in Moskau, der Stadt ihrer Ahnen, einen ruhigen Ehrenposten – zu ihnen gehörte auch mein Vater –, die anderen quittierten ganz einfach den aktiven Dienst. Aber wohin sie auch im weiten russischen Reiche ihre amtliche Laufbahn verschlagen mochte, immer war es ihr Ziel, ihr Alter im eigenen Haus im Alten Marstallviertel zu verleben, im Schatten der Kirche, in der sie getauft und in der beim Begräbnis ihrer Eltern die letzten Gebete gesprochen waren.

In diesen stillen Straßen, die weit ab lagen vom Lärm und

Pjotr Kropotkin

206

Getümmel der geschäftigen Stadt, sahen sich die Häuser auffallend ähnlich. Sie waren meist aus Holz und hatten glänzende grüne Dächer aus dünnen Eisenplatten; die Außenseiten wiesen Stuckverzierungen auf und waren mit Säulen und Portikus geschmückt; alle aber leuchteten in lebhaften Farben. Fast sämtliche Gebäude hatten nur ein Stockwerk mit sieben oder neun großen, freundlich aussehenden Fenstern. Ein zweiter Stock fand sich nur über dem hinteren Teil des Hauses. Dieser schaute auf einen geräumigen Hof, den zahlreiche kleinere, als Küchen, Ställe, Vorratsräume, Schuppen sowie als Wohnungen für Tagelöhner und Dienstboten dienende Bauten einfaßten. Ein breites Tor führte auf diesen Hof und trug gewöhnlich ein Messingschild mit der Aufschrift »Haus des Soundso, Leutnant oder Oberst und Ritter«, selten las man »Generalmajor« oder einen entsprechend hohen Ziviltitel.

Wenn sich in einer dieser Straßen ein prächtiges Haus mit schönem vergoldetem Eisengitter und eisernem Tore fand, da konnte man sicher sein, auf dem Messingschild zu lesen: »Handelskonsul« oder »Der ehrenwerte Bürger Soundso«. Dies waren Eindringlinge, die sich ungeladen in diesem Viertel niedergelassen hatten und darum auch von den adligen Nachbarn ignoriert wurden.

Ladengeschäfte waren in diesen vornehmen Straßen nicht gestattet, höchstens fand sich in einem kleinen zur Kirche gehörigen Holzhause ein unbedeutender Kauf- oder Grünkramladen. Dann hatte gewöhnlich der Polizist sein Wohn- und Wachhäuschen an der gegenüberliegenden Ecke; tagsüber zeigte er sich, mit einer Hellebarde bewaffnet, vor der Tür seines Häuschens und grüßte mit seiner harmlosen Waffe die vorüberschreitenden Offiziere, kam die Dämmerung, zog er sich ins Innere des Häuschens zurück, um seinem Gewerbe als Flickschuster nachzugehen oder den besonders bei älteren Dienstboten beliebten Schnupftabak herzustellen.

Besenverkäufer und
Portier eines
vornehmen Hauses

Ruhig und friedlich verlief, wenigstens dem äußeren Anschein nach, das Leben in diesem Moskauer Faubourg St.
Germain. Morgens war kein Mensch auf den Straßen zu sehen. Um Mittag erschienen die Kinder, um unter der Obhut
französischer Hauslehrer oder deutscher Gouvernanten auf
den schneebedeckten Promenaden spazierenzugehen. Später am Tage ließen sich die Damen in zweispännigen Schlitten sehen mit einem Diener, der auf einem kleinen, hinter
den Läufern befestigten Brette seinen Stand nahm; oder sie
saßen ganz verborgen in der Tiefe eines altertümlichen und
hohen, auf mächtigen geschweiften Federn ruhenden vier-
spännigen Wagens, mit einem Postillon auf dem ersten Sat-
telpferd, während zwei Diener hinten standen. Am Abend
waren die meisten Häuser strahlend erleuchtet, und da man
die Läden nicht vorlegte, konnte man von der Straße aus in
den Gesellschaftsräumen Karten spielen oder Walzer tanzen

Briefträger und
Hausknecht

sehen. Politische Ansichten gab es in jenen Tagen kaum,
und noch fern waren die Jahre, als in jedem dieser Häuser
ein Kampf zwischen »Vätern und Söhnen« begann, ein
Kampf, der gewöhnlich entweder durch eine Familientra-
gödie oder mit einem nächtlichen Besuch der Geheimpolizei
seinen Abschluß fand. Doch vor fünfzig Jahren dachte man
an dergleichen nicht; alles war ruhig und glatt – wenigstens
an der Oberfläche.

In diesem Alten Marstallviertel bin ich im Jahre 1842 geboren, und hier vergingen die ersten fünfzehn Jahre meines
Lebens... Unser Vater war der Typus eines Soldaten der Ära
Nikolajs I. Nicht als ob er von kriegerischem Geist erfüllt
gewesen wäre und das Lagerleben so sehr geliebt hätte; ich
bezweifle sogar, daß er auch nur eine Nacht seines Lebens
am Biwack-Feuer verbrachte oder ein einziges Mal an einer
Schlacht teilnahm. Aber unter Nikolaj I. war dies ganz ne-

209

bensächlich. Als echter Krieger galt der Offizier, der in seine Uniform verliebt war und auf jede andere Kleidung nur mit Verachtung blickte, dessen Soldaten auf nahezu übermenschliche Kunststücke mit ihren Beinen und ihren Gewehren eingedrillt waren – den Flintenkolben beim Präsentieren des Gewehrs zu zerbrechen, war eines dieser berühmten Kunststücke –, und der bei der Parade seine Soldaten in so gleichmäßigen und starren Reihen vorführen konnte, als seien sie von Blei. »Sehr gut«, sagte der Großfürst Michail einmal von einem Regiment, nachdem er es eine ganze Stunde lang das Gewehr hatte präsentieren lassen, »sehr gut, aber sie a t m e n!« Sicher war es meines Vaters Ideal, der damals herrschenden Vorstellung von einem echten Militär zu entsprechen...

Unsere beste Zeit hatten wir sonntags, da speiste die ganze Familie außer uns Kindern bei der Generalin Timofejew. Es traf sich manchmal, daß auch Herr Poulain und Herr Smirnow (die Hauslehrer) für den Tag Urlaub erhielten, dann wurden wir der Obhut Ulanas (der Beschließerin) anvertraut. Nachdem wir hastig zu Mittag gegessen hatten, liefen wir in den großen Saal, in dem sich bald die jüngere Dienerschaft einfand. Alle möglichen Spiele, Blindekuh, Geier und Küchlein und dergleichen wurden vorgenommen, bis auf einmal Tichon, das Hausfaktotum mit der Violine erschien. Dann ging das Tanzen los, nicht das abgezirkelte und langweilige Tanzen unter Anleitung eines auf »Gummibeinen« wippenden französischen Tanzmeisters, sondern ein freies, nicht lehrmäßiges Tanzen, wobei sich zwanzig Paare zwanglos drehten. Das war aber nur die Einleitung zu dem noch lebhafteren, fast wilden Kosakentanz. Tichon gab die Fidel einem der älteren Männer und bewegte nun seine Beine in so wunderbarer und kunstvoller Weise, daß sich bald alle Saaltüren mit der gesamten Dienerschaft aus Küche und Stall füllten, die diesem, dem russischen Herzen so teuren Tanze zuschauen wollte.

Um neun fuhr die große Kutsche ab, um die Familie heim-
zuholen. Jetzt rutschte Tichon mit der Bohnerbürste in der
Hand auf dem Fußboden hin und her, um ihm seinen ur-
sprünglichen Glanz zu verleihen, und alles im Hause wurde
wieder in die gehörige Ordnung gebracht. Und hätte man
Sascha (der ältere Bruder) und mich am nächsten Morgen
dem schärfsten Kreuzverhör unterworfen, nicht ein Wort
wäre uns entschlüpft über das, was am Vortag geschehen
war. Niemals hätten wir einen von der Dienerschaft verra-
ten, und ebensowenig sie uns. Als mein Bruder und ich
einmal sonntags allein im großen Saale spielten, rannten
wir gegen ein Tischchen, auf dem eine kostbare Lampe
stand, sie fiel herunter und zerbrach. Sofort hielten die Diener eine Beratung. Niemandem fiel es ein, uns zu schelten;
es wurde vielmehr beschlossen, Tichon sollte früh am nächsten Morgen auf die Gefahr hin, abgefaßt und bestraft zu
werden, aus dem Hause schleichen, zur Schmiedebrücke
laufen und eine neue Lampe derselben Art kaufen. Sie kostete 15 Rubel, für Leibeigene eine ungeheure Summe, doch

Straßenszene um 1850

sie wurde gekauft, und niemals bekamen wir wegen des Vorfalls ein Wort des Vorwurfs zu hören.

Denke ich jetzt daran zurück, und alle jene Bilder und Szenen treten vor mein geistiges Auge, so fällt mir auf, daß wir niemals beim Spielen rohe Wörter hörten oder beim Tanzen etwas der Art zu sehen bekamen, wie es jetzt bereits Kinder in schlechten Theatern bewundern lernen. Im Dienerhause, wenn sie unter sich waren, gebrauchten unsere Leute sicher rohe Ausdrücke, aber wir waren Kinder, ihre Kinder, und das ließ sie alles Schlechte und Gemeine von uns fernhalten...

...In jener Zeit bemaß sich der Reichtum eines Grundbesitzers nach der Zahl der ihm gehörenden Seelen. So viele Seelen bedeutete so viele männliche Leibeigene, die Frauen zählten nicht mit. Mein Vater, der in drei verschiedenen Provinzen fast 1 200 Seelen sein eigen nannte, galt für einen reichen Mann. Dementsprechend lebten wir auch, das heißt unser Haus übte eine fast schrankenlose Gastfreundschaft, und der Haushalt war in großem Stile eingerichtet.

Unsere Familie bestand aus acht, zeitweise aus zehn oder zwölf Personen. Aber in Moskau fünfzig Dienstboten und auf dem Lande noch fünfundzwanzig mehr zu halten, schien nicht zuviel. Vier Kutscher zu zwölf Pferden, drei Köche für den Herrschaftstisch und zwei Köchinnen für die Dienerschaft, ein Dutzend Aufwärter bei Tisch, hinter dem Stuhl eines jeden Tischgenossen stand einer mit dem Teller in der Hand, und ungezählte Mädchen in der Mägdestube – war doch das mindeste, was man haben mußte.

Außerdem war es für jeden Herrn Sache des Ehrgeizes, alles, was für den Haushalt nötig war, im Hause und von eigenen Leuten anfertigen zu lassen.

»Wie gut Ihr Klavier immer gestimmt ist! Ich denke mir, Sie lassen es von Herrn Schimmel stimmen?« bemerkte etwa ein Besucher.

Darauf antworten zu können: »Ich habe meinen eigenen

Mode um 1850

Klavierstimmer« gereichte dem Hausherrn zur größten Befriedigung. »Was für ein prachtvoller Aufsatz«, rief vielleicht ein Gast, wenn ein Kunstgebilde aus verschiedenem Eis und feinem Backwerk am Ende der Mahlzeit aufgetragen wurde. »Gestehen Sie, Fürst, den haben Sie von Tremblé (dem gesuchtesten Konditor) kommen lassen.«

»Er ist von meinem eigenen Konditor, einem Schüler Tremblés, der heute einen Beweis seiner Kunstfertigkeit ab-

Mode um 1850

legen durfte«, erschien damals als eine Antwort, die allgemeine Bewunderung hervorrief.

Stickereien, Pferdegeschirre, Möbel, kurz: alles von den Händen eigener Leute hergestellt zu haben war das Ideal eines reichen und angesehenen Adelsherrn. Sobald die Kinder der Diener das zehnte Lebensjahr erreicht hatten, wurden sie in feinen Geschäften in die Lehre gegeben, wo sie dann fünf oder sieben Jahre lang auszufegen hatten, unglaubliche Trachten Prügel erhielten und als Laufburschen in der Stadt herumrennen mußten. Ich muß gestehen, daß nur wenige von ihnen in dem auf diese Weise gelernten Handwerk es zur Meisterschaft brachten. Die Schneider und Schuster erwiesen sich schließlich gerade als geschickt genug, Kleider und Schuhe für die Dienerschaft anzufertigen, und wollte man den Mittagsgästen eine wirklich gute Torte vorsetzen, bestellte man sie eben doch bei Tremblé, während unser Konditor in unserem Orchester die Trommel schlug.

Dieses Orchester war ein zweiter Gegenstand des väterlichen Ehrgeizes, und fast jeder männliche Diener hatte neben seinen übrigen Verrichtungen ein Instrument zu spielen: Viola, Klarinette oder sonst etwas. So war der Klavierstimmer Makarij für gewöhnlich Gehilfe des Kellermeisters und außerdem Flötist, der Schneider Andrej blies das französische Horn. Der Konditor hatte zuerst die Trommel zu rühren, machte aber mit seinem Instrument einen so ohrenbetäubenden Lärm, daß man eine kolossale Trompete für ihn kaufte, in der Hoffnung, seine Lungen würden nicht imstande sein, mit diesem Instrument einen ebensolchen Lärm zu machen wie vormals seine Hände. Als auch diese letzte Hoffnung zuschanden ging, steckte man ihn unter die Soldaten. Der scheckige Tichon, der sich als Lampenputzer, Flurwichser und Stiefelputzer im Haushalt nützlich machte, war im Orchester bald als Posaune, bald als Fagott und gelegentlich als zweite Geige tätig.

Nur die beiden ersten Violinen machten eine Ausnahme, sie waren »Violinen« und weiter nichts ... Wenn mein Vater abends nicht in seinem Klub, sondern zu Hause war oder wenn bei uns ein Diner oder eine Abendgesellschaft stattfand, hatte das zwölf bis fünfzehn Mann starke Orchester aufzuspielen. Sie spielten sehr hübsch und waren für Tanzgesellschaften in der Nachbarschaft sehr gesucht ...

Einmal, als Makarij ein Dutzend Teller zerbrochen hatte, geriet Kropotkins Vater in Zorn, ließ den Sünder und den Diener Frol kommen.

... **Mein Vater setzt sich an den Tisch, schreibt etwas auf ein Papier und sagt zu Frol: »Nimm Makarij mit diesem Schreiben zur Polizeistation und laß ihm hundert Hiebe mit der Birkenrute aufzählen.«**

Schrecken und Totenstille herrschen im Haus. Als die Glocke vier Uhr schlägt, gehen wir alle zum Mittagessen hinunter, aber keiner hat den geringsten Appetit, die Suppe bleibt unberührt im Teller. Wir sind unser zehn zu Tisch, und hinter jedem von uns steht ein Geiger oder ein Posaunenbläser mit einem frischen Teller in der linken Hand, aber Makarij ist nicht darunter.

»Wo ist Makarij?« fragt unsere Stiefmutter. »Ruf ihn herein!«

Makarij kommt nicht, und der Befehl wird wiederholt. Schließlich tritt er, bleich, mit verzerrtem Gesicht, herein. Vaters Augen haften an seinem Teller, während unsere Stiefmutter uns zu der unberührten Suppe Lust machen will.

»Findet ihr nicht, Kinder«, sagt sie, »daß die Suppe ganz köstlich ist?«

Tränen würgen mich, und gleich nach dem Essen laufe ich hinaus, treffe Makarij in einem dunklen Gange und will ihm die Hand küssen. Doch er reißt sie weg und sagt – war es ein Vorwurf oder eine Frage? –: »Laß mich in Ruhe! Auch du, wirst du nicht genau ebenso sein, wenn du erwachsen bist?«

»Nein, nein, niemals!«

Dabei gehörte Vater keineswegs zu den schlimmsten Herren; im Gegenteil, die Leibeigenen wie die Bauern hielten ihn für einen der besten. Was wir in unserm Hause sahen, geschah allenthalben und oft noch in viel erbarmungsloserer Weise. Das Auspeitschen von Leibeigenen gehörte zu den regelmäßigen Aufgaben von Polizei und Feuerwehr. [5]

DIE ENTWICKLUNG ZUR INDUSTRIESTADT

Während in dem stillen, vornehmen Adelsviertel das Leben nach hergebrachter Weise verlief, war die Stadt bereits tiefgreifenden Wandlungen ausgesetzt. Als Zentrum des russischen Handels besaß Moskau seit je auch wichtige Manufakturen, die sich mehr und mehr zu regelrechten Fabriken auswuchsen. Den bedeutendsten Zweig bildete die Textilindustrie, danach kamen Lebensmittel, Zuckerwaren, Tabak, Papier, holz- und metallverarbeitende Betriebe. Diese beginnende Industrialisierung führte zu Verschiebungen in der Bevölkerungsstruktur. Die Arbeiterschaft rekrutierte sich aus Bauern der Umgegend, die von ihren Herren gegen einen Leibzins freigestellt wurden. Diese Bauern überließen die Bewirtschaftung ihrer Höfe den Angehörigen und kamen nur zur Erntezeit nach Hause. Nach und nach lockerten sich die Bindungen ans Dorf, und die meisten blieben mit ihren Familien endgültig in der Stadt.

Zur gleichen Zeit, in der Moskau sich anschickte, Industriestadt zu werden, hatte sich auch die kulturtragende Schicht verändert und erheblich verbreitert. Kultur war nicht länger ein Adelsprivileg. Die von Peter dem Großen aus rein pragmatischen Überlegungen begonnene, von seinen Nachfolgern, vor allem aber von Katharina II. systematisch weitergeführte Volksbildungspolitik ermöglichte auch Nichtadligen, den sogenannten Rasnotschinzen (Leute verschiedener Stände), den Zugang zu Gymnasium und Universität. Eine Entwicklung, die Zar Nikolaj I. am liebsten wieder rückgängig gemacht hätte. Er brachte es jedoch nur zu einschränkenden Verordnungen und strengeren Zulassungsbestimmungen, die den Wissensdrang der jungen Leute eher beflügelten als bremsten. Bespitzelung durch Geheimpolizei, Pressezensur, Verbot staatsgefährdender Schriften vermochten den gehörigen Untertanengeist nicht heranzubilden. Große Sorge und Beunruhigung bereiteten den höchsten Kreisen 1848/49 die Revolutionen in Westeuropa. Man hielt es für dringend geboten, die Zensur an den Universitäten zu verschärfen.

In der Geheimen Anweisung an die Rektoren und an die Dekane der juristischen und philosophischen Fakultäten der Universitäten vom 24. Oktober 1849 lautet der Paragraph zwei:

»Der Rektor der Universität und die Dekane der Fakultäten, welche eine beständige und tätige Aufsicht über sämtliche Lehrgegenstände üben sollen, haben eine besonders strenge Wachsamkeit auf diejenigen Disziplinen zu richten, deren Behandlung – dem tadelnswerten Zeitgeiste entsprechend – Übelgesinnten spezielle Veranlassung dazu bieten kann, den jungen Leuten verkehrte und verderbliche Begriffe über politische Materien beizubringen. Hierher gehören zum Beispiel das Staatsrecht, die Volkswirtschaftslehre, die Finanzwissenschaft und die historischen Wissenschaften im allgemeinen, bei denen die Möglichkeit eines Mißbrauchs keinem Zweifel unterliegt.«

Paragraph sechs bestimmt:

»Rektor und Dekane dürfen nicht gestatten, daß die Professoren in ihren Vorlesungen einer übertriebenen Anteilnahme an dem Zustand der leibeigenen Bauern Ausdruck geben, daß sie den Mißbrauch, den die Gutsherren mit ihrer Gewalt treiben, allzu grell schildern oder daß sie den Beweis zu führen versuchen, eine Veränderung in den Beziehungen der letzteren zu den ersteren würde dem Reiche von Nutzen sein.«[6]

In den letzten Regierungsjahren Nikolajs I. waren die philosophischen Lehrstühle aufgehoben. Nur noch Logik und Psychologie durften unterrichtet werden, und zwar an der theologischen Fakultät.

Da jede öffentliche Äußerung politischer Ansichten, die vom Staatsdogma abwich, unmöglich war – nicht nur für die

Studierenden, sondern für alle Untertanen seiner Majestät, wurde die Literatur zum einzigen Forum öffentlicher Meinung. Nur durch das Medium der erzählenden und dramatischen Literatur konnte man informieren, aufklären, den kritischen Blick des Lesers schärfen, zum Nachdenken und zum Diskutieren anregen. Aller Zensur zum Trotz bot sich hier ein breites Wirkungsfeld, auf dem Talente jeder Art und jeder politischen Schattierung sich tummelten. Der ungeheure Aufschwung, den die russische erzählende Prosa kurz vor der Jahrhundertmitte zu nehmen begann, hängt wahrscheinlich mit der Unmöglichkeit zusammen, sich anders als literarisch zu äußern, erklärt aber gewiß nicht allein die Vielfalt der bedeutenden, ja genialen Talente, denen die Welt die klassische realistische russische Prosa verdankt.

Trotz aller hartnäckigen, mit Polizeimaßnahmen bekräftigten Versuche, die russische Volkswirtschaft und damit die gesamte Staatsstruktur in einem längst überholten System festzuhalten, konnte nach dem verlorenen Krimkrieg (1856), der Rußlands hoffnungslos veraltete Bewaffnung und Kriegstechnik offenbart hatte, der neue Zar Alexander II. (1855–1881) sich nicht mehr der Erkenntnis verschließen, daß die Leibeigenschaft – das »Krebsgeschwür« der russischen Volkswirtschaft – abgeschafft werden müsse und daß zugleich damit Anfänge gemeindlicher Selbstverwaltung institutionalisiert werden müßten. Nach langen, zähen Vorbereitungen wurde am 19. Februar 1861 das Gesetz zur Aufhebung der Leibeigenschaft verkündet. Dabei offenbarte sich, daß dieses Gesetz die Lage der Bauern nicht verbesserte, sondern drastisch verschlechterte. Die Bauern waren nun zwar persönlich frei, aber sie mußten den Boden, den sie bisher unentgeltlich genutzt hatten, ihren früheren Herren abkaufen. Ein Fünftel des Betrags war sofort an den Gutsbesitzer zu zahlen, die restliche Summe streckte der Staat vor, sie sollte im Laufe von 49 Jahren in Raten abgezahlt werden. Die Forderung, für das eigene Land zahlen zu sollen, empörte die

Alexander II.

Bauern so sehr, daß es allenthalben zu Unruhen und Aufständen kam und die Regierung ihre Forderung schließlich
fallen lassen mußte. Doch reichte dieses Nachgeben keineswegs aus, die bäuerlichen Wirtschaften zu sanieren, denn
die den Bauern zugewiesenen Landanteile waren so karg
bemessen, daß sie kaum zur eigenen Ernährung reichten
und keine Überschüsse abwarfen. Viele Bauern arbeiteten
daher weiter als Tagelöhner beim ehemaligen Herren. Es
verstärkte sich aber auch der Trend, in der Stadt zusätzlich
Geld zu verdienen und die Bewirtschaftung des Hofes der
Familie zu überlassen. Die Bauern wurden zu Hausknech-
ten, Droschkenkutschern, unselbständigen Handwerkern,
Kellnern, Badewärtern und Fabrikarbeitern. Auch die
Frauen aus den nahe bei Moskau gelegenen Dörfern verdienten Pfennigbeträge hinzu. Sie sammelten Kräuter, Wurzeln
und Birkenknospen für Apotheker und Gewürzkrämer,
Eichenblätter zum Gurkeneinlegen, Ameiseneier für die
Nachtigallen, sammelten und trockneten Pilze und Beeren,
machten Schuhwichse, verkauften Kopeken-Pfefferkuchen,
eingeweichte Erbsen, Apfelkwas.

Die junge Intelligentsija, angefüllt mit modernen staats-philosophischen und ökonomischen Theorien, rückte voller Enthusiasmus den neuen Problemen zu Leibe. Es entstand die Bewegung der Narodniki (Volkstümler). Scharen junger Männer und Frauen »gingen ins Volk«, hauptsächlich aufs Land; doch auch um das wachsende städtische Proletariat kümmerten sich viele. Sie erteilten Elementarunterricht, versorgten die des Lesens bereits Kundigen mit Literatur, richteten Vortrags- und Diskussionszirkel ein und lehrten die Arbeiter, sich ihrer Lage bewußt zu werden und Selbstvertrauen zu gewinnen.

Erfolglos dagegen blieb die Mehrzahl der Narodniki mit ihren Bemühungen um die Bauern. Teils um die Bauern politisch aufzuklären und zu revolutionieren, teils aus philanthropischen Gründen um ihnen zu helfen, ihre neue Lage zu meistern, gingen die jungen Moskauer und Petersburger aufs Land – als Bauern, Handwerker oder Landstreicher verkleidet. Sie propagierten neue landwirtschaftliche Methoden, eröffneten Elementarschulen, richteten Krankenstationen ein. Die Bauern begegneten ihnen vorwiegend mit Ablehnung, oft mit Haß. Sie jagten sie aus ihren Dörfern und verständigten die Polizei. Zu tief saß das Mißtrauen gegen »die Herren«; man fürchtete, hinter der Hilfsbereitschaft verberge sich nur eine neue Teufelei ihrer Unterdrücker. Evolution der bäuerlichen Basis erwies sich als undurchführbar. Die Folge war Radikalisierung einiger Volkstümlergruppen. Sie glaubten, es genüge, die Staatsspitze zu beseitigen, dann ließe sich eine soziale Neuordnung ohne weiteres bewerkstelligen. Terroraktionen waren in den siebziger Jahren an der Tagesordnung: eine Serie von Attentaten auf Minister, Großfürsten und den Zaren Alexander II., der im März 1881 einem Bombenanschlag zum Opfer fiel.

Moskau hatte mit seiner Industrieproduktion inzwischen Petersburg eingeholt. Schwergewicht der Produktion blieb nach wie vor Seide, Wolle, Baumwollstoffe aller Art. Man nannte Moskau die Kattun-Metropole. Großbetriebe zwischen 1000 und 3000 Arbeitern gab es erst wenige. Die Regel waren mittlere Fabriken. Daneben hielten sich noch sehr lange kleine und kleinste Werkstätten mit nur fünf oder sechs Arbeitern. Hier arbeitete etwa die Hälfte aller Moskauer Arbeiter. Zwar waren die Löhne nicht besser als in den Fabriken, aber wer in so einem Kleinbetrieb arbeitete, konnte wenigstens noch die Hoffnung hegen, sich eines Tages selbständig zu machen. Und manch einem gelang es auch nach langer Mühe, sich eine eigene Existenz zu schaffen. In der Fabrik war dies von vornherein ausgeschlossen. Der Arbeitstag dauerte zwischen 13 und 17 Stunden. Der Monatslohn betrug zwischen 8 und 15 Rubel, Frauen erhielten 25 Prozent weniger. Halbwüchsige bekamen einen halben Männerlohn, Kinder ein Drittel.

Nur wenige Arbeiter besaßen eigene, wenn auch entsetzlich elende Häuschen oder einen eigenen in einem Privathaus gemieteten Winkel. Die Mehrzahl wohnte in sogenannten Fabrikkasernen, die die Fabrikanten neben den Fabriken errichten ließen: düstere, dreistöckige Gebäude, von oben bis unten mit Menschen vollgestopft. In den Räumen befanden sich nur lange Pritschenreihen mit schmalen Längs- und Querdurchgängen. Es gab weder Tisch, noch Stuhl, noch Hocker, nur Strohsäcke als Matratzen. Für Familien gab es sogenannte »Nester«, winzige Kämmerchen, voneinander durch enge Durchgänge getrennt.

Alte Arbeiter erinnern sich: »Wer bei uns in der Fabrikkaserne wohnte, war ständig krank, konnte auch nicht gesund werden, denn die Wände waren naß. Durch Nässe entsteht Moos – wie im Wald – aber besseres als das Waldmoos. Im Wald wachsen die Pilze nur im Sommer, in der Fabrikkaserne aber auch im Winter.« »Man schlief zu zweit und zu dritt auf einer Pritsche, schlief auf dem Fußboden, unter den Pritschen, in den Durchgängen zwischen den Pritschen. Da wurde auch gegessen.«

Ein Schlafplatz kostete im Monat einen Rubel, eine Pritsche am Fenster zwei Rubel. Wer das nicht zahlen konnte, wohnte schwarz, d. h. er hatte keinen festen Platz und verkroch sich mal hier, mal da. Manche mieteten auch zu zweit eine Pritsche: einer schlief tags, der andere nachts.

Viele Eltern, die ihren Kindern die Fabriksklaverei ersparen wollten, und auch viele, die noch auf dem Lande lebten, versuchten, für ihre Söhne Lehrstellen in der Sadt zu bekommen und ihren Kindern eine, wenn auch geringe, Aufstiegschance zu bieten. Die Lehre dauerte fünf bis sechs Jahre. Der Lehrling erhielt beim Dienstherrn Unterkunft und Verpflegung, vertraglich vereinbart wurde außerdem: jährlich ein Paar Stiefel, zweimal Wäsche zum Wechseln, irgend etwas Warmes an Oberbekleidung für Herbst und Winter. Meistens lief der Lehrling allerdings während seiner ganzen Lehrzeit im selben Halbpelz herum, in dem er – zehnjährig – aus dem Dorf in die Stadt gekommen war. Nach beendeter Lehrzeit erhielt er 15 bis 20 Rubel in bar und wurde vom Meister neu eingekleidet.

Der Dichter Iwan Alexejewitsch Bjeloussow (1863–1930) wuchs in einer typischen Handwerkerfamilie auf, im Moskauer Kaufmanns- und Handwerkerviertel Kitaigorod, dem ältesten, unmittelbar östlich an den Kreml anschließenden und bis an die Moskwa hinabreichenden Stadtteil. Bjeloussows Vater gehörte zu jenen Bauern, die nach der Aufhebung der Leibeigenschaft ihr Glück in der Stadt gesucht und es zu etwas gebracht hatten. Er besaß eine Schneiderwerkstatt mit ständig 6–7 Gesellen und 5–6 Lehrbuben. Selber noch Halbanalphabet, schickte er den Sohn immerhin schon in die Elementarschule, für das Gymnasium reichten die Mittel nicht, und außerdem sollte der Junge sich ja auch im Geschäft nützlich machen. Bjeloussow erinnert sich:

Vom Alltag in einer Handwerker-Werkstatt

Die Pflichten eines Lehrlings bestanden in folgendem: täglich wurde einer zum Diensttuenden bestimmt. Er mußte früher als die andern aufstehen, den Fußboden scheuern, Kehricht raustragen, Holz hacken und neben die »Sharownja« schichten. Das war eine Art eiserner Schrank mit einer Herdplatte innen, auf der die Gesellen ihre Bügeleisen heiß hielten.

Jeder Geselle hatte einen Lehrling als seinen persönlichen Gehilfen. War der Geselle ein »Großnäher«, d. h. war er auf Überröcke, Paletots und Pelzmäntel spezialisiert, wurde auch sein Lehrling Großnäher. Geriet er als Gehilfe zu einem »Kleinnäher«, der Westen, Hosen und ähnliches nähte, wurde er auch zum Kleinnäher.

Der Lehrling stand dem Gesellen zu absoluter Verfügung, er befahl, und der Junge mußte springen und alles Benötigte heranschaffen: Bügeleisen, Leisten, Bürsten, Zwirn, Nadeln. Er hatte auch den Mittelsmann zwischen Meister und Gesellen abzugeben (der Meister hielt sich in der Regel nicht in der Werkstatt auf), mußte Seide, Knöpfe, Watte, Futterstoff und anderes Zubehör holen. Manchmal mußte der Lehrling wegen einer Kleinigkeit mehrmals hin- und herlaufen. Da schickt der Geselle den Lehrling zum Chef, um Knöpfe zu holen:

»Onkelchen, Jegor Iwanowitsch schickt mich um Knöpfe für die Weste.«

»Wieviel?« fragt der Meister.

»Das hat er nicht gesagt.«

»Geh, frag ihn.«

Der Junge läuft zum Gesellen, fragt, läuft zum Meister zurück, berichtet:

»Acht.«

»Und für welche Weste? Ich habe vergessen, für wen er die Weste näht.«

Der Lehrling läuft noch einmal in die Werkstatt, erfährt, für welchen Kunden die Weste bestimmt ist, rennt zurück zum Chef und kriegt endlich die Knöpfe.

Außer seinen Pflichten in der Werkstatt hat er einer ganzen Reihe anderer nachzukommen. Auch die Hausfrau kann unbeschränkt über ihn verfügen: er muß für sie Einkäufe machen, manchmal auch die Kinder hüten, muß der Köchin helfen, die Wäsche an die Moskwa zu schleppen und zu schlagen, Holz hacken und Wasser holen.

Den lieben langen Tag ist so ein Lehrling auf den Beinen. Zwischendurch muß er auch noch Wodka, Tabak oder Eßwaren für die Gesellen kaufen, und überdies wird er reichlich mit Prügeln traktiert.

Manchmal wird aber auch den Lehrlingen ein kleines Vergnügen erlaubt, und sie dürfen sich für zwei oder drei Kopeken einen Imbiß kaufen. Und das kommt so zustande: in den Schneiderwerkstätten fällt immer allerhand an Stoffetzen und Resten ab, die nicht mehr zu verwenden sind. Sie werden dem Lumpensammler verkauft, 4–5 Kopeken das Pfund. Das Geld für die Lumpen wird dann unter die Lehrlinge verteilt.

Der Arbeitstag beginnt zwischen fünf und sechs Uhr morgens. Der Hausherr steht vor allen andern auf, weckt die Gesellen. Die gehen dann in die Wirtschaft und trinken Tee, die Lehrlinge räumen die Werkstatt auf, sie bekommen keinen Tee. Denn der Tee geht auf die Rechnung des Hausherrn. Deshalb geben ihn auch manche Chefs den Gesellen zu Hause. Bis um 12 Uhr wird gearbeitet. Dann gibt es Mittagessen. Die Lehrlinge bereiten den Tisch vor, schneiden Brot, legen die Löffel hin und bringen aus der Küche große hölzerne Schüsseln. Das Essen besteht aus Kohlsuppe mit Fleisch und hinterher Grütze. Zuerst wird nur das Flüssige gelöffelt, dann auf ein Zeichen des Altgesellen, der mit seinem Löffel an den Schüsselrand klopft, beginnt man nach den Fleischstückchen zu fischen, dabei wird streng darauf geachtet, daß niemand zwei Stückchen auf einmal bekommt. Zur Grütze gibt es ausgelassenes heißes Schmalz.

Nach dem Mittagessen wird bis um vier Uhr gearbeitet. Dann gehen die Gesellen wieder zum Teetrinken, diesmal auf eigene Rechnung. Darum schicken sie den diensttuenden Lehrling zum Meister und lassen um Geld für den Tee bitten. Der Lehrling kommt ins Kontor zum Hausherrn und rapportiert:

»Onkelchen, es bitten für Tee: Wassilij Kriwoj, Timofej Iwanowitsch eine Griwna (10 Kopeken), Iwan Chromow – 15 Kopeken und die übrigen fünf Kopeken.«

Der Hausherr verlangt eine Erklärung: »Wozu braucht der Chromow 15 Kopeken?«

Der Junge läuft in die Werkstatt, fragt Chromow, und der sagt ihm, er braucht sie fürs Dampfbad oder für Tabak oder irgend so was ähnliches.

Der Hausherr zahlt das Geld aus, nimmt ein langes schmales Büchelchen und trägt die Summen auf die Konten der Gesellen ein.

Um zehn Uhr ist Abendbrot; und danach legt man sich zur Ruhe auf demselben Schneidertisch, an dem man tagsüber gearbeitet hat. Alle schlafen nebeneinander aufgereiht, aber jeder hat sein eigenes Bettzeug: ein Kissen in einem seit Jahren nicht gewaschenen fettigen Bezug, irgendeine wollene Decke und eine schmierige Kattundecke. Das alles wird am Morgen wieder zu einem Bündel verschnürt und unter den Schneidertisch geschoben.

Es wird nicht das ganze Jahr hindurch bis zehn Uhr abends gearbeitet, sondern nur von September bis Ostern. Nach Ostern arbeitet man, solange es hell ist, also sehr bald auch bis um 10 Uhr, aber im August, wenn die Tage kürzer werden, wird nur bis zum Dunkelwerden gearbeitet. Man ißt früher zu Abend, aber schlafen kann man noch nicht. Also erzählt man sich Geschichten. Eigene Erlebnisse, abenteuerliche und geheimnisvolle Ereignisse, auch Märchen.

Ich liebte es, diesen Geschichten zuzuhören und schlich mich heimlich aus meinem Zimmer, kroch mit auf den Schneidertisch und hörte zu, was die alten Gesellen vom Moskau der alten Zeit zu erzählen wußten.

In der ersten Septemberhälfte fand dann die ›Sassidka‹ statt. Von dem Tage an wurde wieder bei Licht, also bis zehn Uhr gearbeitet.

Die Sassidka wurde bei den einzelnen Handwerkern an verschiedenen Septembertagen gefeiert, bei den meisten aber am 8., dem Geburtstag der Gottesmutter.

Früh am Morgen bereiteten die Lehrlinge die Lampen vor, wuschen die Zylinder, reinigten die Schirme vom Staub. Am Abend der Sassidka wurde nur eine Lampe angezündet und hoch unter die Decke gehängt, zur Arbeit zog man die Lampen nämlich niedrig über den Tisch. Um diese eine Lampe setzten sich die Gesellen und Lehrlinge im Kreis zusammen und warteten auf den Hausherrn.

Erst brachte man aus der Wohnung die ›Bewirtung‹: Äpfel, Melonenscheiben, Brot, Wurst und ein Viertel Wodka. Danach kam auch der Hausherr. Er postierte sich vor die Ikone, bekreuzigte sich eifrig, und alle folgten seinem Beispiel. Nach dem Gebet schenkte der Hausherr Wodka ein, leerte sein Glas und lud die Gesellen ein, es ihm nachzutun. Dann zog er seinen Geldbeutel, zählte für die Gesellen, je nachdem 30 oder 40 Kopeken ab, gab den Lehrlingen jedem fünf und begab sich wieder in seine Wohnung zu seinen von ihm zur Sassidka geladenen Gästen. Die Gesellen tranken ihr Quantum Wodka aus und gingen anschließend in die nächste Schenke. Die Lehrlinge aßen alles auf, wurden richtig satt, tranken Tee und spielten Karten.

Zwei oder drei Stunden später kamen die Gesellen einzeln oder zu zweit taumelnd in die Werkstatt zurück. Ohne sich auszuziehen, krochen sie – wenn sie das noch konnten – auf den Schneidertisch oder schliefen, so wie sie waren, auf dem Fußboden ein.

Am andern Tag, um den Rausch zu vertreiben, schickten sie zum Hausherrn um Vorschuß. Der gab entweder sehr wenig oder gar nichts. Dann begann die Liquidation der eigenen Habe: Hemden, Stiefel, Westen. Die Lehrlinge mußten zum Pfandleiher laufen. Bei uns in Sarjadje gab es fast in jedem Hause einen mit Unmengen verpfändeter Sachen, die nie eingelöst wurden. Die Pfandleiher hatten immer eine Menge Waren zum Tausch vorrätig: da schickt ihm also ein Geselle ein Paar fast neue, feste Stiefel, er tauscht sie ein für ein Paar viel schlechtere und gibt ihm noch 1 1/2 Rubel in bar; nachdem das Geld vertrunken ist, wird ein neuer Tausch vorgenommen, noch schlechtere Stiefel und nur ein paar Kopeken in bar. So geht das weiter bis zum letzten Tausch, das sind dann nur noch zerfetzte Schuhe. Das gleiche geschieht mit Westen und Hemden...

Drei bis vier Tage dauert das Besäufnis nach der Sassidka. Wenn alles vertrunken ist, nehmen die Gesellen die Arbeit wieder auf. Und der Hausherr zieht in seinem Büchelchen die verbummelten Arbeitstage von ihrem Konto ab. Der Lohn der Gesellen betrug je nach Tüchtigkeit 5 bis 15 Rubel im Monat. Abgerechnet wurde viermal jährlich: Ostern, Weihnachten, zur Butterwoche (Beginn der Fastenzeit) und am Tag vor Peter und Paul. An diesem Tag fuhren die meisten Gesellen ins Dorf, um die »Petrowka«, das große Sommerfest, gehörig zu feiern und sich dann der Feldarbeit zuzuwenden; war die Ernte eingebracht, kamen sie Mitte August nach Moskau zurück.

In Moskau gab es im Sommer über nicht viel zu tun: die Gutsbesitzer und die reichen Leute hatten die Stadt verlassen. Die Gutsbesitzer waren auf ihre Landgüter gefahren, die meisten Kaufleute aber nach Nishnij-Nowgorod zur großen Handelsmesse, dem Makarij-Markt. Die Abrechnung zwischen den Gesellen und dem Hausherrn lief sehr verschieden ab. Der Hausherr sitzt in seinem Kontor. Die Gesellen schubsen sich an der Tür der Werkstatt, unschlüssig:

»Nu was, soll ich?« fragt einer.

»Los, geh«, ermuntern ihn die anderen.

Der Geselle geht zögernd ins Kontor.

»So, du willst wohl ins Dorf?« fragt der Chef.

»Ja, muß wohl fahren, zum Fomins-Tag bin ich zurück.«

»Das kennen wir: bin ich zurück! Da kann ich lange warten! Die Arbeit geht weiter. Sommerbestellungen...«, murrt der Chef.

»Ja, natürlich, das ist wohl so«, räumt der Geselle ein, »nur im Dorf, da ist auch viel Arbeit. Die Frau ist allein mit den Kindern.«

»Na ja, rechnen wir ab. Aber, daß du bestimmt am Fominstag wieder zurück bist, sonst streiche ich dich ganz.«

Und der Hausherr nimmt sein langes schmales Büchelchen, schlägt die Seite mit dem Namen des Gesellen auf und fängt an zu addieren.

»Nu also«, sagt er, »von den Fasten her bist du mir fünf Rubel schuldig, außerdem hast du noch vier Tage verbummelt. Zu Hause, im Dorf, sagst du, herrscht Not, Brot ist keins da, hast nichts, um das Vieh zu füttern, aber selber Tee trinken jeden Tag, das kannst du...«

So eine Rechnung macht der Wirt nur einem Gesellen gegenüber auf, an dem ihm nicht viel liegt. Nach seiner Rechnung bleiben dem dann kaum vier oder fünf Rubel, aber er läßt sich herbei, ihm 6 bis 7 Rubel Vorschuß zu geben. Einem tüchtigen Gesellen, den der Meister nicht verlieren will, gibt er 15 bis 20 Rubel Vorschuß.[7]

So mancher Lehrjunge hielt den harten Alltag in der Stadt nicht aus. Von Heimweh getrieben, lief er ins Dorf zurück. Man brachte ihn jedoch seinem Lehrherrn wieder, der ihm das Heimweh mit der Rute gehörig auszutreiben suchte. Das hatte nicht immer den gewünschten Erfolg. Bei der nächsten Flucht lief der Junge allerdings nicht mehr ins Dorf, sondern verschwand meist in Chitrowka. Was es damit auf sich hat, erzählt der Schriftsteller Wladimir Giljarowskij (1853–1935)

Chitrowka

Der große Platz im Zentrum von Moskau, nicht weit vom Fluß Jausa entfernt und begrenzt von schmucklosen Steinhäusern, liegt in einer Niederung, in die einige Gassen wie Bäche in einen Sumpf hinabführen. Er ist fast ständig in Nebelschleier gehüllt, besonders gegen Abend. Und schaut man bei diesigem Wetter oder nach Regen von den höher gelegenen Straßen auf den Chitrowschen Markt hinab, so graut es einem Neuankömmling: es ist, als habe sich eine Wolke auf dem Platz niedergelassen. Wenn man dann die Gasse hinuntergeht, glaubt man sich in eine feuchte Grube versetzt, die in Bewegung geraten ist.

Durch den Nebel sieht man Scharen zerlumpter Gestalten, kaum erkennbar in dem trüben, an das Licht eines Dampfbades erinnernden Schein. Da sitzen reihenweise Marktweiber mit ihren Vorräten auf riesigen gußeisernen oder irdenen Töpfen mit »Schmorfleisch«, verdorbener Bratwurst, die in eisernen Behältern über kleinen eisernen Kohlenöfen in einer Brühe kocht. Man kann sie getrost einen Leckerbissen für Hunde nennen. Die Chitrowschen »Feinschmecker« tun sich gern an Speiseresten gütlich.

Ringsherum dringen Dunstschwaden aus Laden- und Kneipentüren, die ständig auf und zu gemacht werden, und vermischen sich mit dem Nebel, der natürlich frischer und klarer ist als die Luft in den Schenken und Nachtasylen, die einzig von dem Machorkarauch desinfiziert werden, der den Gestank fauliger Fußlappen, menschlicher Ausdünstungen und übelriechenden Wodkas ein wenig überdeckt.

Alle zwei- und dreistöckigen Häuser rund um den Platz waren voll von Nachtasylen, in denen bis zu zehntausend

Bettelnder Soldat

Menschen übernachteten und auf engstem Raum eine Unterkunft fanden. Diese Häuser brachten ihren Besitzern riesige Gewinne. Jeder Obdachlose, der in einem Nachtasyl
schlief, zahlte fünf Kopeken für die Nacht, ein »Zimmer«

hingegen kostete 20 Kopeken. Noch unter der untersten Pritsche, die einen Arschin (71 Zentimeter) Zwischenraum zum Fußboden ließ, befanden sich Liegestätten für je zwei Personen, durch eine Bastmatte voneinander abgeteilt. Ein Raum – ein Arschin hoch, anderthalb Arschin breit – das war ein »Logis«, in dem Menschen ohne jede Unterlage außer ihren eigenen Lumpen übernachteten.

Die Häuser, in denen die Nachtasyle sich befanden, wurden nach ihren Eigentümern benannt – Rumjanzew, Bunin, Stepanow (später Jaroschenko), Romejko (später Kulakow). Das Haus Rumjanzew hatte zwei Kaschemmen, den ›Strafgefangenen‹ und ›Sibirien‹, im Haus Jaroschenko gab es die Kneipe ›Zwangsarbeit‹. Im ›Strafgefangenen‹ trafen sich Obdachlose, Bettler und Händler. Im ›Sibirien‹ die in der kriminellen Hierarchie eine Stufe höher Stehenden: Einbrecher, Taschendiebe, Hehler und Großaufkäufer von Diebesgut. Das höchste Ansehen genoß ›Zwangsarbeit‹ – Stätte wilder Saufereien und zügelloser Ausschweifungen, Treffpunkt der Diebe erster Kategorie und geflohener Sträflinge. Niemand, der Sibirien oder dem Gefängnis entflohen war, ging an diesem Ort vorüber. Wenn ein Ankömmling wirklich etwas von seinem Handwerk verstand, wurde ihm hier Achtung entgegengebracht, und er bekam sofort ›Arbeit‹.

Auf dem ganzen Chitrowschen Markt schalteten und walteten seit einem Vierteljahrhundert zwei Polizisten, Rudnikow und Lochmatkin. Nur die kleinen Spitzbuben fürchteten deren pudschwere Fäuste wirklich; die schweren Jungs dagegen kamen mit den beiden Repräsentanten der Staatsgewalt gut aus. Wenn sie Sibirien oder dem Gefängnis entronnen waren, gingen sie zu allererst zu ihnen, um ihnen ihre Aufwartung zu machen. Denn man konnte sich einfach nicht vor ihnen verstecken.

Da steht so ein Beschützer Chitrowkas auf Wache, saugt an seiner Pfeife und sieht, wie eine dunkle Gestalt an einer Mauer entlangschleicht, ihr Gesicht verbirgt.

»He, Boldoch!« donnert der Polizist.

Die Gestalt kommt, die Mütze in der Hand, auf ihn zu.

»Guten Tag, Fjodor Iwanowitsch!«

»Woher?«

»Aus Nertschinsk*. Bin gestern erst angekommen. Lassen Sie mich doch...«

»Nun gut, aber nimm dich in acht, Serjoshka, benimm dich still und friedlich, sonst...«

»Denken Sie denn, ich weiß nicht Bescheid? Bin doch nicht das erste Mal hier, die eigenen Leute...«

Als einmal der Untersuchungsrichter für besonders wichtige Fälle Rudnikow fragte: »Stimmt es, daß du alle entlaufenen Verbrecher von Ansehen kennst und sie nicht einsperrst?« antwortete der: »Nur darum bin ich schon zwanzig Jahre hier und halte Wache, sonst hätten sie mich längst um die Ecke gebracht. Freilich kenne ich sie alle.«

Manchmal fand eine Razzia statt, aber sie war meist nur zum Schein eine Hausdurchsuchung: die Polizei umstellte ein Gebäude, in dem es verhältnismäßig ruhig zuging, schnappte ein paar Spitzbuben, doch die schweren Jungs erwischte sie nie.

Gewöhnlich las die Polizei bei einer Razzia allerhand Gesindel auf: Leute ohne Ausweise, Bettler und von den Behörden ausgewiesene Herumtreiber. Am nächsten Tag wurden sie sortiert. Leute ohne Ausweis und Ausgewiesene wurden über ein Durchgangsgefängnis in die Orte abgeschoben, in denen sie registriert waren, meist in die umliegenden Kreise, aber spätestens nach einer Woche waren sie wieder in Moskau. Sie hatten sich gezwungenermaßen in so ein Sarajsk oder Jegorewsk begeben, sich dort bei der Polizei gemeldet und schon in derselben Nacht die Rückreise angetreten. Die Bettler und Händler erwiesen sich dagegen

---

*Jenseits des Baikalsees in Ostsibirien gelegen. Berüchtigt als Verbannungs- und Zwangsarbeitsgebiet wegen der besonders harten Arbeitsbedingungen in den dortigen Erzbergwerken.

alle als Moskauer oder als Bewohner der Vororte, sie waren schon am nächsten Tag wieder in Chitrowka und gingen ihren gewohnten Geschäften nach – bis zur nächsten Razzia.

Was sollten die Ausgewiesenen auch in einer öden Kleinstadt anfangen? ›Arbeit‹ gab es für sie dort nicht. Jedermann scheute sich zudem, sie bei sich übernachten zu lassen. Nachtasyle gab es auch nicht, da schlugen sie sich nach Moskau durch und fühlten sich in Chitrowka auf ihre Art glücklich. In der Hauptstadt gab es gut zu tun; man konnte stehlen, betteln, einen Neuankömmling im Nachtasyl ausrauben; man konnte einen unerfahrenen, obdachlosen Tropf von der Straße oder vom Boulevard in eine düstere Nebengasse locken, ihm einen Genickschlag versetzen und ihn bis aufs Hemd ausziehen. Nur in Chitrowka ließ sich leben!...

Kinder standen in Chitrowka hoch im Kurs, sie wurden schon als Brustkinder an Bettlerinnen verpachtet, ja versteigert. Ein schmutziges Weib nahm dann das Kind, steckte ihm einen schmutzigen Lappen mit zerkautem Brot in den Mund und schleppte es auf die kalte Straße. Das Kind lag den ganzen Tag naß und schmutzig in den Armen dieser ›Mutter‹, vergiftete sich an dem Schnuller und wimmerte vor Kälte, Hunger und ständigen Leibschmerzen, wodurch es das Mitleid der Passanten erregte. Es kam vor, daß ein Kind schon morgens in den Armen einer Bettlerin gestorben war, sie jedoch bis spät in die Nacht mit ihm betteln ging, um den Tagesverdienst nicht zu verlieren. Zweijährige wurden an der Hand geführt, ein dreijähriges Kind mußte schon allein betteln gehen.

In der letzten Woche der Großen Fasten mußte ein Säugling mit seinem Geschrei fünfundzwanzig Kopeken und ein dreijähriges Kind zehn Kopeken pro Tag verdienen. Je älter die Kinder wurden, desto mehr forderten die Eltern von ihnen, und desto weniger gaben ihnen die Passanten.

Um mehr erbetteln zu können, mußten die Kinder im

Winter ihre Schuhe auszuziehen, sie einem Aufpasser an der Straßenecke geben und barfuß vor den Türen der Wirtshäuser und Restaurants herumlungern. Größere Jungen standen Schmiere, wenn die Erwachsenen klauten, und lernten auf diese Weise gleich selbst das Handwerk. Manche der in Chitrowka geborenen Barfüßler blieben bis ins hohe Alter hier wohnen und verließen es nur, um im Gefängnis eine Strafe abzusitzen oder die weite Reise in die Verbannung anzutreten...[8]

Das noch im ersten Drittel des 19. Jahrhunderts sozial schwach gegliederte feudale Moskau war im letzten Drittel zu einer kapitalistischen Großstadt mit differenzierter Sozialstruktur geworden. Das große Geld hatten längst nicht mehr die Aristokraten (bzw. nur noch sehr wenige waren wirklich reich), sondern Fabrikanten und Kaufleute, von denen so mancher dem Leibeigenenstande entstammte. Die Arbeiter waren diesen neuen Herren gegenüber genauso rechtlos wie sie es als Leibeigene gegenüber den Gutsbesitzern gewesen waren. Die Fabrikanten betrachteten ihre Arbeiter nicht als Produktivkräfte, sondern als Produktionsmittel, die es in unbegrenzter Menge sehr billig gab und für deren Funktionsfähigkeit daher kaum etwas investiert werden mußte, weder für Unfallschutz noch für Krankenversicherung oder Altersversorgung. Stets und ständig wurde den Arbeitern vorgehalten, daß der Fabrikherr ihr Wohltäter sei, der sie aus Gnade und Barmherzigkeit arbeiten lasse und sie, wenn sie sich dieser Gnade unwürdig erwiesen, davonjagen werde.

Kaum weniger arm als die Arbeiter waren große Teile der Studentenschaft. Mehr als die Hälfte der Moskauer Studenten kam aus der Provinz. Es waren Söhne von armen Geistlichen, kleinen Amtsschreibern, Buchhaltern, Subalternbeamten, deren Eltern allenfalls unter großen Entbehrungen die jährliche Studiengebühr von 70 Rubeln aufbringen

konnten, ihren Lebensunterhalt mußten die jungen Leute
›irgendwie‹ selbst bestreiten durch Stundengeben, Kopier-
arbeiten und ähnliches. Häufig mieteten sie sich zu viert ein
schäbiges Zimmer und teilten sich in Garderobe, Lehrbü-
cher und Studium. Abwechselnd konnten je zwei in den
vorhandenen Kleidungsstücken zur Universität gehen und
am Lehrbetrieb teilnehmen. Das Gelernte und Gehörte teilten sie sich gegenseitig mit. Die Ernährung bestand aus
nicht viel mehr als Brot, Tee und streng rationiertem Zuk-
ker. Wer großes Glück hatte, fand Unterkunft im Ljapinschen
Wohnheim. Die beiden reichen Kaufmannsbrüder Ljapin
hatten das ehemalige Lagerhaus hinter ihrer Villa für Wohn-
zwecke umbauen lassen und nahmen unentgeltlich Studen-

Nihilistenversammlung um 1880

ten auf. Hier wohnten sie in dürftig möblierten Viererzimmern und konnten für wenig Geld in der im Hause eingerichteten Imbißstube auch warme Gerichte erhalten. Wer zu den ›Ljapinzen‹ gehörte, war sozusagen gerettet und konnte sein Studium beenden, während viele andere die Not zum Aufgeben zwang. So mancher landete in Chitrowka.

Die armen Studenten kamen anders als ihre begüterten Kommilitonen unmittelbar mit der elenden Lage der Arbeiter in Berührung, betrieben in der Arbeiterschaft politische Agitation und zogen schließlich auch viele Studenten aus der Oberschicht ins revolutionäre Lager. Wie seit dem Dekabristenaufstand von 1825 war es die Jugend, die sich für die Geschicke des Landes verantwortlich fühlte und nicht untätig zusah, wie Geldgier und Machtstreben das Volk ruinierten. Diese Jugend fand Unterstützung bei Professoren, Schriftstellern, Künstlern und so manchem fortschrittlich gesinnten Aristokraten. So wurde die Intelligentsija zum Verbündeten der Arbeiter, der ›Erniedrigten und Beleidigten‹, für deren Rechte sie eintrat. Es brauchte Jahrzehnte, bis die Arbeiter überhaupt begriffen, daß auch sie Rechte und Ansprüche besaßen.

Das Bündnis zwischen Intelligentsija und Arbeiterschaft blieb der Obrigkeit nicht verborgen. Mit allen Mitteln arbeitete sie ihm entgegen. Exemplarisch wurde der »Prozeß der Fünfzig« im Jahre 1877 gegen Arbeiter und Intellektuelle, die unter Anklage standen, ›Familie, Privateigentum, Religion und Staat geleugnet‹ und in diesem Sinne Propaganda getrieben zu haben. Während der Gerichtsverhandlung hielt der Moskauer Textilarbeiter Pjotr Alexejew eine Verteidigungsrede.

Ein Arbeiter klagt an

ANGEKLAGTER ALEXEJEW: **Wir, das nach Millionen zählende Arbeitervolk, werden schon in frühester Kindheit von**

Vätern und Müttern unserem Schicksal überlassen. Es wird uns keine Bildung zuteil, weil es keine Schulen gibt, und weil wir für kargen Lohn über unsere Kräfte arbeiten müssen. Wenn wir als neunjährige Knaben zur Fabrikarbeit getrieben werden, was erwartet uns da? Wir verkaufen uns dem Kapitalisten für ein Stück Schwarzbrot; Aufseher prügeln uns mit Ruten und mit Fäusten, um uns an die schwere Arbeit zu gewöhnen; wir werden unzureichend ernährt, wir ersticken in Staub und verdorbener Luft, wir schlafen auf dem nackten Boden, ohne Kissen, ohne Decke, eingehüllt in wenige Lumpen, von zahllosem Ungeziefer geplagt. Unter solchen Verhältnissen werden in vielen von uns alle geistigen Fähigkeiten für immer abgestumpft, die in der Kindheit anerzogenen sittlichen Maßstäbe für immer zerbrochen. Wir versinken im grauen und rohen Milieu der von allen vergessenen, von der Kultur isolierten Lohnarbeiterexistenz. All das erleiden wir schon als Kinder unter dem Joch der Kapitalisten. Wie sollten wir dem Kapitalismus gegenüber etwas anderes empfinden als Haß? Unter dem Einfluß solcher Lebensbedingungen reift in uns von früher Kindheit an die Entschlossenheit, den Druck der Kapitalisten und die uns zugefügten Beleidigungen vorderhand zu ertragen, aber mit heimlichem Haß im Herzen.

Die Entlohnung des erwachsenen Arbeiters hat man auf das äußerste Minimum reduziert; aber von diesem Verdienst trachten alle Kapitalisten, ohne Gewissensbisse, auf alle möglichen Arten auch die letzte Kope abzuziehen, und diesen Raub betrachten sie als ›Einkommen‹ ... Die Arbeiter beugen sich vor dem Kapitalisten, wenn man ihnen zu Recht oder zu Unrecht Bußen abzieht, weil sie Angst davor haben, jenes Stück Brot zu verlieren, das sie nach siebzehnstündiger Tagesarbeit erhalten.

Übrigens wage ich es gar nicht, alle Mißbräuche, die sich die Fabrikanten erlauben, im einzelnen zu beschreiben, da meine Worte denjenigen unglaubwürdig erscheinen müßten, die das Leben der Arbeiter nicht kennenlernen wollen und das Leben nicht gesehen haben, welches die Arbeiter der berühmten russischen Fabrikanten – Babkin, Gutschkow, Butikow, Morosow u. a. – führen müssen.

SENATOR PETERS: Das ist ja gleichgültig. Sie brauchen darüber nicht zu sprechen.

ANGEKLAGTER ALEXEJEW: Ja gewiß, es ist gleichgültig, denn überall werden die Arbeiter auf das erbärmlichste Existenzniveau hinuntergedrückt. Für die siebzehn Stunden Arbeit kaum 40 Kopeken Lohn! Das ist doch furchtbar bei der heutigen Teuerung. Man muß doch auch für die Familie sorgen und die Steuern bezahlen. Nein, unter solchen Bedingungen können die Arbeiter selbst die elementarsten Bedürfnisse der menschlichen Existenz nicht befriedigen. Mögen sie denn eines langsamen Hungertodes sterben. Wir aber werden uns mit heißem Herzen für sie einsetzen, bis wir unsere eigene müde Hand aus den Ketten befreit haben, um sie dann andern hilfsbereit entgegenzustrecken. All dies klingt seltsam, unbegreiflich, dunkel und traurig. Sonderbar muß einem Menschen zumute sein, der fast von der Wiege an siebzehn Stunden täglich gearbeitet hat, um ein karges Stück Brot zu verdienen, und den man zwingt, auf der Anklagebank Platz zu nehmen. Ich kenne einigermaßen die Lage unserer Brüder, der Arbeiter des europäischen Westens. In mancher Hinsicht liegen die Dinge dort anders. Dort verfolgt man wenigstens solche Arbeiter nicht, die ihre Freizeit und den Schlaf ihrer Nächte opfern, um Bücher zu lesen. Im Gegenteil, dort ist man sogar stolz auf das Bildungsbedürfnis des Arbeiters, von uns aber spricht man wie von halbwilden Sklaven. Und wie sollte man über uns auch anders urteilen? Steht uns denn freie Zeit für eine vernünftige Beschäftigung zur Verfügung? Wird denn bei uns das Kind des Besitzlosen unterrichtet? Sind denn bei uns dem Arbeiter irgendwo nützliche Bücher auch nur zugänglich? Wo und was soll unser Arbeiter denn lernen? Werfen Sie doch einmal einen Blick auf unsere volkstümliche Literatur! Es ist doch bezeichnend, daß für das Volk solche Bücher gedruckt werden wie »Bowa, der Prinz«, »Jerusslan Lasarjewitsch«, »Wanka-Kain«, »Der Bräutigam in der Tinte und die Braut in der Kohlsuppe« und ähnliches Zeug... Jedermann weiß, glaube ich, daß bei uns in Rußland die Arbeiter, wenn sie Bücher lesen, immer noch dafür verfolgt werden. Und wenn man in seinen Händen ein Buch erblickt, worin von seiner eigenen Existenz die Rede ist, dann heißt's: Paß auf! Dann sagt man ihm ganz offen: »Du, Bruder, bist wohl gar kein Arbeiter, du liest ja Bücher.« ... Ja, glauben Sie denn, meine Herren, daß wir Arbeiter taub, blind und stumpf sind und gar nicht merken, wie man uns als Dummköpfe, Faulpelze und Trunkenbolde beschimpft? Als ob wir Arbeiter es verdient hätten, solcher Laster bezichtigt zu werden! Glauben Sie, daß wir nicht merken, wie alle rings um uns reich werden und hinter unserm Rücken das Leben genießen? Glauben Sie, daß wir nicht begreifen, warum man uns, einer Massenware gleich, so gering schätzt, und wohin der Ertrag unserer Arbeitsqual wandert, und warum die andern im Luxus schwelgen, ohne zu arbeiten, und aus welcher Quelle ihr Reichtum stammt? Glauben Sie, wir fühlen nicht, wie schwer auf uns die sogenannte allgemeine Wehrpflicht* lastet? Glauben Sie, wir wissen nicht, wie langsam und widerwillig die Frage der Einführung von Dorfschulen für die Bauern behandelt wurde und auf welche Ebene man diese Frage geschoben hat? Und sind Sie dessen so sicher, daß wir keinen Schmerz und keine Trauer empfanden, als in den Zeitungen zu lesen stand, daß der Arbeiter als unempfindsames Geschöpf in die gegenwärtigen Anstellungsverhältnisse sich sehr wohl zu schicken vermöge? Leute, die dieser Meinung sind, irren sich gründlich. Mögen wir Arbeiter auch auf einer primitiven Bil-

---

* Begüterte Personen konnten sich von der Wehrpflicht befreien, indem sie einen Ersatzmann stellten.

dungsstufe verharren – all diese Verhältnisse betrachten wir dennoch nur als ein vorübergehendes Übel. Von der Regierungsgewalt, deren Inhaber nur provisorisch und zu Unrecht am Staatsruder sitzen, erwarten wir nichts mehr für uns ... Wir haben zwar gewünscht und erwartet, daß die Regierung uns aus dem Elend emporführen, insbesondere auch die Bauern materiell sichern und den Weg eines raschen Fortschritts einschlagen werde. Leider aber müssen wir, wenn wir zurückblicken, unsere restlose Enttäuschung eingestehen. Erinnern wir uns jenes unvergeßlichen Tages, den das russische Volk mit der ganzen Kraft seines Herzens, mit Hoffnung und Freude herbeigesehnt hatte und für den es dem Zaren und der Regierung dankte – des 19. Februars! Er ist zerronnen wie ein Traum. Diese Bauernreform des 19. Februar 1861, »geschenkt«, obwohl sie notwendig war, nicht vom Volke selbst herbeigeführt, sichert die elementarsten Bedürfnisse der Bauern keineswegs. Nach wie vor haben wir kein Brot, denn man hat uns kleine Fetzen wertlosen Bodens gegeben, und wir sind in Abhängigkeit vom Kapitalisten geraten. Wenn der Verwalter der Fabrik Gebrüder Nossow als Zeuge ausgesagt hat, daß bei ihm, mit Ausnahme der Feiertage, alle Arbeiter sich unter strenger Aufsicht befinden, daß keiner ungestraft bleibt, wenn er zur festgesetzten Frist nicht zur Arbeit erscheint, und wenn in Hunderten von Betrieben in der Umgebung Tausende von Bauernsöhnen unter gleichen Bedingungen leben, dann bedeutet das, daß sie noch immer Leibeigene sind. Wenn wir leider oft genötigt sind, um Erhöhung des vom Fabrikanten gedrückten Lohnes zu ersuchen, dann klagt man uns des Streiks an und verbannt uns nach Sibirien. Das bedeutet, daß wir Leibeigene sind wie zuvor. Wenn wir durch den Kapitalisten selbst gezwungen werden, unsere Entlassung aus der Fabrik zu verlangen, weil er uns schlechtes Material gibt und uns willkürliche Bußen auferlegt, dann klagt man uns der Meuterei an, und durch Kolbenschläge der Soldaten treibt man uns an unsere Arbeitsplätze zurück, und einige verbannt man als ›Anstifter‹ in entfernte Gegenden. Auch das bedeutet, daß wir Leibeigene sind. Und wenn wir ohne Verabredung, jeder für sich, gegen den Kapitalisten Klage führen, dann schlägt uns der erste beste Revierpolizist mit der Faust in die Zähne und in den Rücken, um uns fortzujagen und auch das bedeutet, daß wir Leibeigene sind!

Aus allem, was ich gesagt habe, ergibt sich, daß das russische Arbeitervolk nur auf sich selbst bauen kann und von keiner Seite Hilfe erwarten darf, es sei denn von der jungen Generation unserer Gebildeten!

SENATOR PETERS (springt auf und ruft): Schweigen Sie! Schweigen Sie augenblicklich!

ANGEKLAGTER ALEXEJEW (mit erhobener Stimme fortfahrend): Die junge Intelligenz allein hat uns brüderlich die Hand entgegengestreckt. Sie allein hat geantwortet auf das Stöhnen aller Bauern des Russischen Reiches. Sie allein hat zutiefst empfunden und verstanden, was dieses Stöhnen der Bauern zu bedeuten hat. Sie allein bringt es nicht über sich, kalten Herzens auf den erschöpften, vom Absolutismus unterdrückten Bauern herabzusehen. Sie allein hat wie ein guter Freund sich vorgenommen, uns aus diesem niederziehenden Strudel des Elends zu retten und auf einen guten Weg zu bringen. Sie allein läßt die Arme nicht untätig hängen, sondern sie führt uns, wie auch alle unsere Brüder, aus dieser perfide gebauten Falle heraus, und sie wird nicht ruhen, bis sie uns befähigt hat, selbständig für das Wohl des ganzen Volkes zu kämpfen. Unzertrennlich wird sie mit uns marschieren, bis (Alexejew reckt den Arm empor) die wuchtige Faust des Millionen zählenden Arbeitervolkes...

SENATOR PETERS (springt erregt auf, schreit): Schweigen Sie! Schweigen Sie!

ANGEKLAGTER ALEXEJEW (mit noch lauterer Stimme): ... sich eines Tages erhebt und das von Bajonetten geschützte Joch der Tyrannei in Staub zerfällt![9]

Nach der Revolution 1905: »Moskau ertrinkt im Blut«

Männer wie Pjotr Alexejew – er starb 1891 in sibirischer Verbannung – waren und blieben noch lange Einzelerscheinungen in der Arbeiterschaft. Es brauchte fast 30 Jahre, bis zum ersten Mal – und wieder gab Moskau das Beispiel – Arbeiter gegen die Selbstherrschaft des Zaren zu den Waffen griffen. Das war im Dezember 1905.

Der sogenannte Blutsonntag von Petersburg (9.1.1905), an dem der Zar eine unbewaffnete Arbeiterdemonstration, die ihm eine Bittschrift bringen wollte, vor dem Winterpalais zusammenschießen ließ, bildete den Auftakt zur ersten russischen Revolution, die von Liberalen und Demokraten aktiv mitgetragen wurde. Sie dauerte in wechselnder Intensität das ganze Jahr über an. Der von Moskau im September initiierte Generalstreik, der große Bereiche der Wirtschaft lahmlegte, da sich ihm auch die Eisenbahner angeschlossen hatten, nötigte den Zaren schließlich in seinem Oktobermanifest zu gewissen konkreten Zugeständnissen.

Der Bevölkerung wurden »die unerschütterlichen Grundlagen der bürgerlichen Freiheit nach den Grundsätzen wirklicher Unantastbarkeit der Person, die Freiheit des Gewissens, des Wortes, der Versammlungen und Vereine gewährt.«

Ferner sollte die Duma (Reichstag), die bisher nur als beratendes Gremium geplant war, gesetzgebende Befugnisse erhalten und »jene Bevölkerungsklassen, welche jetzt des Wahlrechts noch nicht teilhaftig sind, sollen zur Teilnahme an der Duma herangezogen werden«.

Dieses Manifest befriedigte weitgehend die Forderungen der Liberalen und der konstitutionellen Demokraten. Zumindest glaubten sie, es mit einem praktikablen Kompromiß zu tun zu haben, und lenkten ein. Sozialisten und Bolschewiki dagegen sahen nur zu deutlich, daß das Manifest für die Arbeiterklasse nichts Positives enthielt. Da gingen die Moskauer Bolschewiki aufs Ganze: Aus knapp 2000 Arbeitern wurde ein Kampfverband gebildet. Die revolutionsmüden Massen folgten jedoch nicht, ein zweiter Generalstreik kam nicht zustande. Nach elftägigen, sehr harten Kämpfen, besonders im Stadtteil Pressnja, konnte der Aufstand niedergeschlagen werden (20. 12. 1905). Immerhin hatte man dazu zwei Infanteriedivisionen, ein Dragonerregiment, eine Artilleriebrigade und ein Kosakenregiment aufbieten müssen.

Auch dieser Aufstand war, genau wie 80 Jahre vorher der Dekabristenaufstand, verfrüht und mußte scheitern. Noch verfügte die Selbstherrschaft über das Militär. Zwölf Jahre später versagten sich ihr auch die Soldaten.

MOSKAU –
HAUPTSTADT DER SOWJETUNION

Wladimir Lenin

REVOLUTION UND BÜRGERKRIEG

Die Demonstration hungernder Frauen in Petrograd* am 8. März 1917** wurde zu dem berühmten Tropfen, der das Faß zum Überlaufen brachte. Der dritte Winter des erfolglosen Krieges mit seinen Nöten und Entbehrungen, dem Leid um Millionen Gefallene, der Sorge um das Schicksal Vermißter und Gefangener hatte die Geduld des Volkes erschöpft; zum Aufstand der Massen bedurfte es nur eines so verhältnismäßig geringfügigen Anlasses, wie es die Demonstration im Arbeiterviertel Wyborger Seite gewesen war. Anders als 1905 solidarisierten sich jetzt auch die Soldaten mit den Arbeitern und weigerten sich, auf sie zu schießen. Nach dreitägigen Straßenkämpfen zwischen Polizei- und Gendarmerieeinheiten einerseits, Arbeitern und Soldaten andererseits war Petrograd in der Hand der Revolutionäre. Den Führern der Duma (Reichstag) gelang es, zu einem Einvernehmen mit den Arbeiter- und Soldatenräten zu kommen, die Abdankung des Zaren zu erzwingen und eine Provisorische Regierung vorwiegend aus liberal-demokratischen Politikern zu bilden mit dem Ziel einer parlamentarischen Demokratie. Die nach ihrem Beginn, dem 25. Februar des alten russischen Kalenders, so genannte Februarrevolution konnte allerdings nicht mehr leisten, als dem Beginn fundamentaler Umwälzungen den Start zu erleichtern.

Arbeiter und Bauern hatten in ihrem viele Jahrzehnte währenden Kampf um menschenwürdige Lebensbedingungen jedes Vertrauen in die besitzenden Schichten Rußlands verloren; und sie fühlten sich in ihrem Mißtrauen bestätigt, als die Provisorische Regierung in Verkennung der Situation glaubte, nun, nachdem die verhaßte Selbstherrschaft besei-

---

* 1914, bei Kriegsbeginn, war St. Petersburg in Petrograd umbenannt worden.
** Nach dem russischen Kalender, abgekürzt »a. St.«, am 25. Februar

tigt war, der Bevölkerung neue Anstrengungen zur siegreichen Beendigung des Krieges zumuten zu können.

Das Volk aber wollte Frieden, die Bauern wollten Land, und die Arbeiter wollten aus Sklaven zu Herren ihrer Arbeitskraft werden.

Ein glänzend organisierter Coup d'état brachte am 25. Oktober a. St. (7. 11.) in Petrograd fast ohne Blutvergießen die Bolschewiki an die Macht. In Moskau, wo die bolschewistische Revolution strategisch weniger genau vorbereitet war, kam es zu acht Tage währenden, teils sehr schweren Kämpfen zwischen den Verteidigern der bürgerlichen Revolution, die sich in der Innenstadt und im Kreml festgesetzt hatten, und den aus den Außenbezirken herandrängenden Kämpfern für die bolschewistische Revolution. Auch diese zweite Revolution fand die Mehrheit der Soldaten auf ihrer Seite. Am Morgen des 15. November nahm eine Abteilung Rotgardisten den Kreml im Sturmangriff.

Mit dem Sieg der Bolschewiki in Petrograd und Moskau war die Revolution noch lange nicht gewonnen. Der erste Schritt auf dem Wege dazu war die Einlösung des Leninschen Versprechens: Friede mit Deutschland. Er wurde am 3. März 1918 geschlossen. Doch nur wenige Monate später brach der bereits schwelende Bürgerkrieg aus, der zwei Jahre lang das Land durchtobte und der Bevölkerung unsägliches Elend brachte. Obwohl die antibolschewistischen Truppen, die Weißen, mit ihren größtenteils monarchistisch eingestellten Führern von tschechischen Freiwilligenregimentern, von Hilfskontingenten der Entente und deutschen Freikorps unterstützt wurden, konnten die Roten schließlich das Feld behaupten.

Am 11. November 1920 verkündete das militärische Revolutionskomitee: An allen Fronten herrscht Ruhe.

Schon am 12. März 1918 war Moskau wieder die Hauptstadt Rußlands geworden, die Führer der Revolution in den Kreml eingezogen. Von hier aus wurden nun wieder die Geschicke

Отъ Военно-Революціоннаго Комитета при Петроградскомъ Совѣтѣ Рабочихъ и Солдатскихъ Депутатовъ.

Къ Гражданамъ Россіи.

Временное Правительство низложено. Государственная власть перешла въ руки органа Петроградскаго Совѣта Рабочихъ и Солдатскихъ Депутатовъ Военно-Революціоннаго Комитета, стоящаго во главѣ Петроградскаго пролетаріата и гарнизона.

Дѣло, за которое боролся народъ: немедленное предложеніе демократическаго мира, отмѣна помѣщичьей собственности на землю, рабочій контроль надъ производствомъ, созданіе Совѣтскаго Правительства — это дѣло обезпечено.

ДА ЗДРАВСТВУЕТЪ РЕВОЛЮЦІЯ РАБОЧИХЪ, СОЛДАТЪ И КРЕСТЬЯНЪ!

Военно-Революціонный Комитетъ
при Петроградскомъ Совѣтѣ
Рабочихъ и Солдатскихъ Депутатовъ.

25 октября 1917 г. 10 ч. утра.

Proklamation der Oktoberrevolution: »An die Bürger Rußlands!«

Rotgardisten. 1918

Die Abbildung, aufgenommen unmittelbar nach der Erstürmung des Kreml durch revolutionäre Arbeiter, zeigt das Nikolaj-Tor im Kreml, beschädigt durch die Einschüsse von Gewehrsalven und Geschützen, dessen schwere bronzene Flügeltüren von den Revolutionären aus den Angeln gehoben werden.

des Landes entschieden. Lenins Entschluß, das an der westlichen Peripherie des Landes gelegene Petersburg zu verlassen, hatte gewiß auch symbolische, vor allem aber politisch-ökomomische Gründe. Moskau war der wichtigste Verkehrsknotenpunkt des Reiches. Hier liefen die Verkehrsadern aus allen Richtungen zusammen. Hier vom Zentrum des Landes aus ließen sich die immensen Aufgaben, die mit der modernen Erschließung Sibiriens und Mittelasiens bevorstanden, eher lösen als von Petrograd aus.

Die Lebensbedingungen in Moskau waren während der Bürgerkriegsjahre unendlich schwer. Es fehlte an allem, nicht nur an Nahrungsmitteln, Kleidung und Schuhwerk. Auch die Wasserversorgung war unzureichend, der Wasserdruck in den schadhaften überalterten Rohrleitungen so schwach, daß in den höher gelegenen Stadtteilen (ein Viertel des Stadtgebiets) manche Quartale überhaupt kein Wasser bekamen. Die Gasproduktion war auf ein Fünftel der Vorkriegskapazität zurückgegangen, weil das Donezbecken, aus dem Moskau seinen Koks bezog, in den Händen der Weißen war. Ebenso schlecht stand es um die Elektrizitätserzeugung. In ganz Moskau brannten nur 1300 Straßenlaternen. Stromabschaltungen, aber auch unvorhergesehener Stromausfall waren an der Tagesordnung.

Zu alldem kam die ungeheure Wohnungsnot. Viele Häuser – immer noch waren 60 % der Moskauer Häuser aus Holz – waren, da seit 1914 nichts hatte repariert und nichts hatte neu gebaut werden können, baufällig und unbewohnbar geworden. Zwar hatte das Dekret vom 20. August 1918 Privateigentum an Grund und Boden aufgehoben, so daß die Villen, Einfamilienhäuser und großen Etagenwohnungen aufgeteilt und zimmerweise an Arbeiterfamilien vermietet werden konnten. Doch der durch Enteignung freigewordene Wohnraum deckte nur einen geringen Bruchteil des Bedarfs.

Ein auf Jahre hinaus unlösbares Problem stellten die unzähligen Besprisornyje dar, obdachlose Kinder und Halbwüchsige, die in den Kriegswirren Eltern und Angehörige verloren hatten und sich zu jugendlichen Kriminellenbanden zusammenschlossen. Lydia Sejfullina (1889–1954) schildert einen Tag im Wartezimmer des Kommissariats für Volksaufklärung:

Goldene Kindheit

Es sind sechs.

Um 9 Uhr hatte sie der Milizionär gebracht. Er wollte sie gegen Quittung abliefern, hat es aber nicht abwarten können. Hat ausgespuckt und ist weggegangen. Und da sitzen sie nun. Nicht zum erstenmal sind sie in diesem Vorraum. Jedes von ihnen ist schon hiergewesen. Diesmal hat man sie auf dem Trödelmarkt aufgelesen und sie zusammen hergebracht. Sie sitzen auf dem Fußboden.

Der Fußboden ist aus Stein und kalt. Von der Tür her zieht es. Aber hier ist es doch wärmer als auf der Straße. Warum soll man nicht da sitzen? Sie haben keine Eile. Kein Mensch wartet auf sie. Und hier kommt es auch vor, daß man mal ein Stück Brot bekommt. Die Unterhaltung ist geschäftlich, über die jeweilige Spezialität.

»Es ist besser, bei einer Frau zu stehlen«, sagt der zehnjährige Wanjka mit Bestimmtheit.

»Ach wo, besser! Die fängt ja gleich an zu kreischen. Da läuft doch der ganze Markt zusammen«, widerspricht der Kleinste in rauhem Baß.

Wie alt mag er sein? Acht? Zwölf?

Ein erloschener, weiser Blick in dem faustgroßen Gesichtchen und eine winzige gebückte Gestalt.

Wanjka gibt nicht nach.

»Laß sie doch kreischen. Hauptsache: hauen kann sie nicht. Bis so eine sich umdreht und in die Hände spuckt, bist du längst auf und davon. Ein Mann aber – der schlägt gleich zu, haut mit Verstand.«

»Und mich hätte eine Dame beinah an Kindes Statt angenommen«, prahlt das Mädchen.

Die blauen Augen glänzen. Es ist das einzige, was in diesem erdfahlen, schmalen Gesicht lebt. Sie glänzen immer. Vielleicht ist es ein Abglanz von erstarrten Tränen.

Wanjka schielt weg, wendet sich vor lauter Verachtung ab. »Allerhand! Hat die dich etwa so herausgeputzt? Die nackten Beine gucken raus, und vom Hemd ist nichts übrig als Nähte und Läuse.«

»Ach, du Dreckskerl. Und was hast du selber an? – Dabei ist es wirklich wahr, sie hätte mich beinahe angenommen.«

Der gutmütige kleine Kostja – sie nennen ihn die Frühgeburt – sagt: »Sie lügt dir was vor, die Dame, und du kannst lange warten. – Fräulein, geben Sie mir Ihren Zigarettenstummel, wenn sie fertig sind?«

Das Fräulein am Spiegel mit der Zigarette in der Hand dreht sich schnell nach ihm um.

»Du rauchst? So ein Knirps? Das ist ja furchtbar!«

Die Löckchen auf ihrem Kopf zittern empört.

»Wenn man raucht, hat man weniger Hunger.«

»Nein, ich gebe dir nichts, auf keinen Fall, furchtbar! Furchtbar!« Und sie hastet davon.

»Luder!« knurrt Wanjka hinter ihr her.

Die Unterhaltung versiegt.

Drei sitzen seit dem Morgen stumm in einer Ecke. Zwei Jungen in langen, zerrissenen Hemden ohne Hosen und ohne Schuhe. Der eine hat eine Soldatenmütze auf, der andere eine Kappe. Zu den beiden gehört ein Mädchen im Tuch. Ihre schrägstehenden Augen glänzen. Unbeweglich sitzen die Baschkirenkinder mit gekreuzten Beinen und schweigen.

Kostja schaut zu ihnen hinüber.

»Ihr Mohammeds! – Man muß den Leuten eine Nase drehen.«

Sie schweigen weiter. Der Hunger rumort. Es ist schon bald drei Uhr. Die Angestellten werden fortgehen. Es wird still werden im Kommissariat für Volksaufklärung. Und die sechs werden wieder auf die Straße müssen. Auf dem Bahnhof, in der Kaserne, bei Soldaten, die ein gutes Herz haben, vor den Kirchen, hinter Zäunen werden sie ein Nachtlager suchen. Vielleicht werden sie auch etwas zu essen bekommen, vielleicht auch nicht. Aus dem Korridor links kommt laut weinend eine Frau. Ein verschrecktes dreijähriges Kind klammert sich an ihren Rock. Ein anderes Kind trägt sie auf dem Arm.

»Was soll ich denn bloß tun? Soll ich sie erwürgen?« Und verzweifelt bewegt sie die von der Bürde freie Hand.

»Die ist aus unserer Gegend«, sagt Wanjka leise. »Mutter hat auch so geheult.«

»Hat geheult und geheult und ist doch gestorben – aber es gibt solche wie die da, die sich noch immer quälen«, sagt Kostja. Das Baschkirenmädchen fängt plötzlich an zu weinen, laut, in langen zerrissenen Tönen.

Aus der Kanzlei kommen Leute. Es wird voll und laut im Vorraum.

Die Frau mit den Kindern jammert weiter. Die Putzfrau tritt zu ihr und sagt mitleidig:

»Schau, es sind so viele, meine Liebe. So viele Kinder. Es ist wie eine Wolke, die sich hierherbewegt. Und du auch, Mädelchen, sei still, wein nicht mehr.«

An der Wand klingelt das Telefon. Der Große mit der Brille spricht in den Trichter:

»Ja, Kommissariat für Volksaufklärung. Sie wollen Kinder herbringen? Es wird jetzt geschlossen. Bis morgen. Nun, irgendwohin. Sie sollen irgendwo übernachten. Morgen werden wir sehen. Ich kann nichts machen. Ja, bis morgen.«

Und zu den Sechsen:

»Geht einstweilen fort, kommt morgen wieder.«

Obdachlose Kinder

Gehorsam stehen sie auf. Eines nach dem andern geht zur Tür. Sie hören die Stimme der Putzfrau: »Heute hat man siebenundfünfzig in verschiedenen Orten untergebracht. Und morgen kommen wieder andere.«

Die kleine Baschkirin verstummt. Im Gehen schluchzt sie noch einmal auf. Laut fällt die Tür hinter den Kindern zu.

Morgen werden sie wiederkommen.[1]

Nach beendetem Bürgerkrieg, im Winter 1920/21 erreichte die Lebensmittelversorgung ihren tiefsten Stand: pro Kopf und Tag gab es 133 Gramm Brot, nur Schwerstarbeiter und Soldaten erhielten 400 Gramm.

Der X. Parteitag beschloß im März 1921 den Übergang vom Kriegskommunismus zur Neuen Ökonomischen Politik (NEP). Damit wurde ein gemischtes Wirtschaftssystem eingeführt, in dem der sozialistische und der kapitalistische Wirtschaftssektor miteinander wetteifern sollten. Zum sozialistischen Sektor gehörten weiterhin Schwerindustrie und die großen Leichtindustriebetriebe, während Handel, Gewerbe, mittlere und kleine Betriebe privatwirtschaftlich und auch genossenschaftlich geführt werden konnten. Mit diesem Schritt – politisch zwar ein Rückschritt – gelang es, in kurzer Zeit den Lebensstandard der Bevölkerung zu heben.

Im November 1921 traf Paul Scheffer, der erste deutsche Zeitungskorrespondent seit 1914, in Moskau ein. Im »Berliner Tageblatt« veröffentlichte er seine ersten Eindrücke:

... aber Moskau ist lebendig

In Moskau anzukommen, da hineinzufahren ist eine schwere Erschütterung. Dem Unglück sein Unglück vorzuwerfen hat immer als eine Niederträchtigkeit gegolten; beim Anblick dieser Stadt scheint es unmöglich. Die Welt hat es schließlich vier Jahre hindurch erfahren, daß hier noch Energie und Wille leben, von hier aus Gedanken gegen die übrige Welt vorstoßen können. Aber für den ersten Eindruck ist diese wundervolle Stadt zerfetzt, zerknittert und tödlich gelähmt. Ruinenbewohner, denen die Vergangenheit dieser Ruinen nichts mehr sagt, die nur noch von ihnen erschlagen werden können? Oberflächlichster, wenn auch summarischer, erster Eindruck: diese Stadt regt sich. Der Kundige deutet die Zeichen. Diese Läden haben vor acht Wochen nicht existiert. Dieses Kino wird jetzt privat betrieben. Mehr Licht in den Straßen. Das Abgleiten geht nicht mehr ins Bodenlose. Die Hoffnung scheint hier stärker als alle Gegenwart. Das Entsetzen der vom ersten Anblick Betroffenen wird hier jetzt am wenigsten verstanden, wo eine neue Etappe des kommunistischen Existenzkampfes begonnen hat.

Der erste Eindruck dieser Stadt ist für ein westliches Auge, wie gesagt, schlimm genug, unmittelbar folgt auf ihn

Straßenpatrouille der Arbeitermiliz

das lebhafteste Verlangen zu begreifen und zu verstehen. Man sagt, in Petersburg gehe man umher »wie in einem Museum«. Dort scheint also nicht mehr viel zu ergründen zu sein. Es liegt alles auf der Hand ... Aber Moskau ist lebendig, es ist vielseitig und vielfältig, und es fesselt auch auf so verschiedene Weise, daß man bald darauf verzichtet, Vergleiche zu ziehen, zu bewerten und abzustempeln. Indem sich das Bild entwirrt, bessert sich der Eindruck, daran ist kein Zweifel. Daran ändert die Tatsache nichts, daß man einen langen Weg zu gehen haben wird, um zu einem klaren Urteil zu gelangen, zu einem Urteil darüber, was Moskau und das, was es umfaßt, für Europa bedeutet oder bedeuten kann.

Seit ungefähr zwei Monaten gibt es hier wieder Läden. Sie

Gesamtrussische Wahlen am 25. 11. 1917. Arbeiter und Soldaten transportieren die Stimmzettel in die Moskauer Auszählungszentrale

konzentrieren sich in den alten Verkaufsstraßen der Stadt, selten erscheint das gleiche Geschäft an seinem alten Platz, obgleich Inhaber oder Verkäufer oft dieselben sind. Da Wohnungen aller Art Gemeingut sind, ›dem Staate gehören‹, so müssen die Geschäftslokale vom Staate gemietet werden. Dazu kommt eine Menge mit der Freigabe des Handels geschaffener Steuern und Abgaben, neben einer hohen Gebühr bei Erteilung des Gewerbescheins. Trotzdem blühen diese Läden; besonders die Lebensmittelläden, die am zahlreichsten vertreten und am besten versorgt sind, werden nie leer. Der Rest der Geschäfte ist bis zur Parodie kärglich mit Waren versehen. Es können augenscheinlich nur Reste früherer Bestände verkauft werden, verstaubte und vereinzelte Dinge, die der trotzdem glückliche Besitzer durch alle Phasen und Wirren der letzten Jahre durchgerettet hat. Man sieht, daß jede Verbindung mit dem Ausland seit

1918 gestockt hat, seit 1914 der Waren- und Fabrikations-
strom versiegte. An Ehrenplätzen hinter nicht immer glänzenden Schaufensterscheiben sind für die Kauflustigen
heute Dinge begehrenswert, die früher in der letzten Reihe
der Ladenhüter gestanden hätten. Der ›freie Handel‹ ist
eben erst in seinen Anfängen...

Es ist anzunehmen, daß der Import mit erweiterter Ab-
satzgelegenheit sich hebt – durch allerlei Kanäle. Vielfach
halten auch die Händler mit ihren Vorräten noch zurück.
Die Unsicherheit, ob die neuen Regelungen im Güterver-
kehr sich behaupten, die Gefahr, daß bei einem Rückschlag
der letzte Besitz beschlagnahmt wird, haben ihren Einfluß.
Im ganzen gewinnt aber, scheint es, die Überzeugung täglich an Boden, daß ein Rückschlag nicht sehr zu befürchten
ist und der freie Handel sich trotz der zahlreichen Beschrän-
kungen und Schwierigkeiten entwickeln kann. Die offenen
Märkte der Stadt, auf denen sich der Detailhandel in oft gro-
tesken Formen abspielt, haben denn auch bereits sehr erheblich an Bedeutung verloren. Der ernsthafte Käufer wandert wieder zu den Geschäften. Die Gelegenheitskäufe, die
die Habgier der Ausländer zu reizen pflegten, gehen wieder
zu einem sehr erheblichen Teil durch den Berufshändler.
Notverkäufe finden aber ununterbrochen und auf allen Wegen statt. Der Handel mit Valutawerten, Diamanten, Devi-
sen usw. bleibt streng verboten. Die Furcht vor einem ›Aus-
verkauf Rußlands‹ ist unvergleichlich größer, als das in
Deutschland der Fall ist. In Deutschland fühlt man die Pro-
duktionskräfte hinter sich, die den Ersatz ermöglichen. In
Rußland sind diese Kräfte außerordentlich schwach geworden. Man will sie wieder herstellen. Kleinbetriebe mit sehr
beschränkter Arbeiterzahl kehren in das Privateigentum zurück, aber die Rückkehr der größeren und größten Betriebe
in private Bewirtschaftung (nicht Privatbesitz!) ist kompli-
ziert durch Vorschriften und Bedingungen, die den Übergang erschweren, hier und da unmöglich machen... Es wäre

Wladimir Lenin

ein großer Irrtum, zu glauben, daß die Regierung in diesem Augenblick die bisherigen gedanklichen Voraussetzungen ihrer Macht in den Wind schlägt und einfach ›freien Handel‹ und Privateigentum wiederherstellt...[2]

DIE ZWANZIGER JAHRE

NEP – magisches Zauberwort für die einen. Ausdruck höchsten Abscheus für die anderen. Sie war von vornherein als zeitlich begrenzter Notbehelf konzipiert, um die akute Hungersnot zu beheben, der Wirtschaft zusätzliche Produktionsanreize zu geben, lang entbehrte Konsumgüter herzustellen. Dies alles leistete die NEP zwar, hatte aber Schiebertum gigantischen Ausmaßes im Gefolge, die sogenannten ›Sumpfblüten des Kapitalismus‹.

In fast unvorstellbarem Tempo veränderte sich das Leben der Stadt nach der Einführung der NEP. Michail Bulgakow (1891–1940) schildert in vier Skizzen diesen Wandel. Er nennt sie, vielleicht in Erinnerung an Lermontow, ›Panorama‹.

Erstes Panorama. Nackte Zeiten

Das erste Panorama lag in dichtem Dunkel, denn ich kam in der Nacht in Moskau an. Das war Ende September 1921. Bis an mein Grab werde ich die blendende Laterne am Brjansker Bahnhof und die zwei Laternen an der Dorogomilow-Brücke nicht vergessen, die den Weg in die geliebte Stadt wiesen. Denn, was immer geschieht und was immer man sagt, Moskau ist die Mutter, Moskau ist die Heimatstadt. Also, erstes Panorama: ein Klumpen Finsternis und drei Lichter.

Dann zeigte Moskau sich mir im Tageslicht, zuerst im verschwommenen Herbstnebel, an den folgenden Tagen im beißenden Frost. Weiße Tage und ein Mantel aus grobem Drapé, Drapé, Drapé. Oh, verfluchter Sack. Ich kann nicht beschreiben, wie sehr ich fror. Fror und herumlief. Herumlief und fror.

Jetzt, da sich alle mit Fett und Phosphor aufgepäppelt haben, beginnen die Dichter zu schreiben, daß das heroische

Zeiten waren. Ich erkläre kategorisch, daß ich kein Held bin. Das liegt nicht in meiner Natur. Ich bin ein gewöhnlicher Mensch, geboren, um herumzukriechen, und während ich in Moskau herumkroch, starb ich fast vor Hunger. Niemand wollte mich ernähren. Alle Bourgeois hatten Ketten an ihren Türen vorgelegt und steckten gefälschte Mandate und Bestätigungen durch den Spalt heraus... Ihre Herzen waren ebenso hart wie die Brötchen, die damals unter der Uhr an der Ecke der Sadowaja und Twerskaja verkauft wurden.

Zu den Helden zu gehen war sowieso sinnlos. Die Helden hatten selbst keinen roten Heller und ernährten sich von irgendwelchen Instruktionen und von gelber Grütze, in der sich manchmal schöne kleine Steinchen fanden, die Amethysten glichen.

Ich befand mich genau in der Mitte zwischen beiden Lagern, und vor mir lag plötzlich höchst einfach und klar ein Lotterieschein mit der Aufschrift – Tod. Als ich ihn erblickte, war es wie ein Erwachen. Ich entwickelte eine unglaubliche, unerhörte Energie. Ich bin nicht zugrunde gegangen, obwohl die Schläge nur so auf mich herniederprasselten, und zwar von beiden Seiten. Die Bourgeois jagten mich nach einem Blick auf meinen Anzug davon ins Lager der Proletarier. Die Proletarier versuchten mich mit der Begründung aus meiner Wohnung auszuweisen, ich sei zwar kein reinrassiger Bourgeois, aber auf jeden Fall dessen Surrogat. Sie haben mich nicht ausgewiesen. Und sie werden mich nicht ausweisen. Da können Sie ganz sicher sein. Ich habe die Verteidigungsmaßnahmen beider Lager angenommen... Mein Körper wurde mager und sehnig, mein Herz eisern, meine Augen scharf. Ich wurde hart wie Stahl.

Hart wie Stahl, mit Bestätigungen in der Tasche, ging ich im groben Drapémantel durch Moskau und sah das Panorama. Die Fenster waren staubig. Sie waren vernagelt. Aber hie und da wurden schon Pasteten verkauft. An den Ecken hingen die unvermeidlichen Schilder mit der Aufschrift »Verteiler Nr. ....«. Und wenn ihr mich umbringt, bis heute weiß ich nicht, was dort verteilt wurde. Drinnen war nichts außer Spinnweben und einer verrunzelten Alten im wollenen Kopftuch mit einem Loch am Scheitel. Ich erinnere mich, wie die Alte mit den Händen fuchtelte und heiser krächzte:

»Geschlossen, geschlossen, hier ist niemand, Genosse!«

Und darauf verschwand sie durch irgendeine Falltür.

Möglich, daß das heroische Zeiten waren, auf jeden Fall waren es nackte Zeiten.

Zweites Panorama. Von oben nach unten

Den höchsten Punkt im Zentrum Moskaus erklomm ich an einem grauen Apriltag. Der höchste Punkt war die oberste Plattform auf dem flachen Dach des ehemaligen Nierensee-Hauses und heutigen Räte-Hauses in der Gnesdnikowgasse. Unten lag Moskau, sichtbar bis an den Stadtrand. Etwas wie Dunst oder Nebel lag über der Stadt, aber durch den leichten Dunst hindurch blickten zahllose Dächer, Fabrikschlote und die Kuppeln der vierzig mal vierzig Kirchen. Der Aprilwind blies auf das flache Dach, welches leer war, wie es im Herzen leer war. Und doch war der Wind schon warm. Und es schien, als wehe er von unten, als steige die Wärme vom Schoße Moskaus herauf. Dieser Schoß dröhnte noch nicht so furchteinflößend und freudig wie der anderer großer lebendiger Städte, aber eine Art von Geräusch drang dennoch durch den dünnen Nebelschleier nach oben. Der Ton war unklar, schwach, aber allumfassend. Vom Zentrum bis zum Ring der Boulevards, vom Ring der Boulevards bis an den Stadtrand, bis an den feinen blaugrauen Rauch, der das weiträumige Moskauer Vorland verbarg.

»Es scheint, Moskau tönt«, sagte ich unsicher, während ich mich über das Geländer beugte.

»Das ist die NEP«, antwortete mein Begleiter und hielt sich den Hut fest.

»Laß dieses ekelhafte Wort!« antwortete ich. »Das ist überhaupt keine NEP, das ist das Leben selbst. Moskau beginnt zu leben.«

Ich war froh und ängstlich zugleich. Moskau beginnt zu leben, das war klar, aber würde ich auch leben? Ach, das waren noch schwere Zeiten. Man konnte sich nicht auf den morgigen Tag verlassen. Trotzdem aßen ich und meinesgleichen nicht mehr Grütze und Sacharin. Es gab Fleisch zu Mittag. Zum ersten Mal seit drei Jahren »erhielt« ich keine Schuhe, sondern »kaufte« sie, und sie waren nicht doppelt so groß wie mein Füße, sondern nur um zwei Nummern größer.

Unten war es unterhaltsam und ein bißchen schrecklich. Die NEP-Leute fuhren schon in Mietskutschen und brüllten durch die ganze Stadt. Voll Schrecken blickte ich ihnen ins Antlitz und zitterte bei dem Gedanken, sie könnten ganz Moskau überfluten, goldene Zehner in der Tasche haben, mich aus meinem Zimmer hinauswerfen, da sie stark und böse sind und ein freches Mundwerk und steinerne Herzen haben.

Aber während ich vom höchsten Punkt ins Gewühl hinunterstieg, begann ich wieder zu leben. Sie warfen mich nicht hinaus. Und sie werden mich nicht hinauswerfen, da können Sie sicher sein.

Unten erwartete mich eine freudige Überraschung, denn auch die NEP hat ihr Gutes: Die alten Weiber mit den löcherigen Kopftüchern hatte man alle hinausgeworfen. Die Spinnweben waren verschwunden, und da und dort leuchteten in den Auslagen elektrische Lampen, und Girlanden von Hosenträgern zogen sich hin.

Das war im April 1922.

Drittes Panorama. In voller Fahrt

An einem schwülen Juliabend stieg ich wieder auf das Dach des achtstöckigen Nierensee-Hauses. Die Lichtketten des Boulevardringes leuchteten, radial verliefen Lichter bis an den Rand Moskaus. Der Staub reichte nicht bis hierher, wohl aber der Ton. Jetzt war er klar und deutlich: Moskau dröhnte, ein kräftiger Summton durchdrang das Innere der Stadt. Die Lichter, so schien es, zitterten, gelb und weiß leuchtete es in der schwarzblauen Nacht. Unten kreischten Straßenbahnen und klingelten, und dumpf, mit Unterbrechungen, wurden vom Boulevard Orchesterklänge heraufgetragen.

Am höchsten Punkt schimmerte es hell. Ein Apparat surrte – auf der Leinwand war ein Gutshaus mit weißen Säulen zu sehen. Auf der unteren Plattform, breiter als die oberste, raschelten im leichten Wind manchmal die weißen Servietten auf den Tischen, und Kellner im Frack eilten mit blitzenden Schüsseln umher. Die NEP-Leute waren aufs Dach geklettert. Unter mir waren vier plattgedrückte Köpfe mit niedriger Stirn und mächtigen Kiefern. Vier geschminkte Frauengesichter schwankten zwischen den Köpfen der NEP-Leute hin und her, der Tisch war voll von Blumen. Weiße, rote, blaue Rosen bedeckten den Tisch. Nur fünf Fleckchen waren freigelassen, da standen die Flaschen. Auf der Tribüne sang jemand im roten Hemd zusammen mit einem Fräulein in Volkstracht Couplets.

Kaskaden ergossen sich vom Klavier.

»Bravo!« riefen die NEP-Leute und ließen die Gläser erklingen.

»Noch einmal!«

Ein plattgedrücktes Fräulein, das von oben gesehen keine Füße zu haben schien, glitt mit einer Vase voll Blumen an den Tisch.

»Noch einmal!« schrie der NEP-Mann, stampfte mit den

Sozialismus – Ziel aller Formen der Arbeitsbewegung

Füßen und legte den linken Arm um die Taille der Dame,
während er mit der rechten Hand eine Blume kaufte. Da in
den Vasen auf dem Tisch kein Platz mehr war, steckte er sie
der Dame genau dorthin, wo ihre Korsage aufhörte und ihr
gelber Körper begann. Die Dame kicherte, zuckte leicht und
warf dem NEP-Mann einen derart glühenden Blick zu, daß
er lange nur trüb vor sich hinstarrte. Ein Kellner wuchs aus
dem Asphalt und beugte sich nach vorn. Der NEP-Mann
schaute nicht lange in die Speisekarte und bestellte. Der
Kellner schwenkte seine Serviette, steckte seinen Kopf
durch eine gläserne Öffnung und rief deutlich:

»Achtmal Fleischsalat, zweimal Languette pikant, zwei Beefsteaks.«

Von der Tribüne ertönte plötzlich stampfend ein verwegen fröhlicher Matrosentanz. Füße in Lackschuhen und weiten Hosen tauchten auf und verschwanden.

Ich stieg von der obersten Plattform auf die untere, dann durch die gläserne Tür und über die endlosen Nierenseetreppen nach unten auf die Straße. Die Twerskaja empfing mich mit Lichtern, Autoscheinwerfern, Füßescharren. Beim Strastnoj-Kloster stand die Menge wie eine schwarze Mauer, die Autos blinkten und machten einen Bogen um sie. Über der Menge hing eine Leinwand. Zitternd, in schwarze Punkte zerfallend, verschwimmend und wieder aufleuchtend, zogen Bilder über die weiße Fläche. Ein Panzerzug mit offenen Plattformen fuhr schwankend dahin. Auf der Plattform luden zerlumpte Artilleristen mit Schleifen auf der Brust unter heftigem Gestikulieren ein Geschütz. Eine Handbewegung, das Geschütz erzitterte, und ein Rauchwölkchen flog davon.

Auf der Twerskaja klingelten Straßenbahnen, die Fahrbahn war aufgewühlt, an ihren Rändern Pflastersteinhaufen. Teerküchen brannten. Moskau wurde Tag und Nacht repariert.

Das war der schwüle Juli 1922.

Viertes Panorama. Jetzt

Manchmal scheint es, als gebe es in Moskau zwei Große Theater. Das eine sieht so aus: In der Dämmerung erglüht an der Fassade eine leuchtende Inschrift. Aus den Konsolen wachsen rote Fahnen. Der Umriß des herabgerissenen Adlers am Giebel verblaßt. Die grüne Quadriga wird schwarz, ihre Konturen zerfließen in der Dämmerung. Düsterkeit überzieht sie. Der Platz leert sich. Ketten starrer Figuren in Pelzen über der Uniform ziehen auf, behelmt, die Bajonette aufgepflanzt. In den Seitengassen stehen Berittene mit schwarzen Helmen. Die Fenster sind beleuchtet. Im Bolschoj-Theater wird ein Kongreß abgehalten.

Das andere Große Theater sieht so aus: Zur Lieblingsstunde der Muse des Theaters, um halb acht, gibt es weder einen leuchtenden Stern noch Fahnen, noch lange Ketten von Wachsoldaten auf dem Platz. Der Riesenbau des Bolschoj steht, wie er Jahrzehnte stand. Zwischen den Säulen schwacher gelblicher Lichtschein. Freundliche Theaterlichter. Schwarze Figuren strömen zu den Säulen. Etwa zwei Stunden lang drängen sich im halbdunklen Saal auf den Rängen die Köpfe. In den Logen sieht man auf dunklem Hintergrund Reihen heller Dreiecke und die Rhomben der beiseitegezogenen Vorhänge. Über den Stoff fließen Wellen von Licht, und mit Bläsergedröhn und tosenden Chören erklingt der Triumph des Radamès. In den Pausen erstrahlt das Theater im rotgoldenen Lichterglanz und wirkt genau so festlich wie früher.

In der Pause raschelt der rotgoldene Saal. Im ersten Rang ondulierte Locken auf Frauenköpfen. Die Herren in Zivil sitzen mit übereinandergeschlagenen Beinen und schauen wie hypnotisiert auf ihre lackierten Schuhspitzen (auch ich habe mir Schuhe mit Lackkappen gekauft). Die Würde der kurzen Pause wird nur von einem NEP-Fräulein unterbrochen. Sie beugt sich über die Logenbrüstung im ersten Rang und ruft, die Hände vor den Mund gelegt, durch den ganzen Saal:

»Dora, komm zu uns herüber! Mitja und Sonja sind in unserer Loge!«

Am Tage steht das Bolschoj-Theater gelb und schwer, mit abgewetzten Mauern, an denen der Verputz bröckelt. Die Straßenbahnen machen um das Malyj-Theater einen Bogen und fahren auf das Bolschoj zu. Im Kaufhaus Mjur & Merelis gehen hinter den riesigen Fensterreihen die Lichter an, kaum daß es zu dämmern beginnt. Am Dachfirst ist ein run-

Тов. Ленин ОЧИЩАЕ
землю от нечисти.

Genosse Lenin reinigt die Erde vom Unrat

des Schild mit der Aufschrift »Staatliches Warenhaus« angebracht worden. Im Mittelpunkt des Schildes brennt abends eine Lampe. Über dem Neslobinskij-Theater sieht man zwei leuchtende Zeilen: »Heute fünfundzwanziger Banknoten!« Sie verlöschen und flammen wieder auf. In der Stoleschnikowgasse sind wacklige Zeilen auf eine Leinwand geschrieben: »Warum wir Ihnen raten, Schuhe nur im... zu kaufen.« Auf dem Strastnaja-Platz ist auf einem Dach eine Leinwand, darauf – Bekanntmachungen, mal in Farbe, dann wieder schwarzweiß, sie flammen auf und verlöschen. Auf demselben Platz an einer anderen Ecke leuchtet eine Kuppel auf, wird dunkel, leuchtet wieder auf, wird dunkel – »Reklame«.

Immer mehr dieser flimmernden Lichter tauchen auf, in der Twerskaja, Mjasnizkaja, auf dem Arbat, in der Petrowka. Moskau erstrahlt mit jedem Tag heller. Die Auslagen der Geschäfte sind die ganze Nacht beleuchtet, in manchen ist auch tagsüber das Licht eingeschaltet. Die Lebensmittelgeschäfte des Moskauer Nahrungsmitteltrusts sind bis Mitternacht geöffnet.

Moskau schläft jetzt auch bei Nacht, ohne seine Lichteraugen zu löschen.

Am Morgen erwacht die Stadt mit Pfeiftönen und Geklingel, Ströme von Fußgängern ergießen sich über die Trottoirs, Lastautos bahnen sich schlingernd und kettenrasselnd auf dem brüchigen zerfahrenen Schnee ihren Weg. An klaren Tagen fliegen von der Chodynka her brummende Flugzeuge. Wie früher hüpfen Straßenbahnen aus der Mjasnizkaja und Bolschaja Ljubjanka heraus und ziehen auf dem Ljubjanka-Platz ihre Kreise.

Am Denkmal des Buchdruckers Fjodorow an der alten schartengedeckten Mauer vorbei fahren sie hügelabwärts zum »Metropol«. Die trüben Scheiben im Erdgeschoß des »Metropol« sind heller geworden, als hätte man eine Schmutzschicht entfernt, und geben nun den Blick frei auf lange Reihen farbiger Buchumschläge. Abends strahlt eine vielfarbige Kugel über der Einfahrt: »Staatskino II«.

Gegenüber, auf der anderen Seite des Platzes, ist ganz unerwartet Testow* wiederauferstanden und hat in der Einfahrt ein Kärtchen ausgehängt: Suppe nach Bauernart. Am Ochotnyj Rjad sind die Schilder so riesig, daß sie die kleinen Läden fast erdrücken. Das Kirchlein Paraskewa-Pjatniza jedoch sieht traurig und düster aus. Es soll abgerissen werden. Das ist schade. Was hat dieser enge Durchlaß zwischen den Auslagen der Metzger und den Bücherantiquariaten auf der einen Seite und der bis in die Straßenmitte vorgeschobenen weißen Seitenfront des Kirchleins nicht schon alles gesehen.

Die Kapelle, die auf dem kleinen Platz stand, wo Twerskaja, Ochotnyj Rjad und Mochowaja zusammentreffen, ist schon abgerissen.

Die Kaufhausgalerien auf dem Roten Platz, die jahrelang ein widriges Bild schäbiger Leere boten, sind nun wieder mit Waren gefüllt. In der Mitte am Brunnen herrscht reges Teiben. Dort wird mit Valuta gehandelt. In den glatten Gesichtern der Händler wirkt nur eine gewisse Unsicherheit in den Augen störend. Das ist meiner Meinung nach ganz verständlich: das GUM hat nur drei Ausgänge. Am Ilja-Tor, da ist es etwas anderes – der Platz ist groß, man sieht weit...

Gasthäuser schießen an allen Ecken und Enden aus dem Boden oder werden wiedereröffnet. Auf dem Zwetnoj Boulevard dröhnen scheppernd die Takte der »echten« Polka durch den Dunst:

Komm, mein lieber Engel, komm,
Tanz mit mir die Polka.
Ach, ich höre schon den Klang
Der geliebten Polka!!!

* Berühmtes Restaurant aus der Zarenzeit

Die Kutscher wenden sich jetzt öfters auf dem Kutschbock um und knüpfen ein Gespräch an. Sie jammern über die schlechten Zeiten, darüber, daß es ihrer schon zu viele gebe und daß die Leute lieber mit der Straßenbahn fahren. Die Kinoreklamen, die als Transparente über die Straßen gespannt sind, flattern im Wind. Die Zäune sind unter Millionen von Plakaten verschwunden. Für neue ausländische Filme wird geworben, eine Ankündigung verheißt: »Gericht über die Prostituierte Saborowa, die einen Rotarmisten mit Syphilis ansteckte«, zahllose Diskussionen, Vorträge, Konzerte finden statt. »Sanin« wird verurteilt, ebenso Kuprins Roman »Die Gruft« und der Film »Pater Sergius«; man spielt Wagner ohne Dirigenten, die »Verkehrte Welt« wird mit Militärscheinwerfern und Autos aufgeführt, es gibt Konzerte im Radio, die Schneider nähen Uniformhemden mit glänzenden Sternen an den Ärmeln und Kragenspiegeln voller Rhomben. Die Kioske sind mit Zeitungen und Zeitschriften überfüllt...

Und nun blitzt die Märzsonne, der Schnee schmilzt. Das Brummen der Lastautos ist noch tiefer geworden, noch wilder und fröhlicher. Zu den Sperlingsbergen führt schon eine Straße, dort wird gegraben, Bretter werden hingefahren, Schubkarren quietschen – die Allrussische Ausstellung wird vorbereitet.

Und ich sitze zu Hause in meinem Zimmer im vierten Stock, das mit alten Büchern vollgestopft ist, und träume davon, wie ich im Sommer auf die Sperlingsberge, von denen Napoleon herabblickte, steigen werde und sehe, wie die vierzig mal vierzig Kuppeln auf den sieben Hügeln glühen, wie Moskau atmet und glänzt. Moskau – die Mutter.[3]

Sofort nach dem Auftakt der bolschewistischen Revolution setzte eine intensive Kultur- und Bildungspolitik ein, die auch während des Bürgerkriegs nicht erlahmte. Schon Ende November 1917 hatte der Volksbildungskommissar

Anatolij Lunatscharskij (1875–1933) alle Künstler und Schriftsteller zur Mitarbeit bei der Verwirklichung der Revolution aufgerufen, sie aufgefordert, Kontakt mit der neuen Macht aufzunehmen. Kontakt mit der Macht – das ließ sich schwer begreifen. Noch nie hatten in Rußland die Künstler Kontakt mit der Macht gehabt, im Gegenteil: sie hatten sie kritisiert und bekämpft. Nach anfänglichem Zögern folgten jedoch bald fast alle, unabhängig von ihrer politischen Einstellung, der Aufforderung zur Mitarbeit, beglückt von der realen Möglichkeit, dem Volke zu dienen.

Zu den wichtigsten und vordringlichsten Aufgaben gehörte die Liquidierung des Analphabetentums, denn noch immer konnte die Mehrheit der erwachsenen Bevölkerung weder lesen noch schreiben. In den Kasernen, Fabriken und Betrieben wurden Schulen eingerichtet, die in zweijährigen Kursen die Anfangsgründe vermittelten. Der Erfindungsgeist der freiwilligen Lehrer entdeckte immer neue Möglichkeiten, den Analphabeten über die Schwierigkeiten des Buchstabierens hinwegzuhelfen und den Bildungsbeflissenen die Wege zum Weiterlernen zu ebnen. In allen Stadtteilen wurden Bibliotheken und Lesesäle eröffnet.

Nicht minder energisch wurde im Schulwesen gearbeitet, für Moskau neunjährige Schulpflicht eingeführt und das bisherige Privilegiertenschulwesen abgeschafft.* Es gab nur noch zweistufige Einheitsschulen für alle. Begabte junge Leute, die studieren wollten, aber nicht die notwendige Vorbildung besaßen, konnten sie in drei- bis vierjährigen Kursen an den Arbeiterfakultäten erwerben, die an der Universität und an den übrigen Moskauer Fach- und Hochschulen eingerichtet worden waren.

Neben diesen, die elementaren Grundlagen für eine breite Volksbildung schaffenden Institutionen gab es zahllose pri-

---

* Die allgemeine Schulpflicht war bereits 1908 dekretiert, aber nur unvollkommen durchgeführt worden.

Wäscherinnen an der Moskwa

vate Initiativen. Musiker, Dichter, Maler, Schauspieler »gingen ins Volk«, wie es vor ihnen ihre Großväter getan hatten. Ihnen war mit Mißtrauen und Ablehnung begegnet worden. Jetzt, da das Volk sich nicht mehr als Objekt der Politik, sondern als ihr Subjekt fühlte, hatte es Vertrauen zu den »Kulturspezialisten« gefaßt, die es lehrten, mit den Kulturschätzen, die nun ihm gehörten, umzugehen, sich ihnen zu nähern, sie verstehen zu lernen. Dem Volk gehörten die Theater, die Konzertsäle, die Museen, die Wissenschaften, die Schlösser der ehemaligen Herren. In Scharen strömten die Menschen in die Theater, zu Vorträgen, Rezitationsabenden, Konzerten und Kunstausstellungen, und, was noch wichtiger war: sie konnten sich selbst betätigen in den Studios für Laientheater, Tanz, Chorgesang, Musik, bildender Kunst und Literatur. Zum ersten Mal in der russischen Geschichte hatte das, wie es seit dem 16. Jahrhundert gehießen hatte, ›lastentragende Volk‹ die Möglichkeit, an etwas anderes zu denken als daran, wie es seine Pflichten dem Herrn gegenüber erfüllen und dennoch selber satt werden könnte.

Satt war sowieso niemand. Und ein Zyniker könnte sagen: man gab dem Volk Spiele statt Brot.

Doch Brot gab es nicht einmal für die Führer der Revolution. Dagegen gab es für alle die Hoffnung auf künftiges besseres Brot und das Zutrauen in die eigene Kraft. Das jahrhundertelang nicht genutzte Intelligenz-Potential der Bevölkerungsmehrheit war freigesetzt worden, drängte nach Betätigung und Entfaltung. Die politische Revolution hatte eine kulturelle Revolution hervorgebracht. Trotz Bürgerkrieg, Kälte, Hunger und Elend lief die Arbeit an der sogenannten Kulturfront auf Hochtouren. Es war die letzte große kulturelle Leistung der russischen bürgerlichen und aristokratischen Intelligenz, bei den Anfängen der proletarischen Kultur entscheidend mitzuwirken.

Diese Mitwirkung wurde ihr bald streitig gemacht. Kommunistische Schriftsteller und Künstler meldeten energisch ihren alleinigen Zuständigkeitsanspruch für den Aufbau einer proletarischen Kultur an. Sie gründeten 1918 die Organisation ›Proletarskaja Kultura‹, kurz Proletkult genannt. Ihrem Initiator Alexander Bogdanow schwebte für die Diktatur des Proletariats eine Art Gewaltenteilung vor: die Partei sollte Innen- und Außenpolitik bestimmen, die Gewerkschaften die Wirtschaftspolitik und die Organisation Proletkult die Kulturpolitik. Diese Vorstellung stand allerdings nicht nur im Widerspruch zur Parteitheorie, sie war auch praktisch nicht durchführbar. Die neue Kultur ließ sich ohne die Hilfe der alten, zu der Bogdanow auch die linken bürgerlichen Avantgardisten zählte, nicht bewerkstelligen. Man konnte auf die Beherrschung des ›Handwerkzeugs‹ nicht verzichten, wenn man zur eigenen, neuen Form gelangen wollte.

Für Lenin war die proletarische Kultur kein Nahziel, sondern eines, das in geduldiger und langjähriger Arbeit das politische Werk einmal krönen sollte. Eine Hegemonie proletarischer Schriftsteller und Künstler duldete er nicht. Im Gegenteil: Es ging ihm darum, die parteilosen Künstler von der Richtigkeit des kommunistischen Weges zu überzeugen, sie ins kommunistische Lager zu ziehen, wo sie als Kulturspezialisten gebraucht wurden. Daß Kunst und Kultur parteilich zu sein hätten, daran ließ Lenin nie auch nur den geringsten Zweifel. Parteilichkeit aber bedeutete in den ersten Jahren der Revolution, die Bereitschaft am Aufbau des neuen Lebens nach besten Kräften mitzuwirken, die Kultur der neuen herrschenden Klasse mit zu schaffen. Es sollte niemand durch politischen Druck oder grobe Diffamierung zurückgestoßen werden. Bis weit in die zwanziger Jahre konnten ästhetische und politische Meinungsverschiedenheiten ungeniert ausgefochten werden, konnte man sich gegenseitig herzhaft beschimpfen oder auch, wie Michail Soschtschenko (1895–1958) es tat, ironisieren. Er klagte:

»Überhaupt ist es reichlich schwierig, Schriftsteller zu sein. Nehmen wir zum Beispiel die Ideologie. Heute verlangt man vom Schriftsteller eine ›bestimmte Ideologie‹. Und die macht mir wirklich Verdruß. Sagen Sie selbst, was für eine Ideologie kann ich haben, wenn mir keine Partei völlig zusagt? Ich hasse niemanden – das ist meine Ideologie. Ganz allgemein stehen mir die Bolschewiki näher als irgend jemand anderes. Und deshalb bin ich auch bereit, mit ihnen herumzubolschewisieren. Aber ich bin kein Kommunist (besser Marxist), und ich glaube auch nicht, daß ich jemals einer werde.«

Die kluge Kulturpolitik des ersten Jahrzehnts führte zu einer erstaunlich raschen Blüte auf allen Gebieten der Kunst und der Literatur. Formal wie thematisch gab es kaum Tabus. Ernste Probleme, die die Entwicklung der neuen Gesellschaft, des neuen Menschen behinderten, waren ebenso Gegenstand von Romanen, Erzählungen und Theaterstücken wie die »Kinderkrankheiten«, zu denen die sich aufblähende Bürokratie und mangelnde Zivilcourage der Bürger gezählt wurden. Daß es sich hier keineswegs um Kinderkrankheiten handelte, wußte man damals noch nicht.

Fröhlich karikierten die Satiriker Soschtschenko, Katajew, Ilf und Petrow menschliche Schwächen und behördlichen Übereifer.

Heliotrop

In keiner Stadt der Sowjetunion gibt es so viele Behörden, Ämter und Verwaltungen wie in Moskau. Manche sind in gepflegten kleinen Villen untergebracht, hinter deren spiegelblanken Fensterscheiben das Dottergelb der Büroschreibtische und das Grün der Lampenschirme schimmert. Diese Villen liegen in kleinen Gärten, in denen Fliederbüsche blühen und Stare mit heiserer Stimme plappern. Am Eingang, zwischen zwei vom Morgentau feuchten Löwen, hängt gewöhnlich ein Schild aus schwarzem Glas und darauf steht in goldenen Lettern der Name der Behörde.

Es muß sehr angenehm sein, eine solche Behörde aufzusuchen, aber niemand tut es. Entweder werden dort keine Besucher empfangen, oder die Behörde hat überhaupt keine Amtsgeschäfte zu führen und existiert nur zur Zierde der Hauptstadt.

Wie man erzählt, befindet sich in der Kotofejew-Gasse schon seit geraumer Zeit eine Vertretung der Gartenbau-Schwerindustrie. Sie heißt ›Heliotrop‹ und hat ihren Sitz in den früheren Büroräumen der Gesellschaft ›Usbek-Nektar‹, die wegen Gaunereien aus Moskau ausgewiesen wurde.

Das Personal des ›Heliotrop‹ besteht aus zwei Leuten: Genosse Abukirow, Bevollmächtigter für Rasenflächen, und Genosse Generalow, Bevollmächtigter für Blumentöp-

fe. Sie waren aus verschiedenen Städten zum Heliotrop beordert worden und kannten sich nicht.

Als Genosse Abukirow sich zum ersten Mal an seinen Schreibtisch setzte, erkannte er sofort, daß es absolut nichts zu tun gab. Er schob den Löscher hin und her, machte die Rolltüren des Aktenschranks auf und zu und beschäftigte sich dann wieder mit dem Löscher. Nachdem er sich endlich davon überzeugt hatte, daß dadurch die Arbeit auch nicht mehr wurde und daß ihm ruhige Tage bevorstanden, blickte er auf und sah den Genossen Generalow freundlich an.

Das, was er sah, ließ sein Herz vor Schreck erbeben, Generalow, der Bevollmächtigte für Blumentöpfe, schleuderte mit steinerner Miene die Kugeln seines Rechenbretts hin und her und schrieb ab und zu etwas auf große Aktenbogen.

»O weh!« dachte der Rasenbevollmächtigte. »Der da hat einen Haufen Arbeit, und ich faulenze. Das könnte Unannehmlichkeiten geben.« Und da Genosse Abukirow Familienvater war und seinen angenehmen Posten nicht gern verlieren wollte, nahm er schleunigst sein Rechenbrett, addierte nicht existierende Hunderttausende und Millionen und kritzelte von Zeit zu Zeit etwas auf ein Stück Papier. Das Ende des Arbeitstages erschien ihm nicht mehr so bedrückend wie sein Anfang, und bei Dienstschluß steckte er ein paar von oben bis unten vollgekritzelte Zettel in seine Aktenmappe und verließ erleichtert den ›Heliotrop‹. Soviel über den Genossen Abukirow.

Was den Genossen Generalow betrifft, den Bevollmächtigten für Blumentöpfe, so beunruhigte ihn das Benehmen Abukirows außerordentlich. Der Rasenbevollmächtigte machte die Schubladen seines Schreibtisches sehr oft auf und zu, man sah, daß er angestrengt arbeitete.

»O weh!« dachte er, »der da hat eine Menge Arbeit, und ich sitze da und drehe Daumen. Das gibt bestimmt Unannehmlichkeiten.«

Die Russische Kommunistische Partei (RKP) schleppt das Schiff der UdSSR

Generalow war zwar Junggeselle, aber auch er fürchtete, seinen ruhigen Posten zu verlieren. Deshalb packte er das Rechenbrett und fing an, wer weiß was für Zeug zusammenzurechnen. Seine Angst war schon am ersten Tag so groß, daß er beschloß, das Büro erst nach seinem fleißigen Kollegen zu verlassen.

Aber am nächsten Morgen bekam er einen gelinden Schreck: Als er pünktlich auf die Minute zum Dienst erschien, war Abukirow schon da. Der Rasenbevollmächtigte hatte beschlossen, seinem Kollegen zu beweisen, daß man mit Rasenflächen eben doch mehr Arbeit hat als mit Blumentöpfen, und war daher nicht um zehn, sondern um neun Uhr gekommen.

Nun saßen sie den ganzen langen Arbeitstag an ihren Schreibtischen und wagten nicht einmal, einander anzusehen. Sie klapperten mit den Rechenbrettern, malten Männchen auf großformatige Notizblöcke, kramten in ihren Schubladen, und am Abend traute sich keiner, vor dem andern wegzugehen.

Plakat 1921: Wer gegen Hunger und für Berge von Getreide ist . . .

Diesmal hatte Generalow die stärkeren Nerven. Abukirow, von Hunger und Durst gequält, verschwand um halb sieben aus dem ›Heliotrop‹. Generalow, freudig erregt über seinen Sieg, stürmte eine Minute später hinaus.

Aber am dritten Tag behauptete der Rasenbevollmächtigte das Feld. Er hatte belegte Brote mitgebracht, und so fiel es ihm nicht schwer, bis acht Uhr zu bleiben. Mit der linken Hand steckte er Wurst in den Mund, mit der rechten malte er Affen.

Um acht Uhr fünf hielt es der Blumentopf-Bevollmächtigte nicht mehr aus. Er zog im Hinausgehen seinen Mantel an und rannte in die nächste Imbißstube. Der Sieger schaute ihm spöttisch grinsend nach und ging dann ebenfalls.

Am vierten Tag simulierten sie bis zehn Uhr abends. Und dann entwickelte sich die Sache in außerordentlichem Tempo weiter.

Generalow saß bis Mitternacht im Büro.

Abukirow ging um ein Uhr nachts nach Hause.

Schließlich blieben sie beide bis zum Morgengrauen im ›Heliotrop‹. Gelb, abgemagert, die eingefallenen Gesichter über Akten gebeugt, die keine waren, saßen sie in Wolken von Tabaksqualm und zitterten voreinander.

Einmal trafen sich ganz plötzlich ihre erloschenen Blicke. Und da übermannte sie eine so große Schwäche, daß sie beide gleichzeitig alles gestanden.

»Ach, ich Esel!« rief der eine.

»Ach, ich Esel!« seufzte der andere.

»Das kann ich mir nie verzeihen!« schrie der eine.

»Wieviel Zeit wir verloren haben!« jammerte der andere.

Und der Rasenbevollmächtigte und der Blumentopfbevollmächtigte umarmten sich und beschlossen, am nächsten Tag überhaupt nicht zu kommen, um sich nach dem sinnlosen Kampf radikal auszuruhen. In Zukunft wollten sie nicht mehr heucheln, sondern während der Bürostunden Schach spielen und sich die neuesten Witze erzählen.

Doch schon eine Stunde nach diesem weisen Beschluß wachte Abukirow in seiner Wohnung zitternd aus dem Schlaf auf. Ein entsetzlicher Gedanke war ihm gekommen. »Wie«, dachte er, »wenn Generalow Sondervollmachten zwecks Entlarvung arbeitsscheuer Elemente besitzt und ein teuflisches Spiel mit mir getrieben hat?«

Er fuhr mit seinen dürren, von dem erbitterten Kampf abgemagerten Beinen in seine Hosen aus Moskauer Baumwollboston und rannte zum ›Heliotrop‹.

Die Straßenkehrer fegten die im Morgenlicht violett schimmernden Straßen, in den Kehrichthaufen wühlten Hunde.

Eine schlimme Vorahnung bedrückte Abukirows Herz.

Und in der Tat – zwischen den taufeuchten Löwen stand Generalow in seinem schlotternden, von den vielen schlaflosen Nächten zerknitterten Jackett und sah den heraneilenden Abukirow kläglich an. Es war ihm vollkommen klar, daß sein Kollege Sondervollmachten zwecks Entlarvung nachlässiger Beamter hatte.

Als der Portier die Haustür aufschloß, stürzten sie an ihre Schreibtische und murmelten:

»Ein Haufen Arbeit! Eilbestellungen auf Blumentöpfe!«

»Eine Masse Arbeit! Neue Rasenflächen!«

Es wird erzählt (doch nur das allmächtige Plankomitee weiß alles), daß diese beiden Narren bis auf den heutigen Tag simulieren.

Und das grelle Licht der Bürolampen beleuchtet ihre knochigen Gesichter.[4]

Der Beginn des ersten Fünfjahrplans (1929) brachte entscheidende Veränderungen in der Kulturpolitik mit sich: wie alle Sowjetbürger sollten auch die Künstler ihren Beitrag zum Fünfjahrplan liefern, sie erhielten einen »sozialen Auftrag«. Damit waren sie durchaus einverstanden. Die Überzeugung, der Künstler habe eine Mission in seinem Volke, hatte seit nahezu hundert Jahren die russische Kunst und hier in erster Linie die Literatur zu ihren großen Leistungen inspiriert.

L'art pour l'art hatte in Rußland nur um die Jahrhundertwende eine Rolle gespielt. Am Aufbau des neuen Staates mitzuwirken war den im Lande gebliebenen Künstlern der mittleren Generation ebenso selbstverständlich wie den inzwischen herangewachsenen jungen Künstlern.

So kamen sie der Aufforderung, das Leben der Arbeiter und Bauern wirklich kennenzulernen, für längere Zeit auf den großen Baustellen des Landes und in den neuen Kolchosen am Arbeitsalltag teilzunehmen, bereitwillig nach. Doch der soziale Auftrag verlangte noch mehr: nämlich die jeweilige Parteilinie zu propagieren und sich den Direktiven der Partei hinsichtlich der Formen und Stilmittel zu unterwerfen. Das wollten und konnten nur wenige. Männer wie Majakowskij (1893–1930) hatten wohl die Gabe, zündende politische Agitation und Kunst zu verbinden, aber nicht die Fähigkeit, sich Parteivorschriften anzupassen. Den Kulturpolitikern der Partei ging es um klar verständliche, ideologisch einleuchtende Werke für die Millionenmassen der schlichten Leser, der noch wenig gebildeten Theater-, Kino-, Konzert- und Ausstellungsbesucher. Ihr Hunger nach Kultur und Wissen sollte mit verdaulicher Nahrung gestillt werden. Über die Zusammensetzung dieser Nahrung bestimmte die Partei. Das betraf nicht nur die Inhalte, sondern auch die Formen künstlerischer Produktion. Alle aus Expressionismus und Futurismus entwickelten künstlerischen Verfahren, alle von moderner westlicher Musik angeregten musikalischen Neuerungen wurden verworfen. Der erste Allunions-Schriftstellerkongreß (1934) dekretierte den sozialistischen Realismus zur künftig einzig anwendbaren künstlerischen Methode. Es dauerte jedoch noch geraume Weile, bis diese rigide Forderung auch praktisch durchgesetzt werden konnte und künstlerisches Schaffen lähmte. Erst nach Stalins Tod (5.3.1953) lockerten sich die ideologischen Fesseln, wurde formal und thematisch mehr Spielraum gewährt. Kunst und Literatur belebten sich neu.

DIE DREISSIGER JAHRE UND DER
ZWEITE WELTKRIEG

Die dreißiger Jahre brachten neue schwere Belastungen, aber auch neue Fortschritte. Stalin, der die innerparteiliche Opposition inzwischen ausgeschaltet hatte, konnte seine Vorstellung vom Aufbau des Sozialismus in einem Lande nun unbehindert realisieren. Vorrang hatten zwei große wirtschaftliche Projekte: beschleunigte Entwicklung der Schwerindustrie und Zerschlagung der bäuerlichen Privatwirtschaft. Abgesehen von diesen das ganze Land betreffenden Vorhaben des ersten und zweiten Fünfjahrplans war für die Stadt Moskau eine ›Rekonstruktion‹ geplant: die Metropole des ersten sozialistischen Staates der Welt sollte zu einer vorbildlichen sozialistischen Stadt umgestaltet werden. Die Rekonstruktion begann im Stadtkern, dem alten Kitaigorod, dessen Stadtmauer abgetragen und deren Gassengewirr beseitigt wurde. Es entstand ein großräumiges Ensemble breiter Straßen und weiter Plätze östlich des Kreml vom Roten Platz über den Swerdlow-Platz mit dem Bolschoj-Theater, zur Manege und der neuen Lenin-Staatsbibliothek. Die Hauptstraßen, die radial den Boulevardring durchschnitten, wurden ebenfalls verbreitert, asphaltiert und mit neuen repräsentativen Bauten versehen. Architektonisch wertvolle alte Gebäude, die der Straßenverbreiterung im Wege standen, wurden kurzerhand zurückgeschoben. – Man mag es bedauern, daß das ›alte, echte‹ Moskau mehr und mehr verschwand. Aber es war notwendig. Die windschiefen Holzhäuschen, die winkligen Gassen waren zum Anachronismus geworden. Die neue Zeit brauchte eine neue Stadt.

Dabei ging es zunächst nicht in erster Linie um bessere Wohnqualität für die Bürger, sondern um das Gesicht der Stadt und um soziale und kulturelle Einrichtungen für alle:

Karikatur aus »Krokodil« (1937): Das NKWD zerdrückt die falsche Schlange mit ihren Köpfen Trotzkij, Sinowjew, Rykow, Bucharin, deren Schwanz ein Hakenkreuz bildet.

Krankenhäuser, Ambulatorien, Schulen, Kindergärten, Kulturhäuser, Kinos, Sportplätze, Kulturparks, Grünanlagen.
Neue Möglichkeiten zur Freizeitgestaltung wurden entwickelt, dazu gehörten vor allem die Kultur- und Erholungsparks. André Gide, der nach seinem Besuch der Sowjetunion 1936 mit herber Kritik nicht sparte, begeisterte sich an diesen Freizeiteinrichtungen.

Der Moskauer Kulturpark*

Dorthin bin ich oft gegangen. Es ist ein Ort, wo man sich amüsiert; vergleichbar einem Lunapark von riesigen Dimensionen. Kaum hat man das Tor durchschritten, fühlt man sich in ungeahnter Atmosphäre. Diese ganze Welt junger Männer und junger Frauen ist beherrscht von ernster Dezenz; nicht der leiseste Versuch albernen oder vulgären Scherzens, kecker Anspielungen, schlüpfriger Redensar-

* heute: Gorkij-Kulturpark

ten, noch selbst des Flirtens, wird gewagt. Überall regt und bewegt sich eine beseelte Freude. Hier werden Spiele veranstaltet; dort Tänze. Meist regelt und belebt sie ein Ordner oder eine Ordnerin, und alles entwickelt sich in vollkommenem Takte. Kunstvolle Runden bilden und verschlingen sich, an denen jeder teilnehmen kann; aber die Zuschauer sind immer viel zahlreicher als die Mitmachenden. Dann wieder Tänze nach den Klängen eines Volksliedes, wozu meist eine einfache Ziehharmonika die Begleitung spielt. Weiterschlendernd gelangen wir auf einen abgegrenzten doch frei zugänglichen Platz, wo sich Dilettanten in allerlei akrobatischen Künsten üben. Ein Sportmeister überwacht die ›gefährlichen Sprünge‹, er ist mit Rat und Tat bei der Hand. In einiger Entfernung findet man Turngeräte und Klettergerüste aufgestellt. Jeder Turnbegierige wartet geduldig, bis er an die Reihe kommt; man trainiert sich. Eine große Fläche ist dem Volleyball vorbehalten; und ich werde nicht müde, den Schwung, die Grazie und Schönheit der Spieler zu bewundern. Beim Weitergehen kommen wir zu den ›ruhigen Spielen‹: Schach, Dame und verschiedenen kleinen Geschicklichkeits- oder Geduldsspielen, deren etliche – höchst scharfsinnig erdacht – mir unbekannt waren. Auch eine Anzahl der auf Kraft, Geschmeidigkeit, Behendigkeit beruhenden Spiele hatte ich noch nirgends gesehen; ich will nicht versuchen, sie zu beschreiben, aber mehrere von ihnen hätten sicherlich auch bei uns großen Erfolg. Man kann sich stundenlang damit beschäftigen. Es gibt sie für Erwachsene und für Kinder. Die ganz Kleinen haben ihre Domäne für sich und finden ihre Freude an kleinen Häusern, kleinen Eisenbahnzügen, kleinen Automobilen und allerlei winzigem, ihnen angepaßtem Werkzeug.

Jenseits des Gebiets der ruhigen Spiele (die immer so viele Liebhaber anlocken, daß man lange warten muß, bis man einen freien Tisch bekommt) erreicht man eine Allee, in der auf Holztafeln allerlei Bilderrätsel, Vexierscherze und dergleichen hingemalt sind. Das Publikum – außer den Kindern – besteht fast nur aus Arbeitern, die sich hier sportlich üben, sich erholen, zerstreuen oder belehren lassen wollen (denn es gibt auch Lese- und Vortragssäle, Kinos, Bibliotheken usw.). An der Moskwa findet man Schwimmbäder. Und hier und dort in diesem unermeßlichen Gelände erheben sich winzige Estraden, auf denen ein Stegreifprofessor seine Gelehrsamkeit zum besten gibt; er unterweist die Zuhörer in irgendeiner Wissenschaft, zum Beispiel in Weltgeschichte oder Geographie (mit Hilfe großer Landkarten) oder sogar in praktischer Medizin, in Physiologie (wobei anatomische Tafeln den Vortrag veranschaulichen). Man folgt mit gespannter Aufmerksamkeit, in tiefem Ernste.

Und etwas noch Schöneres: ein kleines Theater mitten im Grünen; im offenen Saal lauschen, eng gedrängt (kein Platz ist freigeblieben), etwa fünfhundert andächtige Zuhörer dem Schauspieler, der ein Kapitel aus Puschkins Versroman »Jewgenij Onegin« rezitiert. – In einer Ecke des Parks, unweit vom Eingang, befindet sich das Revier der ›Fallschirmler‹. Dieser Sport ist sehr beliebt. Alle zwei Minuten löst sich einer der drei Fallschirme von der Höhe eines Turmes (40 m) und setzt, etwas unsanft, seinen neuen Liebhaber auf den Erdboden nieder. »Nun, wer riskiert's noch?!« Man drängt sich hinzu; man wartet, bis man drankommt; man bildet Schlange. – Und ich spreche nicht von dem großen Freilufttheater, wo sich zu gewissen Vorstellungen etwa zwanzigtausend Schaulustige zusammenfinden.[5]

Das wichtigste Bauprojekt, das der gesamten Moskauer Bevölkerung zugute kam, war die Untergrundbahn. Die Statistiker hatten errechnet, daß jeder werktätige Moskauer jährlich mindestens 180 Stunden, und das bedeutete einen ganzen Arbeitsmonat, durch die unzureichenden Verkehrsmittel verlor. Im Januar 1932 begann der Bau der Metro, am 15. Mai 1935 wurde der erste Streckenabschnitt von 11,5

Kilometern in Betrieb genommen. Ganz Moskau, vom schlichten Bürger bis zu höchsten Parteifunktionären, hatte in freiwilligen Arbeitseinsätzen mitgearbeitet.

Im gleichen Zeitraum bekam die Moskwa ihren ›granitenen Kragen‹. Seit undenklichen Zeiten war das Moskwa-Ufer sozusagen der Hinterhof der Stadt gewesen, auf dem Kühe und Ziegen grasten, Hühner herumscharrten, baufällige Schuppen und Häuschen, vom alljährlichen Frühjahrshochwasser bedroht, ihren Bewohnern dennoch lieb und teuer waren. Nur im Stadtzentrum und unterhalb des Kreml hatte es bisher Ufermauern gegeben. Nach und nach verschwand nun der ›Hinterhof‹. Die Moskwa wurde in Granit eingefaßt, asphaltierte Uferstraßen entstanden.

Für die Modernisierung der Stadt wurde 1935 ein auf 15 Jahre festgelegter Generalplan aufgestellt, der außer der Versorgung der Bevölkerung mit den notwendigen öffentlichen, sozialen und kulturellen Einrichtungen nun auch den Wohnungsbau in großem Stil vorsah. Zwischen 1926 und 1936 war die Einwohnerzahl von rund 2 Millionen auf 3,6 Millionen gestiegen, und man hatte mit einem weiteren jährlichen Zuwachs von 162 000 Bewohnern zu rechnen. Neue Stadtviertel entstanden im Nordwesten, im Südwesten und im Osten Moskaus. Dennoch blieb Wohnungsmangel ein Charakteristikum für die Stadt. Es handelte sich um ein doppeltes Problem: einerseits erforderte der industrielle Ausbau einen stetigen Zuzug neuer Arbeitskräfte von außerhalb, andererseits machte der vielfach miserable bauliche Zustand der vorhandenen Wohnfläche die Umsiedlung der Altmoskauer in hygienisch einwandfreie Wohnungen notwendig. Industrieller Aufbau und ausreichende Versorgung der Bürger mit Wohnraum war gleichzeitig nicht zu leisten. Es ließ sich daher nicht umgehen, Prioritäten zu setzen und den Spezialisten aller Art den Vorrang bei der Zuteilung von Neubauwohnungen unterschiedlichen Komforts zu geben: Wissenschaftler, Ingenieure, Schriftsteller, Künstler und die Elite von Partei, Regierung und Militär. Dieses Vorgehen barg neue soziale Probleme. Jurij Trifonow (1925–1981) deutet sie in seinem Roman »Das Haus an der Moskwa« an. Hier handelt es sich um einen großartigen Baukomplex für besonders verdiente Parteifunktionäre, hochdekorierte Wissenschaftler und Generäle der Roten Armee.

Hauptfiguren des Romans sind zwei Knaben: Schulepa, der als Sohn eines Generals im ›Großen Haus‹ lebt, und Glebow, der mit seinen Eltern – der Vater ist Chemiker – und der Großmutter ein einziges Zimmer in einer Etage bewohnt, deren Mietparteien sich in Küche und Badezimmer teilen müssen.

Kontraste im Aufbau des Sozialismus

...

Wovon sich Glebow jedoch nicht befreien konnte, was ihn die ganzen Jahre hindurch quälend begleitete, das war die Kränkung tief auf dem Grund seiner Seele...

Begonnen hat diese Qual – man könnte sie *Leiden am Nichtentsprechen* nennen – in fernen Zeiten, so etwa in der fünften oder sechsten Klasse, als Schulepa in das große Haus an der Moskwa zog. Glebow hatte von Geburt an in seinem zweistöckigen Häuschen gelebt. Neben dem grauen tausendfenstrigen Riesenkasten, der einer ganzen Stadt, sogar einem ganzen Land glich, duckte es sich, nach rückwärts hin, hinter der kleinen Kirche, hinter einigen wie Pilze aneinanderklebenden, wenn auch aus Stein gebauten Bruchbuden; ein etwas schiefes Gebäude mit eingedelltem Dach und vier Halbsäulen an der Fassade, das den Bewohnern der umliegenden Sträßchen als *Derjugin-Hof* bekannt war. Auch die Gasse, an der das schiefgeratene Phänomen stand, trug den Namen Derjugin-Gasse. Der graue Gigant hing über der Gasse, nahm ihr morgens die Sonne, während an den Abenden Radiostimmen und Grammophonklänge

Haus Mosselprom

hinunterdrangen. Dort, in himmelsnahen Stockwerken, vollzog sich scheinbar ein ganz anderes Leben als unten im Gewimmel der kleinen Häuschen, die nach hundertjähriger Überlieferung gleichmäßig gelb angestrichen waren. Da war es, das *Nichtentsprechen!* Die einen bemerkten nichts, die anderen spuckten darauf, wieder andere hielten das für gut und richtig und legitim, in Glebows Seele jedoch schwelte es von Kindesbeinen an: ob das nun Neid war oder sonstwas...

Glebow besuchte die Mitschüler aus dem Großen Haus nicht allzugern, oder besser gesagt: er ging gern, aber nicht ohne Furcht dorthin, denn die Liftführer in den Hauseingängen blickten immer mißtrauisch und fragten: »Zu wem willst du?« Man mußte Familiennamen und Wohnungsnummer nennen, manchmal rief der Liftführer in der Wohnung an und stellte fest, ob man dort wirklich den und den zu Besuch erwartet. Dazustehen und zu warten, bis die Frage geklärt war, war peinlich. Telefonierend musterte der Liftführer wachen und unbestechlichen Auges den Wartenden, als befürchte er, daß Glebow in den Fahrstuhl schlüpfe und ohne Erlaubnis losführe... Glebow hatte festgestellt, daß auch die im Haus lebenden Jungen ganz schön Schiß vor den Liftführern hatten und bestrebt waren, möglichst rasch an ihnen vorbeizuflitzen...

Glebow gewöhnte sich an das Große Haus, das die Gasse verdunkelte, gewöhnte sich an die Hauseingänge, die Liftführer, daran, daß man ihn zum Tee dabehielt und daß Alina Fjodorowna, Ljowka Schulepas Mutter, mit der Kuchengabel in einem Stück Torte stochern, den Teller mit der Torte wegrücken und sagen konnte: »Ich finde, die Torte ist nicht frisch« – woraufhin die Torte hinausgetragen wurde. Als das zum erstenmal geschah, war Glebow erstaunt. Wie kann eine Torte nicht frisch sein? Ihm erschien das unsinnig. Bei ihm zu Hause kam eine Torte nur selten auf den Tisch, zu irgendwessen Geburtstag, sie wurde rasch aufgegessen, und keinem fiel auch nur im Traum ein, die Frage zu klären, ob die Torte frisch oder nicht frisch sei. Sie war immer frisch, sie war die Frischheit schlechthin, besonders jene üppige Torte mit den rosa Blumen aus Creme.

Glebow gewöhnte sich auch an die elterliche Wohnung, als er nach seinen Besuchen im Großen Haus dorthin heimkehrte. Eine Zeitlang war ihm irgendwie trist zumute gewesen, wenn er, wie von der Seite, sein schiefes Häuslein mit dem rotbraunen Putz plötzlich wieder vor sich sah; wenn er die dunkle Treppe hinaufstieg, die man vorsichtig begehen mußte, denn an einigen Stellen fehlten Stufen; wenn er auf die Wohnungstür zutrat, die, wie eine alte geflickte Bettdecke, mit einer Vielzahl von Namenschildern, Zetteln und Klingeln bestückt war; wenn er in den vielschichtigen Petroleumgeruch der Wohnung eintauchte, wo stets irgendwas im Kessel kochte und immer irgend jemand Kohl zubereitete; wenn er seine Hände im ehemaligen Badezimmer wusch, wo es eng war, wegen der Bretter, die die Badewanne abdeckten, in der niemand mehr badete oder seine Wäsche wusch, während auf den Brettern die den verschiedenen Wohnungsparteien gehörenden Zuber und Waschbecken standen; wenn er manches andere sah, spürte, bemerkte, von Ljowka Schulepnikow oder sonstwem im Großen Haus heimkehrend; aber nach und nach glättete sich alles, war weicher anzufühlen, kränkte nicht mehr.

Als er einmal, von drüben nach Hause gekommen, erregt beschrieb, welcher Lüster im Eßzimmer bei Schulepnikows hängt und wie lang und breit der Korridor dort ist, wo man sogar radfahren kann, und was für Konfekt es zum Tee gab – nicht das Konfekt als solches hatte Glebow so beeindruckt, sondern die Größe der Konfektschachtel –, während ihn Mutter und Großmutter voller Neugier nach diesem und jenem ausfragten, sagte der Vater plötzlich, Glebow zublinzelnd: »Hört mal, mir ist, ihr würdet ganz gerne dort wohnen?«

VOLKSKOMMISSARIAT FÜR JUSTIZWESEN DER UdSSR

PROZESSBERICHT

ÜBER DIE STRAFSACHE

DES SOWJETFEINDLICHEN TROTZKISTISCHEN ZENTRUMS

**VERHANDELT VOR DEM MILITÄRKOLLEGIUM
DES OBERSTEN GERICHTSHOFES DER UdSSR**
VOM 23.–30. JANUAR 1937

gegen

**J. L. Pjatakow, K. B. Radek, G. J. Sokolnikow,
L. P. Serebrjakow, N. I. Muralow, J. A. Liwschitz,
J. N. Drobnis, M. S. Boguslawski, I. A. Knjasew,
S. A. Rataitschak, B. O. Norkin, A. A. Schestow,
M. S. Stroilow, J. D. Turok, I. J. Hrasche,
G. J. Puschin und V. W. Arnold**

angeklagt des Vaterlandsverrats, der Spionage, Diversions-
tätigkeit, Schädlingsarbeit und der Vorbereitung terrori-
stischer Akte, d. h. der Verbrechen gemäß Artikel 58[1a], 58[9],
58[9], 58[11] des Strafgesetzbuches der RSFSR

VOLLSTÄNDIGER
STENOGRAPHISCHER BERICHT

MOSKAU 1937
HERAUSGEGEBEN VOM VOLKSKOMMISSARIAT
FÜR JUSTIZWESEN DER UdSSR

»Warum eigentlich nicht?« sagte die Mutter. »Ich will meinen eigenen Korridor haben.«

»Und ich will, daß nicht mit Schüsseln gescheppert wird«, sagte Oma Nila, die darunter litt, daß die Nachbarin, die das Zimmer gegenüber bewohnte und spät von der Arbeit heimkam, in der zwölften Abendstunde begann, aus dem Zimmer in die Küche und zurück zu schleichen, und jedesmal mit Schüsseln, die jedesmal schepperten. Oma Nila schlief auf einer Truhe in der Nähe der Zimmertür, und das Gerenne der Nachbarin samt dem Schüsselgeschepper weckten sie regelmäßig. Der Vater blickte die Mutter und die Großmutter voller Bedauern an.

»Was soll ich euch sagen? Ihr scheckigen Hühner, ihr dümmlichen Weiber ...« – Das war so seine Art zu scherzen, eine durchaus arglose Art. Er nannte die Mutter manchmal zärtlich »mein scheckiges Hühnchen«. Die Frauen mimten Entrüstung, stürzten sich auf ihn, natürlich nur verbal, in Wirklichkeit war ihm die Mutter niemals richtig böse, er aber stieß Glebow an und blinzelte: »Dima, schau dir diese Klucken an ... Wo findest du größere Hühner? ... Begreift ihr denn nicht, daß ein Leben ohne eigenen Korridor viel lustiger ist? Und was das Geschepper betrifft: das ist Musik! Ich würde nicht um tausendzweihundert Rubel in jenes Haus ziehen...«[6]

Dieser Abschnitt aus dem Roman von Jurij Trifnow spielt in den dreißiger Jahren unmittelbar vor der sogenannten Großen Säuberung der Partei von ›trotzkistischen und konterrevolutionären Volksfeinden‹ (1936–1939). In drei Schauprozessen gegen führende Altbolschewiki und einem nicht öffentlichen Prozeß gegen die fähigsten Generäle beseitigte Stalin jene Männer der Führungsschicht, die ihm geistig und moralisch überlegen waren und daher eine potentielle Gefährdung seiner Position bedeuteten. Gleichzeitig ließ er von den Organen des NKWD Millionen sowjetischer Bürger aus allen Bevölkerungsschichten als Konterrevolutionäre festnehmen und in Straflager sperren. Viele wurden willkürlich erschossen. Viele starben infolge der Strapazen des Lagerdaseins. Die Gesamtzahl der Opfer dieses Stalinschen Völkermords ist nicht bekannt.* Im Herbst 1938 verebbte die Terrorwelle allmählich, um nach 1945 wieder aufzuleben. Dem Wüten des Diktators gegen ein Volk, das ihn verehrte und allein in ihm den Garanten einer lichten Zukunft sah, setzte 1953 der Tod ein Ende.

Am 22. Juni 1941 überfiel Hitler die auf den Krieg nicht vorbereitete Sowjetunion. Zum schlimmsten Tag dieses Krieges wurde für Moskau der 16. Oktober 1941. Deutsche Truppen standen 50 Kilometer vor der Stadt, an einem Frontabschnitt waren sie bereits auf 10 Kilometer herangerückt. Schon während des Sommers hatte man Frauen mit kleinen Kindern und wichtige Industriebetriebe vorsorglich evakuiert. Am 16. Oktober aber verließ die Regierung die Stadt. Die Volkskommissare begaben sich nach Kujbyschew an der Wolga. Akten und Archive von Behörden und Parteidienststellen, die nicht mehr in Sicherheit gebracht werden konnten, wurden verbrannt; die Bevölkerung, soweit sie nicht zur Volkswehr mobilisiert war, sollte die Stadt verlassen. Der Belagerungszustand wurde erklärt. Panzersperren und Barrikaden wurden in den Straßen errichtet. Panik entstand. Doch schon am nächsten Tag gewannen die Moskauer ihre Besonnenheit wieder, sie waren nicht unterzukriegen.

Konstantin Simonow (1915–1979) erzählt in seinem Roman »Die Lebenden und die Toten« von diesem 16. Oktober. Einer seiner beiden Romanhelden, der Journalist Sinzow, hatte sich, nachdem er aus deutscher Kriegsgefangenschaft geflohen war, ohne Papiere nach Moskau durchgeschlagen, war keiner Kontrolle, die ihn unweigerlich zunächst als Deserteur festgenommen hätte, in die Hände geraten. Es kam nun für ihn darauf an, irgendeine Behörde zu finden, die ihm seine Identität beglaubigte.

* Die Angaben schwanken zwischen 5 und 8 Millionen.

Der 16. Oktober 1941

... Zweifellos wäre es Sinzow weder vor noch nach diesem Tag gelungen, Moskau unbemerkt zu erreichen. Nur an diesem einen Tag war das Unmögliche möglich gewesen. Er hatte wohlweislich die große Chaussee gemieden, damit die Kontrollpunkte umgangen und schließlich die Moskauer Innenstadt erreicht. Wenn jemand später, haßerfüllt vom 16. Oktober sprach, schwieg Sinzow beharrlich. Er konnte es nicht ertragen, an das angstverzerrte Gesicht dieser Stadt, die er liebte, zurückzudenken.

Nicht nur vor Moskau, wo an diesem Tag die Soldaten kämpften und starben – auch in Moskau selbst gab es viele Menschen, die ihr möglichstes taten, damit die Stadt sich nicht ergeben müsse. Doch die Lage an der Front vor Moskau schien sich verhängnisvoll zu entwickeln, und manche waren überzeugt, die Deutschen würden schon morgen einmarschieren.

Wie immer in kritischen Stunden blieben die Zuversicht und das stille Bemühen der einen zunächst unbemerkt, sie trugen erst später Früchte. Kopflosigkeit, Angst und Verzweiflung der andern dagegen machten sich breit, herrschten vor. Zehntausende verließen Moskau an jenem Tag auf der Flucht vor den Deutschen. Ein nicht abreißender Strom wälzte sich zu den Bahnhöfen und über die nach Osten führenden Chausseen.

Sinzow ging durch die Stadt. Niemand kümmerte sich um ihn an diesem entsetzlichen Tag, an dem die Menschen einander suchten, einander verloren, in versperrte Wohnungen eindrangen, verzweifelt an Straßenkreuzungen warteten, im Gedränge vor den Bahnhöfen schrien und weinten.

Er bog zum Nikita-Tor ein, das hoffnungslos von Wagen und Menschen verstopft war, und dann in die Chlynowskaja Sackgasse zur Redaktion des ›Gudok‹, in der er vor dem Krieg gearbeitet hatte.

Fesselballon des Luftschutzes. Diese Ballons sollten bei einem deutschen Luftangriff die deutschen Flugzeuge zum Abdrehen zwingen.

Wie überall war auch hier in der Sackgasse ein brandiger Geruch; der Wind wirbelte die Asche verbrannten Papiers in die Luft. Alle Fenster der Redaktion waren verdunkelt, an der Tür hing ein Vorhängeschloß, und davor saß auf seinem Schemel ein alter Wächter im Eisenbahnermantel, auf den Knien ein Kleinkalibergewehr. Er achtete nicht auf die Menschen, die mit ihren Bündeln und Rucksäcken vorüberhasteten.

Sinzow ging auf ihn zu und fragte – obwohl an der Antwort nicht zu zweifeln war –, ob die Redaktion von der Front zurückgekehrt sei. Der Wächter schüttelte nur den Kopf.

»Und die andern Leute vom ›Gudok‹? Sind die auch schon weg?« fragte Sinzow weiter, obwohl es ganz klar war, daß es hier kein ›Gudok‹ mehr gab.

»Was wollen Sie eigentlich?« Jetzt erst sah der Wächter zu ihm auf. »Wo sind Ihre Papiere? Vorzeigen!«

»Wozu brauchen Sie denn Papiere?«

»Um zu wissen, ob man Ihnen Auskunft geben darf oder nicht«, sagte der Alte böse.

So. ›Gudok‹ war weg!...

Aber dann? Wohin sollte er gehen?

Die phantastische Vorstellung, daß Mascha vielleicht noch in Moskau war, ging ihm wieder durch den Kopf. Eine Vorstellung, die ihn fast gegen seinen Willen in die Ussatschjowka trieb – zu dem Haus, aus dem er in den Krieg gezogen war.

Unterwegs zwang er sich, diese Vorstellung zu unterdrücken. Selbstverständlich war niemand in der Wohnung! Er ging ja nicht hin, weil er auf irgend etwas hoffte, sondern nur, um sich wenigstens einmal hinzusetzen, sich auszuruhen, sei es nur im Treppenhaus, wenn er keinen Schlüssel fand. Dann würde er weitergehen. Aber wohin? Nun – ganz einfach: zum Kriegskommissariat...

Die Haustür stand sperrangelweit auf, Möbel und Bettgestelle lagen auf dem Hof herum. Nach allem, was Sinzow gesehen hatte, wunderte er sich über nichts mehr. Er stieg in den zweiten Stock und schlug mit der Faust an die Tür. Auch als er längst die Gewißheit hatte, daß niemand in der Wohnung war, hämmerte er immer noch dagegen. In dem hoffnungslosen, wütenden Hämmern lag die ganze Kraft seiner Verzweiflung.

Schließlich taumelte er die Treppe hinunter. Aus der Toreinfahrt kam rückwärts ein Lastwagen heraus, so hoch mit Hausrat und Säcken beladen, daß er am Torbogen hängenblieb. Vor ihm sprang ein Mann aufgeregt herum, fuchtelte mit den Armen und rief: »Links! Einschlagen. Einschlagen!« Endlich kam der Lastwagen heraus. Der aufgeregte Mann blieb auf dem Fahrdamm stehen und wischte sich mit dem Ärmel den Schweiß vom Gesicht. Es war der Hausverwalter – er hieß Kljuschkin oder Krjuschkin. Sinzow kannte ihn schon aus der Zeit, als er mit Mascha verlobt war, hatte sich aber den Namen nie richtig merken können.

»Hören Sie!« rief er. »Hören Sie!« wiederholte er lauter, lief auf den Verwalter zu und packte ihn so hart am Kragen, daß der Stoff riß.

Das Antlitz der Stadt hatte sich verändert: an den Häusern erschienen eilig angebrachte Täfelchen mit der Aufschrift: »Luftschutzkeller«. Panzersperren wurden errichtet.

»Sind Sie verrückt geworden?« brüllte der Verwalter, machte sich los und holte schon mit der Hand zum Schlag aus. Da erkannte er Sinzow.

»Haben Sie dort oben den Krach gemacht?«

»Ja!«

»Ihre Frau ist fort!«

»Wohin?«

»Ich kann mir doch nicht alles merken!« schimpfte der Hausverwalter und stieg auf den Lastwagen. »Die Listen haben sie heute verbrannt. Alles haben sie verbrannt, sogar die Telefonbücher – alles!« wiederholte er mit verzweifelter Heftigkeit. »Ihre Frau ist schon im Juli weg – sie war in Uniform.«

»Wo ist sie denn hin?« rief Sinzow und lief dem anfahrenden Lastwagen nach.

»He! Halt noch mal!« rief der Verwalter plötzlich und trommelte mit der Faust auf das Dach der Fahrerkabine. Als der Wagen anhielt, winkte er Sinzow heran. »Ich habe ja Ihren Schlüssel – das Duplikat!«

Er zog einen Drahtring aus der Tasche, an dem fast zwei Dutzend Schlüssel hingen.

»Welcher gehört Ihnen? Nehmen Sie ihn – aber rasch!«

Sinzow fingerte unsicher am Schlüsselbund.

»Dalli – dalli!« Der Verwalter sah zum Fahrer, der ungeduldig zurückschaute. »Nehmen Sie in Gottes Namen alle! Und er ließ den ganzen Schlüsselring auf die Straße fallen.

»Wo wollen Sie denn hin?« fragte Sinzow, als der Wagen wieder anfuhr.

»Den andern nach!« rief der Verwalter zurück. »Ich bin Parteimitglied! Soll ich vielleicht hier auf die Deutschen warten, damit sie mich aufhängen?!«

So so, Parteimitglied bist du, wenn du man bloß nicht lügst! dachte Sinzow... Ein Mann hatte ihm die Wohnungsschlüssel hingeschmissen, der Moskau verließ, weil er an

Angehörige des Luftschutzes mit einer auf einem LKW montierten FLAK

den Einmarsch der Deutschen glaubte. Ein Mann, der, wie Sinzow überzeugt war, sich ohne Genehmigung davonmachte. Ein Gewehr hätte ihm besser zu Gesicht gestanden.

Sinzow beneidete den Kerl nicht. Unerträglich war ihm nur das Gefühl, daß er selber kein Parteibuch mehr in der Tasche hatte, daß es ihm nicht möglich war, ein paar Häuserblocks weiter zum Rayonparteikomitee zu gehen, wo er seinerzeit in die Partei aufgenommen worden war, und dort zu sagen: »Ich bin der Kommunist Sinzow, ich will Moskau verteidigen, gebt mir ein Gewehr und sagt mir, wo ich kämpfen soll!«

In schmerzliches Grübeln vertieft, kam ihm ganz plötzlich der Gedanke: warum eigentlich nicht? Wer hat mir denn das Recht genommen, ins Rayonkomitee zu gehen?

»Ich gehe sofort«, murmelte er vor sich hin, merkte aber, daß er es jetzt nicht schaffen würde – er mußte sich erst etwas ausruhen. Schwankend erreichte er das Schlafzimmer, hielt sich am Kopfende des Messingbettes fest und sackte der Länge nach auf die Matratze.

»Nur einen Augenblick, dann geh ich«, murmelte er eigensinnig. »Nur eine Viertelstunde.«

(Früh am nächsten Morgen begibt sich Sinzow ins Rayonparteikomitee.)

Die erste Morgendämmerung, wenn die Straßen gewöhnlich noch kaum belebt sind, war schon vorüber, so daß Sinzow die heutige Leere der Straßen und Plätze verwunderte, besonders nach dem Menschengewühl, durch das er sich gestern hatte drängen müssen. Nur vereinzelte Passanten tauchten auf. Vor dem noch geschlossenen Milchgeschäft standen die Leute Schlange. An der zerbrochenen Schaufensterscheibe Ecke Subowskaja ging immer noch der Milizsoldat auf und ab. Über den Sadowaja-Ring fuhren Lastwagen. Einer davon, mit Eisenschienen und Draht beladen, streifte Sinzow, der auf dem Bürgersteig ging. An der Bushaltestelle standen einige Leute mit Handkoffern; sie würden wohl bald die Hoffnung auf das Erscheinen eines Omnibusses aufgeben. Andere gingen mit ihren Bündeln zu Fuß über den Ring – es waren aber viel weniger als gestern. Moskau war heute nicht so erregt. Es lag mehr Abwehrbereitschaft in der Luft. Hinter der aufgescheuchten Stadt, die er gestern erlebt hatte, steckte noch ein anderes Moskau; unverändert ruhig, geschäftig, unerschrocken.[7]

Der Vormarsch der Deutschen kam im November 1941 zum Stehen. In der ersten Dezemberwoche begann der sowjetische Gegenangriff, in dessen Verlauf in den folgenden Wochen die vorderste Kampflinie 150 bis 200 Kilometer nach Westen vorgeschoben werden konnte. Die Rote Armee hatte die Schlacht um Moskau gewonnen.

Wie es weiterging, braucht hier nicht erzählt zu werden, auch Moskaus Rolle in der Weltpolitik nach 1945 ist nicht unser Thema.

Die staatliche Lomonossow-Universität

Gesamtansicht des Kreml. Links: die Wachtürme in der Kreml-Mauer, in der Bildmitte die Erzengel-Kathedrale, rechts der Glockenturm »Iwan der Große«

Gesamtansicht des Kreml. Von links: die Erzengel-Kathedrale, der Glockenturm »Iwan der Große«, die Mariae Himmelfahrts-Kathedrale, der Kongreßpalast

Blick von der Moskwa zum Kreml

Grünanlage am Iwanowskij-Platz. Links im Bild die Wassilij-Blashennyj-
Kathedrale, Mitte Hotel »Rossija«, rechts die Moskwa

Gebäude des Rates für gegenseitige Wirtschaftshilfe

DAS NEUE MOSKAU

Wer heute Moskau sagt, meint damit häufig die Sowjetunion. Und das ist wohl auch bis zu einem gewissen Grade
richtig. Moskau ist der Kommandoturm des Riesenreiches.
Hier laufen alle Fäden zusamen. Hier werden die Entscheidungen gefällt, von hier aus die Befehle erteilt, die Direktiven gegeben, die die gesamte Union betreffen. Die großen
Wirtschaftspläne werden hier beraten und aufgestellt, lang-
fristige Perspektiven für die Erschließung und Nutzung der
wirtschaftlichen Ressourcen des Landes erarbeitet.

Ebenso ist Moskau das Kulturzentrum, die Stadt der Kon-
gresse, Konferenzen, gesamtstaatlichen Leistungsschauen.
Jährlich finden hier Kulturfestivals der übrigen Republiken
statt. Eine Million Menschen kommen täglich als Besucher
oder als Durchreisende zu anderen Reisezielen nach Moskau. Pathetisch gesagt: Moskau ist wie eh und je das Herz
des Landes.

Aber es ist auch noch etwas anderes, nämlich die Heimat
der gewöhnlichen Moskauer Bürger, denen die Stadt Gebor-
genheit gibt. Bulat Okudshawa (* 1924), der Romanschrift-
steller und Liedermacher, hat sie besungen:

Der Mitternachts-Trolleybus

Will mich Verzweiflung überwältigen,
will mich drängen: mach Schluß,
dann spring ich auf den blauen Trolleybus,
auf den letzten, zufälligen.

Fahr die Straßen entlang, Mitternachts-Trolleybus,
kreise, kreise durch die Stadt.
Nimm jeden mit, der in der Nacht
Schiffbruch erlitten hat.

Blauer Trolleybus, öffne die Türen.
Es haben in frostkalter Nacht
Deine Matrosen, deine Passagiere
mir das Herz wärmer gemacht.

Ich habe sie mit den Schultern berührt,
hab nicht mehr meine Not gespürt.
Wieviel Güte steckt doch, ich kann es bezeugen,
im Schweigen.

Der letzte Bus schwimmt durch die Stadt,
ihre Straßen zerfließen im Morgengrau.
Und der Schmerz, der wie ein Specht in der Schläfe häm-
    mert,
verebbt, verdämmert.

Lied von der Moskauer Ameise

Nicht dreißig Jahre, nein dreihundert Jahre lang
gehe ich über die alten Plätze, das graublaue Pflaster.
Moskau, meine Stadt, trägt den höchsten Namen und Rang,
und doch kommt sie, wenn du ankommst, entgegen dem
    Gast.

Ich gehe über ihre Straßen in der Stille vor Tagesanbruch,
ich streife durch die schiefen Gassen (ihr Städte wollet ver-
    zeihen).
Doch ich bin eine Moskauer Ameise und habe keine Ruh,
so war es vor dreihundert Jahren, so wird es immer sein.

Ach, diese Stadt, so ist sie, sie ähnelt mir so:
Mal ist sie traurig, mal fröhlich, doch immer ist sie hoch.
Was für ein Mädchen trägt dort in der Hand ein Stückchen
    Morgen,
als trüge sie für mich Ameise das Frühstück im Korb?[8]

Heute zählt Moskau 9 Millionen Einwohner. Fast acht Prozent der sowjetischen städtischen Bevölkerung wohnt hier. Die Stadtplaner achten darauf, das weitere Wachstum nicht überhand nehmen zu lassen, damit das Wohnungsproblem während des gegenwärtigen, auf 25 Jahre festgelegten, städtischen Generalplans endlich gelöst werden kann.

Um die Anlage steriler Trabantenstädte zu vermeiden, sieht der Generalplan eine Umstrukturierung der Gesamtstadt vor. Sie wird in acht Zonen gegliedert mit je 1 Million Einwohnern. Jede Zone ist in mehrere Rayons mit 250 000 bis 400 000 Einwohnern unterteilt, diese wiederum in mehrere Wohngebiete mit 30 000 bis 70 000 Einwohnern, mit Dienstleistungsbetrieben, Produktionszonen, Parks, Plätzen, Grünanlagen, kulturellen Einrichtungen, öffentlichen Gebäuden und einem Verwaltungszentrum. Auf diese Weise können die Menschen in vergleichsweise kleinen Stadtkommunen leben, haben keine weiten Anfahrtswege zum Arbeitsplatz und ein reichhaltiges Freizeit- und Erholungsangebot sozusagen vor der Haustür.

Von der Zentralzone, dem Moskauer Stadtkern, ausgehend, verbinden breite Magistralen die sieben anderen Zonen mit dem Zentrum zu einem zusammenhängenden Stadtensemble, wobei mit größter Sorgfalt architektonisch wertvolle Baudenkmäler in das Ensemble der modernen Stadt einbezogen werden. Manch idyllischer Winkel, manche stillen Nebenstraßen bleiben zwischen den Schneisen der lärmenden Magistralen erhalten. Und man darf hoffen, daß Straßen von der Art, wie sie Jewgenij Jewtuschenko (*1933) schildert, auch weiterhin zum Moskauer Leben gehören werden.

Die Straße

**In der Vierten Meschtschanskaja bin ich aufgewachsen.
Ich liebte diese stille Seitenstraße, in der kein Trolleybus**

Lebensmittelmarkt

fuhr, kein Autobus und keine Straßenbahn, wo nur ein alter Gaul mit müden, gutmütigen Augen den gummibereiften Plattenwagen des Gemüseladens über das Kopfsteinpflaster zog. Alles hier glich so gar nicht dem Bild, das man sich nach den Ansichtskarten von Moskau machte, und gerade darum war es das wirkliche Moskau.

Die Autos, die sich ab und zu hierher verirrten, mußten scharf bremsen und ganz, ganz langsam weiterfahren, weil stets mitten auf der Straße die Jungen Fußball spielten.

Es gab hier viele Pappeln, und wenn sie blühten, tauchte der Fußball immer wieder in die weißgrauen Schneewehen des Pappelflaums.

Ach ja, der Pappelflaum in der Vierten Meschtschanskaja!

Langsam und weich schwebten die Flöckchen in der Luft, schwammen wie winzige Entchen auf den Pfützen, die der gestrige Regen zurückgelassen hatte, verfingen sich in den Haaren der Waffelverkäuferinnen, sammelten sich allmählich in der Pistolentasche des Milizmannes, der so unendlich gerne Waffeln aß, und am Abend wehten sie in die offenen Fenster hinein, ließen sich auf den kreisenden schwarzen Schallplatten nieder...

An solchen Abenden gingen wir zusammen die Vierte Meschtschanskaja entlang: Rimma, Rosa, Stepan und ich. Wir wohnten alle im selben Haus, waren gleichaltrig und dachten so oft aneinander, wie wir überhaupt an etwas denken konnten. Stepan hatte seine Gitarre im Arm. Grundsätzlich betrachtete ich dieses Instrument als ein Attribut geistiger Armut, aber Stepans Gitarre liebte ich. Auch seine Stimme liebte ich, seine leise, ich möchte sagen, traurig lächelnde Stimme, mit der er das von uns beiden gedichtete Liedchen anstimmte:

In unserm stillen Gäßchen,
wo Flaum die Pappeln ziert,

da habe ich dir einmal
ein Cremetörtchen spendiert.

Im blauen Kleide sah ich dich
vor deines Vaters Haus.
Ich nannte deinen Namen nur,
mehr bracht ich nicht heraus.

Empfand ich Glück? Empfand ich Schmerz?
Die Ruhe war vorbei.
Oh, meine Vierte Meschtschanskaja,
Haus sieben, Wohnung zwei!

Unser Haus war klein, einstöckig und hatte eine hölzerne
überdachte Vortreppe zum Hof hinaus. Es war lange nicht
instand gesetzt worden, der Putz bröckelte von den Mauern,
und wenn die Jungen einen neuen Papierdrachen kleben
wollten, rissen sie ein paar von den gelb gewordenen Latten
unter dem Putz hervor. Für uns war hier alles von tiefgrün-
diger Bedeutung: der geheimnisvolle Geruch der feuchten
Bretterschuppen, die kleine Sonnenblume mit dem silbri-
gen Flaum auf den rauhen grünen Blättern, die seltsamer-
weise auf dem Dach der Vortreppe wuchs, der lange Tisch,
dessen Beine unter den Pappeln in die Erde gerammt waren
und auf dem abends das Klappern der hölzernen Domino-
steinchen mit den halb verwischten Zahlen an der Unter-
seite ertönte, die glitzernden, vom Wasser rundgeschliffe-
nen Ziegelsteinstückchen unter der Regenrinne und die
dunkelgrünen Flaschenscherben – die »Meeressteine« der
Vierten Meschtschanskaja.
   In der Vierten Meschtschanskaja wohnten die verschie-
densten Leute: Friseure und Kanalarbeiter, Lastträger und
Kellnerinnen, Fräser und Uhrmacher, Bademeister und In-

genieure. Sie borgten sich gegenseitig Stühle und Schnaps-
gläser, Schlipse und Wäscheklammern. Sie besuchten einander, um zu telefonieren, fernzusehen oder einen Eimer
Wasser zu holen, wenn in einem der Häuser die Wasserlei-
tung kaputt war. Morgens trafen sie sich im Laden und hielten die Einkaufstaschen unter die schräge Holzrinne, durch
die mit dumpfem Poltern die Kartoffeln rollten. Abends saßen sie auf den Bänken in ihren Höfen oder gingen in das
rote Backsteingebäude der Schule zu den Elternversamm-
lungen; hier zwängten sie sich ungeschickt in die Bänke, die
von unseren Taschenmessern zerkerbt waren, und sprachen
über uns – die Kinder der Vierten Meschtschanskaja. Und
nun waren wir herangewachsen – Rimma, Rosa, Stepan und
ich, und die Vierte Meschtschanskaja schaute auf uns, froh
und besorgt zugleich, weil wir, ihre Kinder, keine Kinder
mehr waren...[9]

NACHWORT

Aufgabe dieses Buches ist es, den Werdegang Moskaus in Texten und Bildern nachzuzeichnen und den Leser bis an die Gegenwart heranzuführen. Die Gegenwart selbst gehört nicht mehr zum Thema.

Die Entwicklung der Stadt Moskau ist so eng mit der des russischen Staates verknüpft, daß bei einem Überblick über die Stadtgeschichte die des Staates mit berücksichtigt werden mußte, soweit dies zum Verständnis bestimmter innerstädtischer Vorgänge beiträgt.

Anders als die älteren russischen Städte, in denen die Bürgerversammlung (das Wjetsche) ein – manchmal sehr kräftiges – demokratisches Gegengewicht gegenüber dem regierenden Fürsten dargestellt hatte, spielte Moskau als Stadt nie eine eigene politische Rolle. Sie gewann zugleich mit dem Staat und ausschließlich durch den Staat Bedeutung. Die günstige geographische Lage, die Ungunst der allgemeinen politischen Verhältnisse seit der Mitte des 13. Jahrhunderts und das Geschick der Moskauer Fürsten, beides zielstrebig und kontinuierlich zu nutzen, ergab eine Kräftekombination, die das kleinste aller russischen Fürstentümer innerhalb weniger Generationen befähigte, die anderen zu überflügeln und sie sich schließlich untertan zu machen.

»Ganz Rußland«, wie Iwan III. feststellte, »gehört als Vatererbe« dem Moskauer Herrscher. Die Abhängigkeit von der Goldenen Horde erlosch, der Großfürst »herrschte selbst«. Moskau als Sitz des Großfürsten und des Metropoliten wurde zur *urbs*, während die traditionsreichen alten Städte zu *oppida* absanken.

Alle weltliche und geistliche Macht war im Kreml konzentriert, die Stadt besaß keinen politischen Einfluß. Sie reflektierte lediglich Glanz, Ruhm und Herrlichkeit des Zaren in der Pracht der Bauwerke – den »vierzig mal vierzig Kirchen«, den steinernen Palästen auf dem Kremlhügel, den reichen Adelssitzen. In Moskau zu wohnen, war kein unveräußerliches Recht, sondern eine Gnade, die jedem jederzeit entzogen werden konnte. Die Strafe der Verbannung aus Moskau, ursprünglich nur über Adelige verhängt, die, beim Großfürsten in Ungnade gefallen, nicht länger würdig waren, sein Antlitz zu sehen, wurde später auf alle Bevölkerungsschichten ausgedehnt. Bis heute werden kriminelle und politische Delikte im Anschluß an die Freiheitsstrafe mit Verbannung geahndet.

Die zarischen Entscheidungen, Verfügungen, Verordnungen erhielt Moskau sozusagen aus erster Hand, und ihre Durchführung war direkt kontrollierbar. Zur übrigen Bevölkerung des Reiches waren die Wege weit, die Ausführung zarischer Befehle nicht so leicht zu kontrollieren. Nur in Moskau lebte man »richtig«, so wie es der Zar – und durch ihn Gott – befahl. In der Moskauer Lebensart verkörperte sich rechtgläubiges, wahres Russentum. Siege und Niederlagen gegen östliche und westliche Feinde, Triumph und Trauer des ganzen Landes erlebte Moskau am unmittelbarsten. Die Abwehr westlicher Überfremdung durch ausländische Fachleute hatte Moskau zu leisten, die theologischen Kämpfe im 17. Jahrhundert um den rechten Glauben spielten sich in Moskau ab, und Moskau war der Umschlagplatz vom Handel und Wandel des ganzen Reiches.

Die Stadt zu Füßen des Kreml, in dem der Zar die Geschicke seines Landes lenkte, dieses alle Städte überstrahlende Moskau erlangte nach und nach Eigengewicht, kein politisches, sondern ein emotionales. Moskau war zur Landesmutter geworden, Gegenstand der Liebe, des Vertrauens und der Sehnsucht, während der Zar, hoch und fern, als strenger Vater, der über Leib und Leben seiner Untertanen verfügte, nur scheue Ehrfurcht einflößte.

Die Wege von »Väterchen Zar« und »Mütterchen Moskau« trennten sich, als Peter der Große die Stadt verließ. Er mußte sie verlassen und sich eine neue eigene Hauptstadt aufbauen, anders hätte er seinen Reformwillen nicht durchsetzen können. Nun zeigte sich recht eigentlich Moskaus Kraft. Bisher hatte sie im Abglanz zarischer Herrlichkeit das rechtgläubige Russentum repräsentiert, jetzt wurde sie zu seiner Bewahrerin, wurde zum heiligen Moskau. Um die vom Vater verstoßene Mutter scharten sich ihre Kinder. Nachdem Petersburg, die Schöpfung aus der Retorte, im Laufe von hundert Jahren ebenfalls – wenn auch in anderer Weise – zu einer echt russischen Stadt geworden war, schwand in den folgenden Jahrzehnten langsam aber unaufhaltsam Moskaus Bedeutung im Bewußtsein der Mittel- und Oberschicht. Die Stadt wurde zärtlich und nachsichtig geliebt wie eine Großmutter, die nicht mehr recht in die Zeit paßt. Im Bewußtsein der großen Volksmasse jedoch blieb Moskau, was es jahrhundertelang gewesen war: das Herz Rußlands.

Auch den nichtrussischen Untertanen des Imperiums, das im 18. und 19. Jahrhundert nach Westen, Osten und Süden seinen Besitzstand um ein Vielfaches vermehrt hatte, stand – mit Ausnahme der Balten – Moskau in der Regel näher als Petersburg. Denn Moskau nahm sich der neuen Mitbürger freundlich an, integrierte sie, ohne dabei etwas vom Eigenen aufzugeben, und erfuhr durch sie mancherlei Bereicherungen. Gegen Kaukasier, Kalmücken, Kirgisen, Tschuwaschen usw. brauchte Moskau sich nicht abzuschirmen wie seinerzeit gegen den Hochmut und das teuflische Ketzerunwesen der Westeuropäer, es konnte die dem Imperium hinzugewonnenen Untertanen als »jüngere Brüder« akzeptieren.

Die Oktoberrevolution gab Moskau seinen alten Rang zurück und damit zugleich eine neue Funktion: Die Stadt sollte zum geistigen, wirtschaftlichen und politischen Zentrum des neuen Vielvölkerstaates werden, und sie hat dank ihrer Integrationskraft diese Aufgabe gemeistert.

Heddy Pross-Weerth

QUELLEN DER ABGEDRUCKTEN TEXTE:

Von den Anfängen bis zur ersten Staatskrise

1. Vollständige Sammlung der Russischen Chroniken (russ.) Bd. 2
   Ipatjewchronik
2. Vollst. Sammlung der Russischen Chroniken (russ.) Bd. 1
   Troitzkij-Chronik
3. Karpow und Martynow: Materialien und Dokumente zur Geschichte des Klassenkampfes in Rußland (russ.) Leningrad 1926,
   Bd. 1, S. 7
4. Aus dem alten Rußland. Epen, Chroniken und Geschichten
   (Hrsg. Serge A. Zenkovsky), München 1968, S. 189
5. Nikolaj Karamsin: Geschichte des russischen Staates (deutsche
   Ausgabe), Bd. 5, S. 161 ff.
6. Josaphat Barbaro: Die Reise nach Tana (russ.) Leningrad 1971,
   S. 158
7. Vollständige Sammlung der Russischen Chroniken (russ.) Bd. 5
   Sofien-Chronik
8. Freiherr Sigismund zu Herberstein: Reise zu den Moskowitern,
   München 1966, S. 167 ff., 153 ff., 136 ff.
9. Sergej Solowjow: Geschichte Rußlands von den ältesten Zeiten
   (russ.), St. Petersburg 1893–1895, Bd. 2, S. 40
10. Herberstein, op. cit.
11. O Bojan, du Nachtigall der alten Zeit (Hrsg. Helmut Graßhoff
    u. a.), Frankfurt 1965, S. 395, 401 f. © Verlag Rütten & Loening
    Berlin (deutsche Übersetzung)
12. Solowjow, op cit., Bd. 2, S. 390
13. Nikolaj Ustrjalow: Berichte von Zeitgenossen über den falschen
    Dmitrij (russ.), St. Petersburg 1859, Bd. 2, S. 55 f.
14. Friedrich v. Adelung: Kritisch-litterärische Übersicht der Rei-
    senden in Rußland, 2 Bände, Leipzig 1845, Bd. 2, S. 56 f.
15. Nach: Hildegard Schaeder: Moskau – das Dritte Rom, Hamburg
    1929, und W. Malinin: Der Starez des Eleasor-Klosters Filofej
    und seine Sendschreiben (russ.) Kiew 1901
16. Akten der Archäographischen Expedition (russ.) Bd. 2, Nr. 26,
    S. 76

17. Solowjow, op. cit., Bd. 2, S. 756f.
18. Adelung, op. cit., Bd. 2, S. 43
19. Conrad Bussow: Verwirrter Zustand des russischen Reiches 1601–1613. In: Moskowskaja Chronika, Moskau 1955, S. 324ff.
20. Aus dem alten Rußland, op. cit., S. 393f.

Zwischen Mittelalter und Neuzeit

1. Solowjow, op. cit., Bd. 2, S. 1326
2. Adam Olearius: Moskowitische und Persische Reise (bearbeitet von Eberhard Meißner), Berlin 1959, S. 78ff.
3. Alexander Brückner: Die Pest in Rußland. In: Zeitschrift für allgemeine Geschichte, Jg. 1884, S. 53f.
4. Jurij Krishanitsch: Politische Schriften. Nach: Valentin Gitermann: Geschichte Rußlands Bd. 2, S. 405f.
5. Iwan Pososchkow: Das Buch von Armut und Reichtum und andere Schriften (1724, russ.), Moskau 1951
6. Grigorij Kotoschichin: Über Rußland zur Zeit des Zaren Alexej Michajlowitsch (russ.), St. Petersburg 1906, S. 58f.
7. Wassilij Kljutschewskij: Peter der Große und andere Portraits aus der russischen Geschichte, Stuttgart 1953, S. 35
8. Das Leben des Protopopen Awwakum, von ihm selbst niedergeschrieben. Aus dem Altrussischen übersetzt von Gerhard Hildebrandt, Göttingen 1965, S. 60f., 72
9. Valentin Gitermann: Geschichte Rußlands, drei Bände, Hamburg 1949, Bd. 2, S. 41
10. P. Pekarskij: Wissenschaft und Literatur in Rußland zur Zeit Peters des Großen (russ.), Bd. 1, S. 146
11. Johann Georg Korb: Tagebuch der Reise nach Rußland 1698/99. Herausgegeben und eingeleitet von Gerhard Korb, Graz 1968, S. 159ff.
12. E. Herrmann: Geschichte des russischen Staates, Gotha 1846–1866, Bd. IV, S. 315f.
13. ders.: Zeitgenössische Berichte zur Geschichte Rußlands, Leipzig 1872 und 1880, Bd. 2, S. 117ff.
14. ders.: Geschichte des russischen Staates, op. cit., Bd. IV, S. 461f.

15. Alexander Puschkin: Werke in einem Band (russ.), Berlin 1919, S. 1298 f.
16. I. J. de Sanglen: Memoiren 1776–1831, Stuttgart 1894, S. 15 ff.
17. Konstantin Batjuschkow: Werke (russ.), Moskau 1955, S. 307 ff.
18. P. Lopatin: Moskau. Skizzen zur Geschichte einer großen Stadt (russ.), Moskau 1959, S. 100 f.
19. W. W. Kallasch: Das Jahr 1812 in Memoiren und Briefen der Zeitgenossen (russ.), Moskau 1912, S. 7 f.
20. Nach: Valentin Gitermann, op. cit., Bd. 2, S. 503
21. Armand de Caulaincourt: Unter vier Augen mit Napoleon, Stuttgart 1956, S. 86 ff.
22. Alexander Herzen: Erinnerungen, 1. Teil, Berlin 1907, S. 11 ff.

Moskau – die Heimliche Hauptstadt

1. Aus der Dekabristenzeit. Erinnerungen hoher russischer Offiziere. Bearbeitet von Adda Goldschmit, Hamburg 1907, S. 95 ff.
2. Alexander Herzen: Erinnerungen, 1. Teil, Berlin 1907, S. 63 ff.
3. Michail Lermontow: Werke in 6 Bänden (russ.), Moskau/Leningrad 1948, Bd. 4, S. 298 ff.
4. Alexander Puschkin: Werke in sechs Bänden, Frankfurt 1973, Bd. 5, S. 171 ff.
5. Pjotr Kropotkin: Memoiren eines Revolutionärs, Frankfurt 1969, S. 6 ff.
6. Julius W. A. Eckardt: Von Nikolaj I. zu Alexander III., St. Petersburger Beiträge zur neuesten russischen Geschichte, Leipzig 1881, S. 105 ff.
7. Iwan Beloussow: Entschwundenes Moskau (russ.), Moskau 1964, S. 301–324 (gekürzt wiedergegeben)
8. Wladimir Giljarowski: Kaschemmen, Klubs und Künstlerklausen, © Verlag Rütten & Loening Berlin (deutsche Übersetzung)
9. Karpow und Martynow, op. cit., Bd. 2, S. 274 ff.

Moskau – Hauptstadt der Sowjetunion

1. Johanna Zimmermann (Hrsg.): Russische Erzähler des XX. Jahrhunderts, München 1960, S. 273 ff.

2. Paul Scheffer: Augenzeuge im Staate Lenins 1921–1930, München 1972, S. 55 ff.

3. Michail Bulgakow: Wohnraum auf Rädern, Erzählungen. © 1975 by Verlags-AG Die Arche, Zürich, S. 41 ff.

4. Ilja Ilf und Jewgenij Petrow in: Gisela Drohla (Hrsg.): Das neue Rußland. Prosa der zwanziger Jahre. Plochingen/Stuttgart 1968, S. 237 ff.

5. André Gide: Reisen, Stuttgart 1966, S. 335 ff.

6. Jurij Trifonow: Das Haus an der Moskwa, Verlagsgruppe Bertelsmann München 1977, S. 20–37 (in Auszügen)

7. Konstantin Simonow: Die Lebenden und die Toten, © 1965 Kindler Verlag, München, S. 297–328 (in Auszügen)

8. Bulat Okudshawa: Gedichte und Chansons, © 1969 Kindler Verlag, München (nur die Rechte an der deutschen Übersetzung), S. 51, S. 95

9. Jewgenij Jewtuschenko: Der Hühnergott und andere Erzählungen, Köln 1972, S. 39 ff. © Paul Zsolnay Verlags Gesellschaft m. b. H., Wien/Hamburg 1985

NEUERE DARSTELLUNGEN UND BILDBÄNDE

Der Moskauer Kreml: Die Rüstkammer, Prag 1962, 1966, Artia

Der Moskauer Kreml: Architektur und Malerei, Prag 1965, Artia

Der Kreml. Bauwerke und Kunstschätze, München 1975, Bertelsmann

Moskau und Umgebung. Deutscher Kunstverlag 1979

Klaus Bednarz: Das alte Moskau. Photographien von 1880–1920, Luzern 1979, C. H. Bucher

Geschichte der russischen Kunst von den Anfängen bis zur Gegenwart, München 1975, Bertelsmann

Konrad Onasch: Altrussische Ikonen, München 1977, Prisma

Kurt Sommer: Ikonen. Handbuch für Sammler und Liebhaber, München 1979, dtv.

Die Kunst der Oktoberrevolution, Düsseldorf 1979, Econ

Harrison E. Salisbury: Bilder der russischen Revolution 1900–1930, Ullstein 1979

Otto Böss (Hrsg.): Rußland-Chronik, Salzburg 1967, Das Bergland-Buch

Hans Dollinger: Rußland. 1200 Jahre in Bildern und Dokumenten, München 1977, Bertelsmann

Werner Scheck: Illustrierte Geschichte Rußlands, München 1975, Südwestverlag

Günther Stökl: Geschichte Rußlands, Stuttgart, Kröner

Peter Nitsche (Hrsg.): Die Anfänge des Moskauer Staates, Darmstadt 1977, Wiss. Buchgemeinschaft

Gerhard Dudek (Hrsg.): Die Dekabristen, Dichtungen und Dokumente, Leipzig 1975, Insel-Verlag

Richard Pipes: Rußland vor der Revolution, München 1977, C. H. Beck

Hermann Pörzgen: 100 mal Sowjetunion, München 1972, Piper

Ulrich Schiller: Zwischen Moskau und Jakutsk, Hamburg 1970, Wegner

Christian Schmidt-Heuer: Das sind die Russen. Wie sie wurden, wie sie leben. Hamburg 1980, Knaus

Wolfgang Kuballa: Moskau. Reihe »Richtig reisen«, DuMont, Köln 1977

Nagels Enzyklopädie-Reiseführer: Moskau. Genf 1974

Ingrid Parigi: Olympiastadt Moskau, Kohlhammer Kunst- und Reiseführer, Stuttgart 1979

Jochen Remmer: Moskau. Die Olympiastadt, ihre Menschen, ihre Landschaft, ihre Kunstschätze, Herrsching 1980, Schuler

Moskauer Stadtplan, Falk Verlag Hamburg 1979

Klaus Kuntze: Reise nach Moskau, Frankfurt 1980, Büchergilde Gutenberg

Eric A. Peschler: Privat in Moskau, Düsseldorf 1966, Econ

Carola Hansen/Karin Liden: Unerlaubte Gespräche mit Moskauer Frauen, München 1983, Roitman

Russische Kunst des 20. Jahrhunderts (Sammlung Semjonow), Stuttgart 1984, Klett-Cotta

Klaus Bednarz: Mein Moskau. Notizen aus der Sowjetunion, Frankfurt 1980, Hoffmann und Campe

Lois Fisher-Ruge: Alltag in Moskau, Frankfurt 1987, S. Fischer

BILDNACHWEIS

Der Insel Verlag dankt dem Ullstein-Bilderdienst für die freundlich gewährte Abdruckgenehmigung für folgende Abbildungen: Seite 252, 259, 260, 262. Das Copyright liegt beim Ullstein Bilderdienst. Umschlagabbildung: Kathedrale Maria Verkündigung. Foto: Jürgens, Ost und Europa-Photo, Köln.